# JEAN SCHOPFER

# Voyage idéal en Italie

## L'ART ANCIEN ET L'ART MODERNE

LAUSANNE

F. PAYOT, LIBRAIRE-ÉDITEUR

1, RUE DE BOURG, 1

1899

*Tous droits réservés*

# Voyage idéal en Italie

L'ART ANCIEN ET L'ART MODERNE

# JEAN SCHOPFER

# Voyage idéal en Italie

## L'ART ANCIEN ET L'ART MODERNE

PARIS

LIBRAIRIE ACADÉMIQUE DIDIER

PERRIN ET Cⁱᵉ, LIBRAIRES-ÉDITEURS

35, QUAI DES GRANDS-AUGUSTINS, 35

1899

# VOYAGE IDÉAL EN ITALIE

L'ART ANCIEN ET L'ART MODERNE

J'aimerais esquisser le voyage que ferait en Italie
un homme amoureux d'art, qui voudrait mettre
de la raison dans son itinéraire.

S'il suit le seul ordre géographique, c'est-à-dire
s'il va de ville en ville suivant les commodités de
lieu, il vivra dans une étrange confusion. Ce que
la réalité lui offre est le composé le plus extraordinaire d'idées et de sentiments contraires, affir-
més avec une égale assurance au même endroit. La
suite des temps a pris des centaines, et parfois des
milliers d'années, pour établir des contrastes qu'il
ne peut éviter. Ici l'œuvre de plusieurs siècles a
été détruite ; là un monument isolé se dresse,
seul témoin d'une civilisation disparue. D'un passé
autrefois harmonieux et coordonné, il ne reste que
des fragments entre lesquels l'esprit a la plus
grande peine à établir un lien et qui souvent sont
d'époques si diverses que tout rapprochement est
impossible.

Après avoir écouté pendant une heure l'histoire

de Notre-Seigneur Jésus-Christ, telle qu'elle est racontée aux murs d'un cloître du xive siècle, le voyageur bénévole entre dans un musée d'antiques voisin, où le corps admirable d'un Apollon s'offre à ses regards dans la plénitude d'une vie physique que nul souci extra-terrestre ne trouble.

Comment faire pour goûter dans le même temps les dieux olympiens et Celui à la naissance de qui il est raconté, que le pilote d'un navire, voguant un soir au temps de Tibère sur la mer de Corinthe, entendit une voix forte venant du rivage, parmi les lamentations et les pleurs comme de plusieurs personnes, crier que le grand Pan était mort?

Non seulement il n'échappera pas à la confrontation incessante du monde ancien et du moderne, mais il se trouvera, dans le moderne même, en face de monuments d'époques et d'écoles les plus diverses et il sera heurté à chaque visite nouvelle, faite sur les injonctions du Baedeker qu'on ne peut fléchir. D'une cathédrale gothique, il sera renvoyé à un temple baroque, des fresques de Raphaël à une mosaïque datant de Constantin le Grand. Après avoir vécu quelques semaines à l'époque de la Renaissance et avoir couru Rome en compagnie de Benvenuto Cellini, il arrivera dans une petite ville, dont les rues étroites, bordées de palais aux lourdes portes et aux fenêtres en ogive, dont les églises gothiques aux autels enrichis de tableaux sur fond d'or, qui brillent dans l'ombre des nefs obscurcies, disent les siècles religieux du moyen âge. Au sortir des mythologies chères aux peintres bolonais, il trouvera raides et barbares les saints alignés, dans leurs robes couvertes d'orfèvrerie, aux murs des chapelles. Il ne pourra revenir brusquement en arrière et ramener son esprit au sentiment de l'art chrétien.

Et son voyage continuera ainsi, jusqu'à ce qu'il soit brisé par ces changements continuels de décors et qu'il ait définitivement renoncé à se laisser aller aux choses, puisqu'elles le secouent d'une manière si désagréable.

Nous avons pitié de ce voyageur, car nous avons souffert comme lui.

Sans doute il ne dépend pas de nous de supprimer la diversité de spectacles qu'offre un même lieu. Il y a des contrastes qu'on ne peut éviter. Le christianisme a demandé son premier mode d'expression à l'art antique. Nombre d'églises primitives sont construites là même où une divinité païenne était adorée; le lieu était déjà saint. Vous ne pouvez faire ici que le monde ancien et le moderne ne se heurtent dans votre esprit, comme ils l'ont fait dans la réalité. Il y a dans cette juxtaposition même de quoi bercer agréablement les méditations d'un esprit philosophique.

Mais il reste à mettre, dans la suite des villes que l'on visite, un ordre par lequel les transitions seront ménagées et un enchaînement établi entre les grandes époques d'art.

Je me souviens de notre premier hiver en Italie. Nous venions de passer, après cinq semaines à Rome, quinze jours à Naples, à Pompéi et à Paestum. Nous avions vécu la vie antique. Nous connaissions l'aspect de chacun des immortels. Jupiter, père des dieux et des hommes, Mercure, protecteur des gymnases. Junon, et Diane, telle qu'elle se glisse vers Endymion. Minerve casquée, le Bacchus barbu, majestueux dans sa robe plissée, et le Bacchus imberbe, juvénile et féminin. Apollon Solaire ou Tueur de lézards, et la foule dansante des Satyres et des Faunes. Les formes des casseroles romaines nous étaient, je crois bien, plus familières que celles des ustensiles de cuisine modernes, et même un des grands dieux de l'Olympe grec, Poseidòn, nous était apparu, un instant en personne, entre les colonnes ruinées de son temple de Paestum.

Quittant Naples, nous gagnâmes directement l'Ombrie. C'était rentrer sans ménagement dans le christianisme et franchir d'un coup trop de siècles. Nous fûmes impuissants à nous mettre en accord avec ce monde nouveau.

Nous t'avons méconnue, terre si douce de saint François d'Assise! Nous n'avons pas su respirer le parfum délicat de tes vertus mystiques. Un peuple de dieux souriants habitait en nous et nous empêchait de contempler face à face le mystère de la croix.

Ces paysages ondulés, — vallées plantées d'arbres

grêles, collines rocheuses où perchent des villes
en nid d'aigles, oliviers noueux sur les pentes
raides, — n'ont pas su nous raconter ta vie, petit
frère des pauvres, qui t'approchas si près, dans la
simplicité de ton cœur, du maître compatissant
de Nazareth. Dans ces campagnes où tu vécus et
qui sont pénétrées de ta légende, sonnait encore à
notre oreille l'éclat de rire des Faunes, dont nous
avions été les trop récents compagnons.

Ce fut une grande déception.

Ces déceptions, on les peut éviter, et c'est pour
cela que je veux tracer le plan idéal d'un
voyage en Italie. Mon seul postulat est de supposer les distances abolies, postulat admissible
qu'une découverte, demain, peut rapprocher infiniment de la réalité. Nos meilleurs trains font
cent kilomètres à l'heure ; les meilleures postes
en faisaient vingt. Il n'est pas téméraire de supposer un mode de locomotion, qui multiplie à
nouveau par cinq le trajet actuel parcouru en
soixante minutes. Alors qu'on pourra se rendre en
une heure de Florence à Naples, ou de Venise à
Rome, les distances seront des quantités vraiment
négligeables, et les touristes du xxᵉ siècle feront
en Italie le voyage suivant, qui n'est idéal que vu
l'infériorité momentanée de nos moyens de transport. L'unité des recherches sera acquise au prix
de quelques-unes de ces courses rapides, que l'on
peut aisément imaginer.

Elles seront du reste exceptionnelles ; on pourra voir à peu près chaque province dans son ensemble. Lorsqu'on est à Florence, il n'y a aucune raison de ne pas visiter Prato, Pistoie, Lucques, Pise, Sienne et Arezzo, ou, alors qu'on passe en Ombrie, de ne pas s'arrêter, près de Pérouse, à Cortone et à Gubbio. De même, au retour, on pourra parcourir sans guide la Lombardie et l'Emilie.

En réalité, il y a un certain nombre de villes qu'il faut voir dans un certain ordre. Cela est tout à fait important, si l'on veut jouir complètement de chacune de ces villes et revivre dans leur succession les siècles décisifs de l'histoire de l'art. Il faut voir Ravenne avant Assise, Assise avant Florence, et surtout il faut voir Naples et Rome avant tout le reste. Etablir cette suite et en montrer les fortes raisons, tel est le but de mon entreprise.

Quant aux cités secondaires, on les verra suivant les commodités de lieu et de temps.

J'indiquerai les livres indispensables qui, pour chaque époque, seront nos compagnons. Je veux n'oublier jamais que les monuments divers où nous nous arrêterons ont été construits par des hommes. De ces hommes, les littératures contemporaines nous diront les vies traversées, médiocres et incertaines, tandis que les monuments nous montreront ces mêmes vies relevées et ennoblies par la recherche de la beauté qui seule au milieu des ruines a survécu aux grandeurs éphémères des empires et des religions. Et ces contrastes nous rendront les pierres plus chères encore.

Enfin je demande que l'on veuille se borner. Il ne s'agit pas de tout voir, mais de voir bien. Il faut savoir fermer les yeux. Gœthe, lorsqu'il visita Assise, s'en fut regarder la colonnade antique qui forme le porche de l'actuelle église de la Minerve. Il y trouva tant de plaisir qu'il quitta la ville de saint François, sans en vouloir connaître autre chose que la ruine du temple païen qu'elle renferme, car il ne se souciait pas de gâter par le mélange la pureté de ses sensations.

Le sentiment qui le poussait est celui qui inspire le *Voyage idéal en Italie*. Imitant Gœthe en cela, nous saurons ne rechercher qu'une joie à la fois pour la ressentir plus fortement.

Mais, à Assise, ce ne sera point le portique de la Minerve qui nous retiendra.

# LE MONDE ANTIQUE

## PAESTUM

Il n'y a aucune incertitude sur l'étape initiale de
notre voyage. Nous le commençons à l'extrémité
de la Péninsule, dans cette Grande-Grèce qui, alors
que Rome n'avait que des cabanes à montrer dans
les boues de son forum, s'enorgueillissait de sanctuaires rivaux de ceux d'Athènes.

Au temple de Poséidon, à Paestum, nous nous
arrêtons. Il fut édifié à la fin du viᵉ siècle par des
Grecs aventureux, qui avaient quitté leur patrie
et traversé Charybde et Scylla pour venir fixer
leurs lares sur les rivages riants des Calabres. A
Poséidon, protecteur de leurs nefs fragiles, ils
élevèrent au bord de l'eau ce temple. La ville qu'il
défendait des colères possibles du dieu a disparu;
des ronces poussent dans la plaine maintenant
abandonnée; autour de lui, c'est le silence et la
fièvre; la mer qui le baignait s'est retirée au loin;
mais il se dresse encore, défiant les âges, dans la
force éternellement jeune de sa simplicité première.

Les murs de la cella sont ruinés; seule la forêt

des robustes colonnes demeure, portant le large
entablement et les frontons abaissés. La pierre
patinée par les siècles, hâlée par les brises du
large qui l'ont imprégnée de sels marins, a pris
des tons jaunes, cuivrés et chauds, qui s'enlèvent
sur l'horizon azuré des mers ou sur les montagnes
sombres.

Il faut rester là quelques heures, gravir les trois
marches géantes qui séparent le temple de la terre,
s'asseoir sur un des blocs ruinés de l'ancienne cella,
puis examiner chaque détail de son organisme, la
forme exacte de la colonne, massive lorsqu'elle
jaillit du sol et amincie progressivement jusqu'au
renflement du chapiteau, noter avec précision le
profil du chapiteau et le degré de sa tension, puis
la plaque qui le surmonte, la largeur de l'entablement et de la frise, la disposition des métopes, le
fronton enfin et l'angle obtus de son faîte. Lorsque
vous serez assuré de connaître le profil exact de
chaque articulation et que les lignes de l'ensemble
seront fixées dans votre mémoire, allez passer
quelques minutes à la Basilique voisine et au
temple de Cérès. Refaites le même travail; comparez détail à détail, ensemble à ensemble.

Cette demi-heure d'examen méthodique vous en
apprendra plus sur la beauté logique de l'art grec
que des volumes lus dans des bibliothèques. Vous
comprendrez ainsi par vous-même les raisons qui
font de l'un une merveille architecturale et des
autres des œuvres secondaires. Pourtant, si le

premier n'était pas là pour témoigner d'une beauté supérieure, le temple de Cérès et la basilique seraient les meilleurs monuments de l'Italie.

Mais le modèle est incomparable. Il a l'unité suprême de l'être organisé, dont tous les membres sont dans un rapport nécessaire les uns avec les autres. On ne peut pas plus modifier la largeur de l'architrave ou l'angle du fronton qu'il n'est loisible de représenter un homme avec, sur de larges épaules, la tête d'un enfant de six mois.

Plus tard, la pensée gothique, avec des données nouvelles, créera un art différent, mais doué de vie au même titre que celui-là: car il n'y a (le sait-on assez?) que deux styles organiques en architecture, le grec et le gothique, et hors de là nous n'aurons plus que les styles mêlés et secondaires, dont l'Italie est la vraie patrie.

Mais il n'y a rien de latin dans le Temple de Poseidòn; vous ne trouverez pas son égal dans tout votre voyage: les plus belles ruines de Rome n'évoqueront point son souvenir. Il est, sur ce sol, unique et absolu.

Il faut en avertir le lecteur tout de suite. La seule journée de Paestum suffira à diminuer de beaucoup l'intérêt qu'il prendra plus tard aux monuments de Rome ancienne. Renoncerez-vous pourtant au grand plaisir d'architecture que l'Italie puisse offrir?

Je conseille donc mon itinéraire. Si l'on s'en tient au seul art romain, les jouissances seront

minces. Il n'existe qu'en tant que reflet de la
beauté grecque, car l'àme romaine n'a jamais été
créatrice d'art. Mais on se rattrapera par ailleurs
à Rome où les souvenirs historiques seront suf-
fisants pour souffler la vie aux pierres du Forum
et du Palatin.

Les heures de Paestum seront immédiatement
suivies d'une visite au Musée de Naples, où je
demande que l'on descende au musée égyptien.
Dans la seconde salle se trouve provisoirement
exposé un groupe provenant d'un temple grec,
construit à Locris dans les Calabres, à peu près
au même temps que celui de Paestum. Il représente un des Dioscures, appuyé sur un cheval que
porte un monstre marin. En face, l'autre Dioscure
a été reconstitué. Ce groupe ornait sans doute
le fronton du temple. Ce qu'il en reste est d'une
grande beauté. L'art qui édifia le temple de Poséidon modela ces héros: c'est la même race, la
même perfection plastique, qui s'affirment en des
objets différents. Puis, avant de quitter le Musée,
cherchez dans la galerie des chefs-d'œuvre un
immortel buste d'Homère et, quand vous l'aurez
longuement contemplé, rentrez chez vous, satisfait
d'avoir éprouvé en quelques heures les plus
complètes jouissances grecques que l'Italie puisse
vous offrir.

Si vous êtes encore capable de lire un texte
grec, prenez l'Odyssée pour vous endormir et le

sommeil vous emportera au monde élyséen des rêves antiques.

. . . . . . . . . . . . . . . .

J'écris ces pages en l'avril pluvieux d'un climat septentrional; mais ma pensée, pour qui les distances n'existent pas et qui connaît déjà la route du voyage idéal en Italie, retourne à la Grande-Grèce et revit les émotions de nos heures de Paestum, l'arrivée au temple, aperçu soudain au tournant d'un mur, et l'aspect inoubliable de sa majesté dans la désolation du rivage.

Les quelques touristes descendus du train avec nous avaient rapidement fait le tour des trois ruines, puis s'étaient éloignés, et nous restions seuls.

Nous nous assîmes sur les ruines des remparts, près de ce qui fut la porte de la ville. De lourds nuages passaient, obscurcissant parfois le soleil et laissant sur le paysage des traînées sombres, comme si c'était à tout jamais fini de la sérénité des ciels d'autrefois, comme si la clarté ne pouvait survivre à l'oubli des cultes anciens.

Des enfants fiévreux, des chiens, vinrent près de nous se disputer les bribes d'une frugale collation d'œufs durs et d'oranges.

Une grande tristesse emplissait ces lieux abandonnés.

Sous le portique, trois femmes agenouillées arrachaient les mauvaises herbes qui perçaient entre les dalles disjointes. Elles commencèrent un

chant bizarre, sans analogue ; leurs voix étaient
gutturales et métalliques ; les notes se traînaient
sur un rythme inaccoutumé en plaintes brusquement interrompues, éveillant l'idée obscure de
deuils très lointains, de lamentations immémo-
riales. La mélodie flottait autour des pierres jaunies
comme pour les caresser ; un rayon de soleil filtra
entre deux nuages et soudain la structure puissante du temple sembla s'animer à ces cadences
reconnues ; la vieille âme endormie en ce corps
ravagé et magnifique tressaillit à l'appel deviné des
gardiennes ; le parfum d'un passé à jamais disparu
s'exhala dans le sanctuaire.

Ce ne fut qu'un instant. Les voix en tremblant
se turent l'une après l'autre ; le colosse reprit son
lourd sommeil interrompu et continua le rêve de
solitude où l'exil des vrais dieux le condamne. Et
nous nous éloignâmes incertains et troublés dans
notre cœur, car nous avions senti passer près de
nous le souffle redoutable de la divinité.

## NAPLES ET POMPÉI

Nous passons quelques jours à Naples. Cette ville
bruyante, qui se mire aux eaux d'un des plus
beaux golfes du monde, est une excellente station
d'étude pour l'art antique, non seulement par le
Musée national et Pompéi voisine, mais à cause de

son noble paysage et des grands souvenirs qu'elle évoque. Nous aurions pu débuter par Rome, mais une fois sortis de Paestum et du monde grec, l'antiquité est pour nous sensiblement au même plan et il importe peu de commencer par l'une ou par l'autre de ces deux cités.

A Naples, il est également important d'être éloigné des quartiers populaires et d'avoir une vue étendue sur le golfe; aussi installez-vous dans la ville haute. Lorsqu'on rentre fatigué le soir, il faut pouvoir passer à sa fenêtre une heure de complet repos.

Ce sont des minutes exquises où l'esprit se délasse dans la contemplation. Au loin on voit monter les nuages; ils s'élèvent du point où l'horizon se confond avec les flots et voguent en masses glorieuses, arrondies et dorées à la conquête des plaines infinies du ciel. Au-dessous d'eux, partis du même lointain que rougissent les dernières lueurs du couchant, de larges vaisseaux s'avancent, maîtres puissants des pâturages de la mer. Leurs voiles blanches se gonflent aux mêmes souffles qui emportent les nuages. Les uns et les autres luttent de vitesse pour gagner la terre où nous sommes. Les nuées dévorent peu à peu l'azur qu'elles envahissent, tandis que, sous les mâts pliants, les proues avides paissent sans cesse les vagues moutonneuses.

A droite, près de vous, Pausilippe étage des villas en terrasse, qui descendent la colline couron-

née de pins-parasols ombrageant le tombeau de
Virgile. En face, les montagnes peu élevées se
dessinent, qui séparent le golfe de Naples de celui
de Salerne ; à la pointe, Sorrente, sur une falaise ;
plus loin Capri se laisse deviner, île de rêve écha-
faudant ses rocs dans les vapeurs d'argent du crépuscule ; puis, au fond de la baie, des villes pares-
seuses se baignent aux flots bleus, ourlés de blanc
sur le rivage ; et c'est le mamelon conique du
Vésuve, qu'escaladent à mi-hauteur d'insouciantes
maisons, puis enfin, Naples, tout entière, pâmée
à vos pieds.

Des souvenirs classiques bercent vos pensées.
Près d'ici, au cap Misène,

.Eternumque tenet per sæcula nomen,

débarqua le pieux et triste Enée, après avoir laissé
Didon aux rives de Carthage, lamentant jusques
au bûcher son infortune et appelant encore le
héros charmant, mais si correct, qui l'a abandonnée.
Virgile a vécu de préférence en ces lieux :

Mantua me genuit, Calabri rapuere, tenet nunc
Parthenope.

Non loin d'ici dort Pompéi, aux deux tiers recou-
verte du linceul de cendres qui nous a conservé
l'empreinte fidèle des corps qu'il enveloppait.

Ce paysage est tel qu'il fut. C'est la même
atmosphère de douceur, le même azur des flots,
les mêmes lignes des rivages et des collines. La

nuit vient, et le ciel, d'une éternelle jeunesse, fait fleurir encore pour nous les étoiles que les anciens dénommèrent. L'Ourse, comme jadis, à gauche, s'illumine; à droite réapparaît Orion, à la ceinture étincelante; au-dessus de nos têtes, à la place accoutumée où les fixa Jupiter, ce sont les Dioscures voisins, chers aux navigateurs. La grande respiration de la mer monte comme autrefois à intervalles réguliers, et l'on voit flamboyer sur le flanc de la montagne la bouche rouge du Vésuve. En face de ces lieux qui n'ont point changé, l'esprit remonte sans peine le cours des âges jusqu'aux heures où Pline l'Ancien commandait en chef la flotte impériale stationnée au cap Misène.

Nous sommes ici en terre latine.

Si l'on donne six matinées, de dix heures à midi et demi au Musée, on en tirera l'essentiel. A Pompéi deux visites suffisent.

Ce n'est pas le but du *Voyage idéal* de prendre le lecteur par la main et de le mener devant chaque statue. Il se propose de marquer les étapes successives du voyage, et, à chaque étape, les monuments d'art propres à créer l'idée la plus forte de l'époque étudiée.

Le reste a été admirablement fait; nul pays n'a été fouillé et décrit avec plus d'amour, et par les artistes, et par les historiens, et par les littérateurs.

— Quand nous mettrons-nous à parcourir du

même cœur le pays de France qui, à des beautés naturelles plus variées que celles de l'Italie, joint la richesse d'un passé d'art qui ne le cède à aucun autre?

Dans l'étude d'un musée, chacun a sa méthode ou celle de Baedeker. Voici la mienne pour les musées antiques.

Je débute par les chefs-d'œuvre. Y a-t-il une œuvre grecque originale ou une copie ancienne, y a-t-il un Praxitèle, un Scopas, ou un Lysippe, j'y cours, et le reste vient à son heure. C'est ainsi que j'assure ma première impression, la bonne. Je ne m'énerve pas devant des pièces médiocres qui m'empêcheraient de goûter le modèle de la même ardeur fraîche. De l'original ou de la plus ancienne copie, je descends aux copies secondaires qui peuvent avoir encore bien du charme et bien des raisons d'intérêt. Lorsque je les ai étudiées, je retourne au type premier et je m'étonne à chaque fois de le trouver plus beau encore qu'il ne m'avait paru, et, le comparant à toutes les œuvres intéressantes, mais incomplètes, que je viens d'examiner, j'arrive à voir clairement pourquoi il est unique et vraiment chef-d'œuvre. Il y a peut-être dix ou douze bustes d'Homère dans les galeries italiennes, mais c'est celui de Naples qu'il faut voir en premier et auquel on revient après tous les autres. Les œuvres de second plan s'ordonnent par rapport à l'œuvre maîtresse.

Cette méthode suppose, il est vrai, qu'on prépare

ses visites aux musées et qu'on a feuilleté quelques histoires de la sculpture grecque.

Je recommande comme guide aux musées antiques, le *Cicerone* de Jacob Burckhardt. Ce professeur suisse fut un des nobles esprits historiques de ce siècle ; la pénétration de son intelligence et l'immensité de son savoir sont également admirables.

Au Musée national, les premières heures seront consacrées au fronton du temple de Locris déjà vu, à quelques bas-reliefs grecs que l'on trouvera dans la salle VII, enfin à la galerie des chefs-d'œuvre, où sont le buste d'Homère, la *Vénus Callipyge*, aux jambes si belles, le *Faune et l'Enfant*, l'émouvant fragment qu'est dans sa délicatesse la *Psyché de Capoue*, le torse de Bacchus, d'autres encore. Le jour suivant serait donné aux bronzes, parmi lesquels il y a de merveilleuses choses : ce sont le *Mercure assis*, le *Bacchus barbu*, le *Satyre ivre*, les *Athlètes* qui cherchent à se saisir, la *Bérénice*, l'*Ecouteur*, les *Danseuses d'Herculanum*, tous les chefs-d'œuvre que les notices de Burckhardt situent en peu de mots.

Une troisième visite suffira pour les autres salles du rez-de-chaussée, bustes et dieux, où les répliques médiocres d'œuvres très belles sont nombreuses. On verra, ce jour-là, le *Taureau Farnèse*, groupe trop célèbre et trop restauré auquel nous n'avons pris aucun plaisir, non plus qu'à l'*Hercule* rebondi de la même collection, qui lui fait pendant.

La matinée suivante sera pour les fresques provenant de Pompéi. Ici l'intérêt change ; il est plus de curiosité que d'art. Il faut un peu de patience pour suivre pièce à pièce ces mythologies, rendues pour la plupart assez froides par la médiocrité de l'exécution. Cependant c'est une excellente préparation à la journée de Pompéi. Quelques-unes de ces peintures ont, en outre, une réelle valeur d'art.

Enfin, pour se faire une collection de types romains, on étudiera la salle dite des Empereurs, dont les visages accentués peupleront pour vous la solitude de Pompéi.

## POMPÉI

Tout a été dit sur Pompéi et les poètes sont à consulter autant que les savants.

Une première visite dans le silence de cette ville vraiment morte est grandement émouvante. Les lieux parlent d'eux-mêmes et il suffit de les parcourir pour qu'ils vous en racontent long sur les autrefois disparus, sur la vie privée et publique des citoyens romains et sur le sens décoratif d'une époque où, bien que l'on y collectionnât déjà des objets anciens, des œuvres égyptiennes, des bibelots, il y avait une unité de goût qui se montre dans les moindres fragments sculptés ou peints, dans les objets les plus usuels.

Le plan de la ville, bien plus au cordeau et à

l'américaine qu'on ne pourrait croire, le forum, les temples, les théâtres et les bains, les boutiques et les fours, tout est intéressant, et cent fois la comparaison s'impose entre ce que les habitants d'une ville romaine de trente mille âmes demandaient d'une cité et, d'autre part, ce que nos ancêtres au moyen âge ou les Italiens modernes mettaient et mettent dans l'organisation d'un groupement semblable.

Dans l'antiquité, à la base de la vie sociale, on trouve la famille. Le chef de famille est le prêtre du dieu-lare : sa maison est le temple de ce dieu familial. Tout vient de là. Une famille, un dieu, une maison; l'idée d'appartement s'accordait mal avec les croyances religieuses. Pompéi ne renferme que des maisons particulières, petites ou grandes: la cohabitation dans le même bâtiment, règle de notre société actuelle, était exceptionnelle. Les Italiens n'ont pas su conserver de la maison antique le jardin intérieur et le plainpied des appartements. Dans les climats méridionaux, le péristyle est précieux pendant onze mois de l'année. Il fait suite à l'atrium dont la disposition est, en petit, la même. Sur ces deux jardins ouverts donnaient les différentes pièces de la maison, les salons, les salles à manger, les chambres à coucher dont l'exiguité étonne; mais, comme l'on passait seize heures au moins sur vingt-quatre en plein air et qu'on ne faisait absolument que dormir dans les *cubicula*, l'aération était moins nécessaire que pour nos chambres, qui sont des pièces d'habitation. En outre, je ne pense pas que les portes en fussent closes sur le péristyle ; il est probable qu'un léger rideau les fermait pour l'ordinaire. Derrière la maison, ou sur les côtés extérieurs se trouvaient l'appartement des esclaves et les cuisines.

Sous le péristyle décoré de fresques et supporté par des colonnes de stuc, le Romain coulait des heures paisibles. Au centre, sous le manteau bleu foncé du ciel, c'était le jardin, quelques fleurs, quelques buis entourant des hermès taillés dans une pierre dure ; des fontaines où des cygnes de marbre, maintenus par de petits génies, lançaient de fins jets d'eau dont les gouttes s'égrenaient aux bassins de porphyre ; une table posée sur de massives chimères. Au mur, derrière lui, des amours polissons vendangeaient une vigne dont les enroulements mêmes étaient lascifs. Pâris enlaçait Hélène ; Vénus attirait Mars dans ses beaux bras ; Diane allait retrouver Endymion, tandis que, dans les mosaïques du sol, des poissons faisaient étinceler l'or fluide de leurs écailles.

Voilà une installation parfaitement adaptée au climat voluptueux de l'Italie méridionale. Le ciel n'a pas changé, mais la maison a perdu depuis l'antiquité ce qui en faisait le principal agrément.

De même au point de vue des divertissements publics, la ville moderne est au-dessous de l'ancienne. Quelle figure feraient Dijon, Avignon,

ou même Rouen, avec à peine leurs cinq mois de
saison théâtrale et peut-être l'exceptionnalité d'un
cirque forain emplissant, trois semaines durant,
la ville de ses fanfares et de ses cavalcades, en
face de Pompéi, avec ses deux théâtres, l'un de
plein air, l'autre couvert, et son amphithéâtre
immense où toute la population s'accommodait ?
— J'admets toutes réserves sur la qualité des
émotions que l'on offrait au public dans ce dernier, où les jeux n'étaient rien moins qu'inno-
cents.

Il est certain aussi que la voirie était supérieure chez les Romains. Le service des eaux était
mieux compris qu'il ne l'est dans aucune ville du
monde. Rome, qui fait couler une eau si abondante dans ses nombreuses fontaines, n'emploie
pas le cinquième de ce que consommait la ville
impériale.

Pompéi, dans sa seule partie découverte, a trois
bains publics. Les Thermes, poussés à ce degré de
luxe et de confort, sont une invention vraiment
romaine. Tout y était réuni qui sert à développer
le corps et à l'entretenir en parfaite santé ; on y
trouvait une palestre où l'on s'exerçait à des jeux
athlétiques ; on entrait ensuite dans le bain de
vapeur ; on se faisait masser, puis laver dans le
grand bassin d'eau tiède ; enfin, pour terminer, on
tirait sa coupe dans la piscine froide. Pompéi
comptait, sans doute, six ou huit de ces établisse-
ments publics, qui pouvaient recevoir un millier

de personnes, au moins, chaque jour. En outre, les maisons riches avaient leurs bains et étuves particuliers. On arrive ainsi à l'idée d'une ville dont les habitants atteignaient un degré de propreté que nous pouvons à peine nous figurer.

C'est ici que la cité italienne moderne apparaît misérable. Des siècles de saleté sont venus, comme pour rétablir l'équilibre après les trop fréquentes ablutions antiques. Le christianisme a favorisé cette crasse. Qu'importait le corps, une loque, au prix de l'âme, née pour la vie éternelle? Laissons dépérir et se mortifier notre dépouille mortelle, pour que de sa faiblesse et de ses souffrances s'enrichisse l'âme qui doit lui survivre. Qu'attendre d'une religion qui mit au nombre de ses saints le bienheureux Labre pour son mépris particulier de la propreté? Hélas, dans l'Italie d'aujourd'hui ils sont légion, ceux qui cherchent à gagner le ciel de la même manière!

Lorsque nous visitions Pompéi, une dame anglaise avec ses deux filles demanda à se joindre à nous. En sa compagnie nous fîmes une première promenade dirigée par un gardien. Lorsque nous eûmes vu l'ensemble des monuments et quelques maisons privées, nous nous séparâmes; mais l'excellente dame, qui n'avait pas ménagé les témoignages de son admiration, tint, avant de nous quitter, à nous faire remarquer combien cette ville antique était décente et avec quelle

satisfaction elle constatait que rien ne pouvait y
offusquer les yeux les plus délicats.

De fait, l'aspect de Pompéi est, à cet égard, suffisamment britannique pour nourrir les illusions
vertueuses des dames les mieux pensantes. Tout y
a été enlevé qui pouvait rappeler que le monde
ancien n'avait pas sur la pudeur les idées actuelles
et les graffiti, les peintures, ou les terres cuites
ont été grattées, au-dessus desquelles, pour que
nul n'en ignorât, se lisait l'inscription : *Hic habi-
tat felicitas*. A l'exception d'une maison, du reste
close, et de quelques fragments de peinture, Pompéi n'a rien qui rappelle les priapées antiques.

J'avais dans ma poche les délicieuses *Chansons
de Bilitis*, de Pierre Louÿs, et j'hésitai à les donner à notre interlocutrice pour qu'elle pût s'y faire
une idée plus exacte des mœurs du paganisme ;
mais j'y renonçai, ne voulant point être une cause
de scandale. Cette dame était du reste si parfaitement « convenable » qu'elle aurait pris les amours
voluptueuses de l'infatigable Bilitis au sens spiri-
tuel. De même, certains entendent-ils idéalement
de l'attachement de l'Eglise pour son Dieu les
vers enflammés du Cantique des Cantiques.

Ainsi se fera-t-on une idée fausse de l'antiquité
à Pompéi et dans les musées soigneusement épu-
rés. Je ne voudrais pas qu'on la vît toute dans les
livres érotiques et charmants de Pierre Louÿs.
Mais l'image que s'en faisait notre dame anglaise
est encore bien plus éloignée de la réalité.

Ses paroles nous firent sentir pourtant combien
il est difficile de comprendre une civilisation si
différente de la nôtre. Nous sommes modernes :
vingt siècles de vie et de pensée nous séparent de
ce monde disparu ; nous avons été faits ce que
nous sommes par mille causes, qui sont maintenant hors de notre atteinte ; nous avons été longtemps chrétiens. et la plupart d'entre nous sont
encore attachés au christianisme. Quels que soient
nos sentiments sur la vie antique, nous ne pouvons la ressusciter. C'est de notre sol que nous
avons à tirer parti, c'est notre jardin que nous
avons à cultiver. — Vis-à-vis de l'antiquité. quelle
est donc la position à prendre ? Je n'en vois qu'une
et ce n'est pas elle que l'on choisit pour l'ordinaire.

On prétend en faire la pierre angulaire de notre
système d'éducation. Cela est absurde, et pour
deux raisons. D'abord. nous sommes Français,
c'est dire ni Latins ni Grecs. et, comme on l'a
écrit excellemment, les leçons de clarté et d'ordre
et de logique élégante, que nous demandons aux
écrivains latins, nous peuvent être données avec
bien plus d'efficace par nos classiques. Jamais
harangue du *Conciones* surpassa-t-elle les discours
de Racine ou ceux de Bossuet ?

Ensuite, parce que l'antiquité ne peut être présentée à nos jeunes gens que tronquée, mutilée ou
faussée. Quels sont les auteurs à expliquer avec
bonne foi à une classe d'élèves de dix-sept ans ?

Ce ne sont ni Aristophane, ni Pétrone, ni Lucien, ni Suétone, mais ce ne devrait être non plus ni Platon, ni Homère, ni Virgile lui-même, ni Lucrèce, ni Horace, ni Tacite, en somme aucun des meilleurs écrivains anciens. La plus grande partie des *Dialogues* de Platon roule sur des thèmes incompréhensibles à notre monde moderne où l'amour, en tant que sentiment, n'existe pour l'ordinaire qu'entre gens de sexe différent. Dans Horace, vous trébucherez tous les dix pas. De Virgile vous expliquerez la première églogue et fermerez le livre avant la seconde. Et ainsi de suite pour les autres.

Que restera-t-il? Condamnerez-vous votre élève au pain sec des historiens, à Tite-Live, à Thucydide, et à la bouillie claire des orateurs, Cicéron et encore Cicéron? Vous le dégoûterez à jamais de cette antiquité que vous voulez lui faire aimer.

Le laisserez-vous lire ce qui lui plaira, en lui fournissant les notes explicatives qu'il est en droit de demander ? Voyez alors l'étrange confusion, dans ce cerveau jeune, au conflit des idées anciennes et de celles que la vie de famille et la vie publique lui font tenir pour respectables et bonnes. Et si l'un de ces jeunes gens, prenant ses lectures au sérieux, s'applique, avec la logique de son âge, à faire revivre dans le lycée les mœurs de cette antiquité que vous lui avez vantée? Votre premier soin sera de l'expulser. Ce n'est qu'en exerçant sur les œuvres anciennes une censure impitoyable qui en fausse le caractère, que l'on donne l'éducation classique à nos fils. Le système est fondé sur l'hypocrisie.

Au vrai, l'antiquité a très peu à faire dans l'éducation, car il est nécessaire de l'accepter dans son entier. Pour cela, il faut enlever de notre nez les lunettes que nous avons chaussées, de moralité et de pudeur. Contemplons-la objectivement, *comme une œuvre d'art*, sans chercher à la faire servir à des fins utilitaires. Qu'elle ait pris ce chemin-ci ou celui-là, que les moyens qu'elle a employés nous répugnent ou non, peu importe ; elle est arrivée à s'exprimer en beauté. Elle est belle, cela suffit. Pourquoi vouloir qu'elle soit, en outre, utile ? Sachons l'admirer au seul point de vue qui convienne. Mais disons qu'il est très difficile à un adolescent presqu'enfant de la considérer de ce biais et qu'en tous cas il n'est pas permis à un professeur de la lui présenter, comme il le faudrait, dans sa totalité.


## NAPLES


Lorsque vous aurez épuisé l'intérêt de Pompéi, les salles du Musée de Naples, où sont exposés les objets mobiliers retirés des fouilles de la ville, vous réservent le plus vif des plaisirs. Les moindres choses y ont de la grâce, les plus ordinaires casseroles, du style. Vases, lampes,

amphores, cruches, pots, bassins, coupes, aiguières, trépieds, fourneaux, chaises et lits, tables
et guéridons, tout y a sa forme nécessaire et sa
décoration organique. Je recommande une méditation dans cette salle aux artistes contemporains
qui cherchent à nous doter d'un art décoratif
moderne. C'est à eux que je dédie ces lignes si
pénétrantes de Jacob Burckhardt :

« ..., On s'apercevra... que nous imitons incomplètement et avec un mélange barbare des styles ;
que nous procédons tantôt avec une raideur trop
architecturale, tantôt avec une fantaisie sans idée ;
que c'est non une conception arrêtée, mais le
seul caprice, qui nous guide, sinon notre mode ne
se promènerait pas du chinois au style renaissance,
ou rococo, etc., sans en approfondir aucun. En
face de tous nos jolis riens de style baroque, les
anciens se dressent grandioses avec leur sens du
beau et leur intelligence droite.

« Vases, chandeliers, seaux, balances, coffrets
et tous les objets antiques qui ont un nom et une
destination, tout possède sa vie organique, son
développement de l'état dépendant à l'état de
liberté, sa tension et son expansion ; *les ornements
ne sont pas un jeu extérieur, mais une véritable
expression de la vie interne.* »

Votre dernière visite au Musée sera pour y revoir
les seules choses tout à fait belles que vous avez
aimées. Nous laissons de côté la riche collection
de peintures modernes, que, pour l'instant, nous

ne saurions où rattacher et que nous reviendrons étudier depuis Rome.

La vie de Naples, si vous vous y mêlez, ne vous détournera pas des idées antiques. Dans les rues étroites qu'emplit une foule bruyante, vous verrez, comme à Pompéi, des cuisines et des restaurants en plein vent. Les Napolitains, comme les Pompéiens, ont en breloques des morceaux fourchus de corail pour détourner d'eux les sorts mauvais ; les chevaux qui passent portent sur leur harnais, enrichi de métal, une main de cuivre aux deux doigts pointés ; et les innombrables pratiques superstitieuses qui remplissaient la vie d'autrefois, vous les retrouverez à peine modifiées dans la religion napolitaine d'aujourd'hui. Si vous souffrez enfin en voiture des cahots terribles sur les pavés actuels, qu'il vous soit un réconfort de penser que ces pavés sont à l'image exacte de ceux qu'employaient les anciens et que le même genre de secousses dont vos reins gémissent, les habitantes de Pompéi les ont ressenties, alors qu'elles passaient en char dans les rues de leur ville.


## ROME


Rien n'est plus aisé que cette partie du *Voyage idéal*. Après Naples, nous remontons à Rome. L'antiquité est presque toute dans ces deux villes

et nous ne sommes obligés à faire aucune de ces
courses rapides que l'avenir nous réserve.

A Naples, c'est sans effort que nous sommes
restés dans le cadre antique ; nous n'y avons sacri-
fié qu'un étage du Musée et quelques églises qui
ne sont point de première importance.

A Rome, l'intérêt est double ; car, autant que la
cité des ruines, Rome est la ville des Papes. En ce
premier séjour, il est facile pourtant de laisser de
côté la Rome papale et la triomphante Renaissance.
La Rome impériale est, du reste, d'un attrait si
puissant qu'elle suffira à remplir vos journées.
Sans doute, les noms de Raphaël et de Michel-
Ange tinteront parfois mystérieusement, en appels
de cloches, à vos oreilles. Sachez résister à la ten-
tation. Ces deux hommes admirables sont le couronnement d'un édifice dont vous étudierez ailleurs
et plus tard les assises. Il faut savoir ce que furent
les débuts de la Renaissance avant de voir comment elle s'achève.

De la Rome antique nous passerons à celle des
premiers chrétiens par une marche logique. Il n'y
a pas de rupture entre l'une et l'autre. Au premier
siècle déjà Rome devint, par la consécration du
sang des martyrs, le centre du christianisme naissant, la Ville par excellence. Les fumées qui montèrent des chrétiens brûlés vifs obscurcirent à
jamais le ciel païen. Néron, empereur de Rome,
fut persécuteur de saint Pierre. Les liens qui
relient le monde moderne à l'ancien ont été scellés

par le feu et le sang. Enfin, l'art est le même, si
la pensée diffère, des sarcophages chrétiens et des
bas-reliefs romains de la décadence.

De Rome telle qu'elle apparaît lorsqu'on la traverse pour se rendre aux ruines, le mieux qu'on
en peut dire est qu'on n'y risque pas d'être arraché
à ses pensées antiques par la vue soudaine d'un
chef-d'œuvre du moyen âge ou de la Renaissance.
Quant aux moellons et au mortier de la capitale
nouvelle, ils sont pires qu'ailleurs; mais la lumière
les enveloppe d'une telle caresse moelleuse qu'elle
prête aux bâtisses mêmes de la ville moderne un
charme et une couleur inoubliables.

### LES RUINES

Aux premiers jours, courez les ruines. Ces pierres
dégradées, mais encore en place, parlent plus
éloquemment que les statues dans les musées.
L'idée que nous foulons le sol où commença et
s'acheva l'histoire inouïe du peuple romain, remplit l'esprit, quel que soit, du reste, le degré de
sympathie que l'on éprouve pour l'ensemble de
cette civilisation.

Il faut voir le Palatin, la première et la dernière colline de Rome, où l'on touche à la fois le
mur d'enceinte de l'*Urbs quadrata*, construit sous
les rois, et le palais de Tibère; où l'on montre
l'emplacement donné par la légende aux cabanes

de Romulus et de Rémus, et le Cryptoportique, où
le pâle Caligula fut assassiné. Non loin de là, c'est
la maison de Livie, aux fresques intactes, et, après
celles de la demeure de Domitien, les ruines
énormes du Palais d'Auguste, dont la Villa Mills
recouvre une partie ; puis le Stade et le Palais de
Septime-Sévère, d'où la vue s'étend au loin : à
gauche, sur l'Arc de Constantin et les pierres rou-
gies du Colisée, plus près sur l'aqueduc de l'Aqua
Claudia, puis en face sur la campagne romaine,
que traverse la voie Appienne où l'on aperçoit le
haut tombeau de Cæcilia Metella. A droite, dans
la vallée arrondie qui sépare le Mont Palatin de
l'Aventin, se creusait le Circus Maximus. On termine enfin par le Pædagogium, où fut trouvé le
graffito célèbre du Musée Kircher.

C'est une belle journée à passer dont vous revien-
drez rompu. Il y a pourtant intérêt à voir le Palatin en une fois, quitte à le reprendre en détail,
car, autant que le fait des ruines, leur accumulation parle à l'esprit et lorsque vous vous serez
fatigué à les parcourir en un jour, la lassitude que
vous aurez gagnée à ce contact d'une seule des
sept collines de la Rome antique vous aidera à
vous faire de sa grandeur une idée adéquate. C'est
pourquoi il est excellent que l'on n'y puisse cir-
culer en voiture et qu'on soit obligé d'y récolter
pas à pas le pain de la curiosité.

Il en est de même au Forum, qu'il faut étudier

le plan à la main et où il faut situer avec précision les différents monuments, pour que votre
émotion historique ne risque pas de s'échauffer à
tort. J'en ai connu que le Forum a désillusionnés.
Pour nous, au contraire, il apparut plus riche
encore en pierres et en souvenirs que nous ne
l'avions espéré.

C'est avec anxiété que nous cherchâmes l'ombilic
de la ville, voisin de l'endroit où était le Milliaire
d'or, centre de l'empire. Les routes dont Rome
sillonna le monde se rapportaient toutes à cette
borne unique.

Nous voulûmes retrouver la place où fut l'ancienne tribune, d'où Cicéron déversa sur ses concitoyens les flots d'une éloquence qui, aujourd'hui
encore, noie les jeunes esprits sous son uniformité
insipide et les empêche de goûter la saveur forte
de l'antiquité romaine. Mais cette partie du Forum
de la République n'existe plus et c'est à une place
idéale, à droite de · l'église Saint-Adrien, que
j'adressai quelques imprécations latines de style
noble, restes incohérents d'une trop longue fréquentation du *De Oratore*.

Nous trouvâmes, par contre, un amas de terre,
seul témoin de l'ancien temple de Jules César,
construit sur l'emplacement même où Marc-Antoine
montra au peuple les blessures encore vives du
héros. Ce moment de l'histoire vit à jamais dans
le drame qu'un Anglo-Saxon écrivit au début du
xvii{sup}e siècle. Il faut y lire le discours d'Antoine.

Nous vîmes aussi le temple de Vesta et les
demeures des Vestales, dont l'organisation rappelle
celle de nos couvents, en ce qu'elles faisaient vœu
de chasteté, renonçaient leur corps et entretenaient
le feu sacré ; mais elles se mêlaient à la vie
romaine, avaient leur loge au cirque et exerçaient
une grande influence dans les affaires publiques.

Nous courûmes le long de la voie Sacrée, dont
le pavé est dur aux pieds : nous passâmes devant
le temple du divin Antonin et de la divine Faus-
tine, devant celui de Saint-Cosme et de Saint-
Damien. A gauche s'ouvraient les voûtes énormes
de la Basilique de Constantin. Arrivés à Santa Francesca Romana, devant l'Arc de triomphe de Titus,
nous revînmes sur nos pas. Lorsque le soleil
couchant pose ses rayons sur les fûts brisés des
colonnes, sur les tas de marbres épars et sur
les pierres éloquentes du Forum, le spectacle est
beau. A gauche, les ruines du Palatin descendent
en pans de murs immenses : c'est dans l'ombre
une dégringolade de maisons en terrasses, parmi
lesquelles passe la voie qui conduit au Palais de
Tibère et à celui de Caligula. Des touffes de
chênes verts couronnent ces constructions de
briques, dont l'appareil régulier et magnifique dit
encore les procédés d'un art de bâtir oublié depuis
l'antiquité. Devant nous les trois colonnes élégantes
du temple de Castor et Pollux portent, comme d'un
geste hardi, une architrave travaillée ; plus loin
ce qui reste de la basilique Julia, un plan en relief :

puis, sous la masse haute du Capitole qui ferme
l'horizon, la colonnade ionique du temple de
Saturne, père des dieux, celle du temple de Ves-
pasien, les fragments informes de celui de la
Concorde et l'Arc triomphal, encore debout, de
Septime-Sévère.

Mettez là-dedans les souvenirs anciens de vos
années de classes, où peut-être, tout frais, des
lectures de la veille, restaurez ces murs abattus,
relevez les colonnes et faites glisser sous les portiques la foule drapée du peuple romain dont
c'était ici le lieu de réunion. Souvenez-vous de la
République et de ses vertus terribles. Le « vieux
Romain » était un homme d'une intransigeance
égalée par son seul orgueil, chez qui l'idée du
salut de l'Etat était invinciblement liée à celle
du succès de son parti politique. Ce que nous
appelons sentiments humains n'avait point de
place dans sa tête dure. Tel ce plébéien Virginius,
qui préféra tuer sa fille plutôt que de lui voir
partager la couche d'un aristocrate.

Pensez aussi à ce que fut le droit romain, qui
consacre la toute-puissance de l'Etat. Et comme il
est intéressant de savoir qu'au cours de notre
histoire du moyen âge, le développement du pouvoir central au détriment des pouvoirs locaux
s'est fait avec l'aide du droit ancien contre le
droit coutumier. Les règnes où le roi gagne le
plus sont aussi ceux des légistes, et n'étaient
légistes que de droit romain.

Mais plus que de la République, le Forum parle
de l'époque impériale, de la vie molle de gens
pour qui Virginius était un père incompréhen-
sible. Sur les degrés de la basilique Julia, les
Romains étendus jouaient aux dés; les raies de
leurs damiers sont encore visibles. Les jours se
passaient entre le cirque, les courses de chars, la
palestre et les bains, les jeux sanglants du Colisée, les auditions littéraires de rhéteurs habiles
ou la visite aux collections de sculptures d'un
riche affranchi. Les Barbares, on en entendait
parler, mais ils étaient si loin et Rome si puissante. Ne les voyait-on pas, du reste, fournir à
l'amusement du peuple dans l'amphithéàtre?

Ces pensées et cent autres se pressaient dans
notre esprit, alors que nous foulions le sol véné-
rable du Forum, que baignait une lumière dont
Corot, dans tant de ses paysages et vues de Rome,
a noté la qualité avec une précision inouïe. Il y
avait vraiment dans ce lieu une incomparable
réunion de monuments et de palais, groupés, il
faut noter ce trait bien antique, sans aucun souci
de symétrie. Sous le ciel éclatant de Rome, les
dix temples, les arcs de triomphe, les basiliques,
les tribunes, que l'on pouvait, dans un espace assez
restreint, embrasser d'un seul coup d'œil, avec
leurs degrés et leurs péristyles, les statues qui les
ornaient, les bronzes et les applications de stuc, les
marbres de différentes couleurs, présentaient un
spectacle digne de la Ville qui dominait le monde.

Sans doute, l'état actuel est celui d'une place dévastée où rien ne reste d'entier. Ce qu'il y a suffit pourtant, si on le regarde avec les yeux de l'esprit, qui, d'une colonne, sait ordonner un portique et, d'un amas de pierres, un temple splendide. Cet aspect désolé a sa grandeur ; mais la mélancolie qu'il inspire n'est pas un sentiment romain. Rien n'est plus éloigné de la force de l'âme romaine, qui s'était révélée à moi au mur extérieur du Théâtre d'Orange. De ce théâtre, la robustesse des pierres taillées pour l'éternité dit l'inébranlable confiance du Romain en soi et en ses œuvres. Le mur d'Orange, toujours debout, toujours semblable à lui-même, en donne une idée bien plus juste que les ruines du Forum, qui montrent, par leur existence même, la fragilité de cet empire.

Le Panthéon fait une grande impression. C'est le seul temple intact en Italie. Rien n'est plus connu par la gravure et la photographie. Je ne pense pas, cependant, que l'on puisse y pénétrer sans plaisir. Il laisse le spectateur satisfait, car il donne dans son genre une idée de perfection, de chose à laquelle on ne voudrait rien changer, soit à cause de l'égalité de son diamètre et de son élévation, soit surtout par l'impression si nouvelle pour nous de l'éclairage, qui vient d'une seule grande baie circulaire, à ciel ouvert, au centre de la coupole. L'unité de la lumière est d'un effet surprenant ; le même jour baigne également chaque moulure des caissons, chaque arête de la frise, chaque fronton et chaque colonne des autels circulaires ; toutes les niches sont plongées dans la même pénombre à demi lumineuse ; il n'y a ni surprise, ni mystère, comme dans nos cathédrales dont l'obscurité est déchirée par les traînées sanglantes qu'y jettent les verrières ; c'est ici une pénétration égale de clarté vraiment élyséenne, qui sépare à jamais ce temple de tout monument connu. — A l'extérieur, le portique, avec sa belle colonnade, existe encore. Il se rattache, du reste, assez maladroitement à la forme circulaire de l'édifice.

Il faut voir le Colisée et grimper jusques aux gradins les plus élevés, visiter les Thermes de Caracalla, où trois mille personnes pouvaient se baigner en même temps, chercher les prisons sous le Capitole, aller à Tivoli, qui possède un Temple circulaire charmant et d'où l'on descend, à travers des oliviers centenaires, à ce qui fut la Villa d'Adrien ; enfin courir les lieux célèbres que les guides indiquent. Mais surtout il faut se promener dans la Via Appia, si triste et si belle dans la campagne désolée, entre les files de tombeaux qui la gardent et les bouquets de pins qui jettent sur elle leur ombre bleue. Des aqueducs, venant des Monts Albains, dressent encore leurs arcs inutiles ; par place, les pavés anciens subsistent ; au

long de la route pleine de silence, ce sont des
amas de briques, des renflements de terre, des
pans de murs en forme de tombeau, et partout des
fragments de sculptures : ici une tête qui s'afflige
solitaire, là quelques convives attablés à un repas
funèbre qui ne finit pas, plus loin un envol de
draperies dessinant encore la hanche arrondie
d'une femme. Aucun lieu dans le monde n'est
plus propre à éveiller le souvenir mélancolique
d'empires disparus et de puissance évanouie.

### LES MUSÉES

Les collections d'antiques sont énormes et
magnifiques. Les visites de musées demanderont
à elles seules trois semaines au moins, à raison
de deux heures et demie par jour. Burckhardt
sera un guide indispensable et nos souvenirs
de Naples nous aideront dans les premières
classifications.

Il y a une telle abondance de richesses que
nous nous contenterons de quelques remarques
générales. Une fois les œuvres grecques ou copies
anciennes trouvées, il devient nécessaire, l'œil
étant habitué aux formes antiques, de serrer la
chronologie de près, et de mettre les statues à leur
rang d'école et de date. Dans les différents musées
et collections particulières de Rome, on trouvera
une série d'œuvres de premier ordre de dates très
éloignées.

On y rangera, pour ne citer que les plus célèbres, l'admirable *Jeune homme agenouillé* du Musée national, une tête grecque voisine; le *Boxeur armé du ceste*, qui est une belle brute, un *Apollon*, un *Bacchus*; au Vatican, le *Jupiter d'Otricoli*, le majestueux *Bacchus barbu*, dont nous connaissons une tête en bronze au Musée de Naples, les *Discoboles* dans la même salle, la *Vénus du Vatican* vêtue, pourquoi? d'une tunique de fer-blanc, et l'*Accroupie*, régal des yeux; le *Mercure du Belvédère*, « ce jeune visage a une ombre de tristesse »; l'*Eros* et l'*Apollon Sauroctone* de Praxitèle, le *Torse*, deux bas-reliefs du Musée Chiaramonti, et quelques autres, d'une beauté supérieure, qui laissent au second plan des statues trop vantées, l'*Apollon du Belvédère*, où je ne puis m'empêcher de voir de la prétention et du théâtral, et le *Laocoon* cher à Winckelmann, dont, malgré la parfaite maîtrise technique, on sent le dramatique voulu, l'émotion forcée, le mouvement exagéré. A la première liste s'ajouteront le *Faune* de Praxitèle, la tête de *Bacchus juvénile* que l'on dénommait *Ariane*, l'*Alexandre Solaire*, le *Gaulois mourant*, la *Vénus Capitoline*, dont le dos est bien savoureux; quelques *Enfants avec animaux*, du Capitolino; au Nouveau Musée, le délicieux nu de femme, la *Vénus Esquiline*, le *Tireur d'épines*; au Latran, le *Sophocle*, un bas-relief grec, *Médée et les filles de Pélias*, le *Faune dansant* de la villa Borghèse; — j'indique tout

cela pêle-mêle et j'en passe. C'est une occupation
digne d'intérêt que de vouloir mettre des dates
sur ces œuvres et, malgré le travail auquel elle
entraîne, je la recommande, car c'est la meilleure
façon d'entrer dans l'intimité des chefs-d'œuvre
antiques, qui, une fois qu'on les a vus, connus et
aimés, sont une joie pour toute la vie.

Dans les marbres romains, on s'intéressera à
quelques bustes-portraits, très individuels et très
caractéristiques. Mais pourra-t-on regarder avec
plaisir les statues colossales d'empereurs, dont
les draperies sont taillées dans le porphyre?

En plein air, on admirera, sans doute, les *Dioscures*, voisins du Quirinal, et le *Marc-Aurèle* de
la place du Capitole. Les anciens ont su faire des
statues équestres. Les Italiens, depuis le xv⁺ siècle,
en ont perdu le secret. Je ne sais rien de plus
attristant que les *Victor-Emmanuel* qui caval-
cadent aux places de toutes les villes de l'Italie
unifiée.

Il y a, dans les musées de Rome, un grand nombre
d'œuvres médiocres. C'est une des caractéristiques
de l'esthétique ancienne que la répétition du type
et le peu d'invention dans le sujet. Rien de plus
instructif à cet égard que la comparaison des cata-
logues de musées antiques et de musées modernes.
D'un côté quelques types de dieux ou d'athlètes,
reproduits sans lassitude avec quelques modifications non essentielles; de l'autre, des sujets sans
cesse variés et l'affranchissement le plus complet

de toute tradition (surtout depuis Michel-Ange),
l'invention devenant la part importante de la création artistique, alors qu'elle était presque inconnue dans l'antiquité. De là les répliques, bonnes,
médiocres ou mauvaises, qui remplissent les salles
des collections d'antiques et qui produisent une
fatigue indéniable. Aussi faut-il s'en tenir résolu-
ment aux œuvres vraiment belles ; c'est d'art, et
non d'archéologie, que nous sommes passionnés.

En courant ainsi les musées et les ruines, vos
journées garderont une unité précieuse. Vous cher-
cherez, l'après-midi, dans les palais et les temples,
la place où furent trouvées les statues que vous
avez admirées le matin. Songez à ce que fut la
demeure des Césars sur le Palatin, ornée de ces
dieux de marbre qui maintenant s'ennuient dans
les salles froides de musées où jamais un rayon
de soleil ne pose sur eux une chaude caresse ; songez à ce que nous révèle de vie antique un lieu
comme les Thermes de Caracalla, où l'on allait,
non seulement développer ses muscles et se for-
tifier, mais encore ennoblir ces saines gymnas-
tiques par la contemplation de corps admirables
d'athlètes, éternisés par l'art grec !

L'intérêt est, du reste, différent, des ruines et
des musées. Dans les premières, c'est le souvenir
qui nous attire des grands hommes dont les vastes
pensées ont dirigé le monde ; dans les seconds, c'est
la Grèce qui revit, l'île montueuse qu'entoure la
mer retentissante. Toute invention dans le do-

maine de l'art lui appartient, tandis que Rome
est synonyme de domination et de force. Ceux
qui, comme nous, voyagent pour enrichir en leur
âme le trésor des formes expressives et belles
garderont pour la Grèce l'amour que les politiques
et les amateurs d'énergie vouent à la Ville éternelle.

## FLORENCE

C'est à ce moment-ci de notre voyage que je
conseille d'aller passer une journée ou deux à
Florence. C'est la seule collection d'antiques qui
vaille d'être vue dans le même temps que celles
de Naples et de Rome. En outre, lorsque nous
serons à Florence pour étudier ce qui est proprement florentin, c'est-à-dire le moyen âge et la
Renaissance, nous ne regarderons plus les antiques, qui nous détourneraient tout à fait des
pistes de pensée que nous suivrons alors. Partout ailleurs les quelques fragments anciens que
nous rencontrerons ne seront pas assez importants
pour nous enlever au monde chrétien, au milieu
duquel ils apparaîtront simplement comme un
délicieux repos.

A Florence, il y a quelques œuvres excellentes,
la *Vénus de Médicis*, l'*Apollino*, si souple ; les
*Lutteurs*, le *Mercure*, le soi-disant *Alexandre
mourant*, enfin toute une série aux Offices, dont

vous jouirez pleinement à ce moment-ci. Et n'oubliez pas l'*Idolino*, au Musée archéologique.

Vous aurez de quoi remplir agréablement deux journées à Florence avec les seules collections d'antiques. Puis nous revenons à Rome où la décadence nous attend. Pendant le trajet vous pouvez lire les deux Remarques suivantes écrites à cette intention.

### PREMIÈRE REMARQUE

*Qu'il est fâcheux que les histoires de la sculpture grecque soient écrites par des hommes manifestement inaptes aux exercices du gymnase.*

Un peuple a vécu en plein air, sous le plus beau ciel qui soit, avec l'amour passionné des luttes physiques, de la force et de l'adresse. Dans les gymnases, les adolescents, sous la direction du pédotribe, assouplissaient leurs membres et, nus au soleil de l'Attique, s'enlaçaient sur le sable de l'arène. Autour d'eux les spectateurs regardaient ces corps jeunes frémir et se tordre sous l'étreinte de l'adversaire, notaient le raidissement des jambes, la contraction du torse, le développement des pectoraux sur la poitrine large ouverte, l'abaissement du ventre qui se creuse, la courbe exacte décrite par le bras qui lance un coup de poing horizontal, la saillie et la tension de chacun des muscles, qu'un seul mouvement intéresse tous. Plus loin c'était des coureurs penchés en avant, attendant le signal du départ. Ici des joueurs

lançant le disque dans la position ramassée que
nous montre le *Discobole*. Là un athlète enlevait
avec le strigile l'huile dont il s'était enduit.

La vie de tous les jours offrait des spectacles
semblables. Aristophane a décrit les jeunes enfants se rendant à l'école « nus, serrés en bon
ordre, quand même la neige tombait à gros flo-
cons ».

Aux jours de fête, les processions déroulaient
dans la ville leurs cortèges où la beauté était
recherchée plus par les attitudes et les gestes que
par l'éclat de riches costumes. « L'action la plus
religieuse était d'exposer des formes pures. »

L'art de ce peuple, qu'il soit terre, bronze ou
marbre, s'est fait dans les palestres. Il a représenté
ce que chacun aimait, ce que chacun connaissait
parfaitement, la forme humaine dans les multiples
manifestations de sa vigueur et de son élégance.
Statues d'athlètes ou de divinités, c'est la gloire des
corps ennoblis par la gymnastique qu'il célèbre.

D'autre part un homme, étrange, travaille à la
clarté d'une lampe, les yeux fixés sur des fiches
de papier où sont griffonnées des notes. Sa préoccupation est d'ajouter sur le sujet qu'il étudie une
fiche à d'autres fiches, d'obtenir des dépouille-
ments complets, des inventaires entiers d'opi-
nions et de faits. Il porte des lunettes et, sortant
de son cabinet, cligne des yeux à la lumière forte
du soleil. De l'homme moderne, tel qu'il existe

sous les habits où nous cachons nos imparfaites
anatomies, il ne connaît que le personnel et défectueux exemplaire que la claustration, jointe au
manque total d'exercice, a amené à une forme
ridicule. Jamais il n'eut la curiosité de voir comment pouvaient être faits, en chair et en os, des
corps d'athlètes, que c'est pourtant sa spécialité
d'expliquer avec notes savantes, lorsqu'ils sont en
marbre ou en bronze. Il ne sait ni le jeu mouvant
des muscles, ni la vie des attitudes, ni par quoi
une jambe de coureur diffère de celle d'un lutteur, ni les modifications musculaires que l'entraînement d'une partie de l'organisme fait subir
au reste du corps. Vous ne le verrez pas aux
Folies-Bergère, où sont d'admirables acrobates,
non plus que dans les baraques foraines où les
Terreurs des Batignolles et de Levallois s'em-
poignent. Ne lui parlez pas de « régime »; il ne
le connaît que direct ou indirect. De l'« entraînement », il ne sait que celui des sens, pour le
réprouver. Il marche, mais avec lenteur : et, s'il
est obligé à courir quelques mètres, il s'arrête
essoufflé et essuie un front apoplectique. Est-il
marié ? il est à peine plus savant des beautés
propres au corps féminin, et le désir ne lui vint
jamais de confronter la ligne des hanches de son
insuffisante épouse avec celle de l'*Aphrodite* de
Praxitèle ou de rechercher sur le torse et les reins
conjugaux les plats et méplats dont il n'ignore pas
un au dos de la *Vénus Capitoline*.

Cet homme est un érudit; je le respecte. Le
malheur est qu'il applique sa méthode à étudier
un peuple dont la vie a été l'antithèse de la sienne.
Où a-t-il trouvé la préparation nécessaire pour
discuter sur la forme humaine ? A-t-il vécu
parmi les athlètes, qu'il en raisonne de si haut ?
Ne voit-on pas que, si l'on veut expliquer une
statue de lutteur, mieux que les commentaires
de M. Brunn, savant du reste considérable, les
leçons d'un Charlemont et la fréquentation des
gymnases vous y préparent.

Faut-il le dire ? Jim Corbett et l'héroïque
Fitz Simmons réalisent, jusque dans leurs vantar-
dises, un idéal de vie grecque plus que M. Furtz-
waengler ou l'érudit M. Collignon. L'entraînement
raisonné par lequel ces deux boxeurs surent
arriver au maximum de leur puissance physique
et le courage avec lequel ils supportèrent la lutte
qui rendit fameuse Carson-City, leur auraient, à
l'époque chère à nos savants, valu les honneurs
du marbre. Et certes le corps de Jim Corbett vaut
bien celui de l'*Apoxyomenos !*

Je tiens pour certain que pas un de nos professeurs ne connaît le premier et n'a eu l'idée
d'aller y chercher quelques arguments topiques
pour nourrir sa dissertation sur le second.

## SECONDE REMARQUE

*Sur un sujet délicat.*

Personne n'en parle. Vous feuilletterez Burck-

hardt, Helbig, Springer et Collignon, vainement.
Et à chaque visite nouvelle dans un musée d'antiques, vous vous étonnerez à voir des statues
d'adolescents, aux formes frêles et délicates, à la
figure fine d'un ovale exquis, aux longs cheveux
relevés en nœud sur la tête ou tombant en boucles
sur les épaules, êtres douteux, d'un mystère
inquiétant de formes indécises, presque féminines
de douceur et d'intention, viriles pourtant, bien
qu'à peine, dans l'absence de force et de vigueur,
dans la faiblesse gracieuse qui semble quêter
une protection, un appui, un sourire. Approchant
du socle, vous y avez lu une des désignations suivantes : *Apollon, Bacchus juvénile, Ephèbe.*

Vous ouvrez, pour trouver l'explication de cette
énigme, le guide savant qui disserte si bien sur
les raisons et les causes des types antiques, vous
n'y trouvez rien qui réponde aux préoccupations
légitimes de votre curiosité, sinon des phrases
comme celle-ci :

« Il a des formes sveltes, qui indiquent autant
de force que l'action du moment en réclame ! »

Là-dessus, lisez, puisque les érudits ne veulent
pas la vérité, qu'ils connaissent pourtant, *le Banquet* de Platon et *le Phèdre*, *l'Ode IV, liv. I,*
d'Horace, et *l'Appendice à la Métaphysique de
l'Amour*, d'Arthur Schopenhauer. Vous y verrez
les sentiments de l'antiquité sur un sujet interdit
aux modernes.

Il y avait une époque dans la vie du jeune homme, avant qu'il entrât dans l'âge viril, « avant la barbe », où ses années d'adolescence se passaient dans cet état neutre, dont tant de statues nous disent le charme qu'y trouvaient les anciens. C'était un état transitoire et non point permanent, ainsi que le montrent ces vers d'Horace :

*Nec tenerum Lycidam mirabere, quo calet juventus*
*Nunc omnis, et mox virgines tepebunt.*

Le sculpteur ciselait un jeune corps d'éphèbe, avec la même caresse du ciseau, avec le même amour, qu'un torse palpitant de Vénus, pour les désirs éternels des dieux et des hommes.

## LA DÉCADENCE

Ce n'est que par un effort d'imagination que l'on se reporte, à Rome, aux temps de la grandeur de la République. Ce que les ruines donnent directement, c'est l'époque impériale, c'est la décadence. Les empereurs, dont les œuvres sont encore debout, sont Auguste, Tibère, Caligula, Vespasien, Titus, Adrien, Domitien, Septime-Sévère, Dioclétien, Caracalla, Constantin le Grand, avec qui nous touchons au terme de l'Empire. Voilà les noms qui remplissent la ville.

Dans les musées, au contraire, il y a un choix

à faire, car on y a mis pêle-mêle les œuvres anciennes et les plus modernes. Si l'on recherche les statues de la décadence, on les trouvera d'une forme de moins en moins pure, plus emphatiques, plus arrondies. et colossales souvent. Les sarcophages, très nombreux, sont une invention tardive de l'Empire. Ils ne commencent à être en vogue qu'au iiᵉ siècle de notre ère, alors que la coutume se perdit de brûler les corps. Aussi fournissent-ils une excellente transition à l'art chrétien. Si la patience ne vous fait défaut, vous pourriez en rechercher une suite et la dater approximativement.

La sculpture décorative, dans les ruines et dans les musées, est presque toute de l'époque impériale. Elle intéressera sans doute, ne serait-ce qu'en tant que source de notre décoration moderne depuis la Renaissance. Il y a beaucoup à voir ; en particulier, au Musée de Latran, des frises fort belles du Forum de Trajan. Il y aurait quelques remarques à faire sur le relief de l'ornement et sur le relief des rinceaux de Bramante : elles trouveront leur place dans nos études sur la Renaissance.

La collection des portraits d'empereurs, d'impératrices et d'hommes notoires des temps impériaux est considérable et, dans l'ensemble, médiocre ; il y a pourtant quelques pièces remarquables ; c'est en somme ce qu'il y a de plus romain à Rome. Dans les œuvres les meilleures,

on est frappé de l'individualité des modèles, du
parti pris réaliste avec lequel ils sont traités. Si
c'est parfois au détriment de l'art, nous avons
néanmoins des images excellentes de quelques-uns
des personnages importants de la décadence. Il
ne sera indifférent à personne qui a lu Suétone
et Tacite, de s'approcher de la statue d'Agrippine,
de regarder, drapé, ce corps dont Néron vanta la
beauté et qu'il voulut contempler avant les funé-
railles.

Avec les portraits, les fresques, les mosaïques,
s'épuisera l'intérêt d'art de l'Empire finis-
sant.

Si l'on réfléchit à ses destinées depuis les siècles
de la Renaissance, on s'étonnera de la fortune si
grande du nom romain. Il y a quelque chose de
disproportionné entre la valeur originale de cet
art et le rôle qu'il a joué dans la formation de
notre style. A la Renaissance, il était représentatif de l'antiquité; la Grèce était peu et mal connue. Maintenant les termes sont renversés ; artistiquement la Grèce a toute originalité et Rome a
perdu ce qu'a gagné sa rivale. Les vraies leçons
qu'elle peut encore nous donner sont du domaine
des travaux publics. Dans ces grandes entreprises,
aqueducs, égouts, routes, amphithéâtres, elle a
montré un art de bâtir incomparable.

L'erreur où est tombée la Renaissance n'a pas
été partagée par les anciens Romains. Des vers

souvent cités de Virgile disent avec précision leur
part dans le monde antique :

> Excudent alii spirantia mollius aera,
> Credo equidem : vivos ducent de marmore vultus ;
> Orabunt causas melius, caelique meatus
> Describent radio et surgentia sidera dicent :
> Tu regere imperio populos, Romane, memento.

On arrive ainsi à la conception d'une ville dilet-
tante, intelligente aussi, qui a aimé l'art et la
beauté, mais qui fut incapable d'y atteindre par
ses propres ressources. Au point de vue de la
sculpture, elle était comme le Londres d'aujour-
d'hui, qui renferme des chefs-d'œuvre, mais étrangers, et qui n'a pas d'école nationale.

Ici le souvenir s'impose de la Rome du xvi<sup>e</sup> siècle.
Elle non plus ne fut point créatrice. Elle ne fut
que le témoin d'une merveilleuse poussée d'art :
elle n'y contribua pas de son sang. Elle prêta à la
Renaissance triomphante ses richesses et son luxe,
les fêtes et les pompes que la cour papale faisait
revivre somptueusement. Elle ne produisit pas un
homme de premier ordre dans l'histoire des arts
plastiques. La capitale du monde artistique ne
vivait que d'emprunts. Mais, à cette date encore,
elle s'efforçait de remplir les destinées que Virgile
lui avait fixées ; son but était la domination.

Rome, dans les derniers siècles de sa vie
antique, apparaît prodigieusement diverse et con-

trastée. Son administration tenait le monde civilisé dans un ordre excellent. C'était une merveille de machinisme. Organisation municipale, routes bien entretenues, villes saines, sûreté générale, voilà ce qu'elle donnait dans la perfection. Au centre, c'était le même soin du bien-être matériel, du confort, de l'amusement du peuple. La ville, même d'Auguste, aurait paru barbare, sans eau, rues étroites, amphithéâtres mesquins, aux contemporains de Septime-Sévère. La culture générale était bien supérieure à ce qu'elle était sous la République ou les premiers empereurs.

D'autre part l'administration, comme cela peut arriver, avait détruit la valeur et l'esprit anciens des corps politiques. Elle avait enlevé toute raison d'être à l'initiative individuelle. Rome n'était plus divisée en partis, condition de vie indispensable, mais en administrés et en administrateurs. Les empereurs avaient aidé de tout leur pouvoir à la destruction des anciens cadres. Par les accusations publiques, par les complots policiers, tout ce qui à Rome était encore une force, un nom, était amené à disparaître. Au Sénat, il ne s'agissait plus de défendre les intérêts publics, mais de flatter les passions du prince et d'accuser ceux dont la seule présence était un reproche vivant. Que de Romains se donnèrent la mort avant même d'être poursuivis !

Après une centaine d'années de ce régime, Rome était proprement châtrée. Elle était impuissante à créer des hommes, ce qui avait été éminemment sa fonction aux jours de sa grandeur.

Dans ce formalisme administratif, c'étaient une licence de mœurs, un désordre, bien plus violents que nous ne nous l'imaginons à travers les écrivains, malgré tout retenus par la majesté de l'histoire, et dont *l'Agonie*, de Jean Lombard, donne une image travaillée et laborieuse, mais véridique.

Que faire de sa vie, du reste? Quelle carrière l'Etat, envahi par les affranchis et les courtisans, pouvait-il proposer? Où se tourner dans l'impossibilité de toute ambition haute? La religion elle-même manquait. Elle était moquée publiquement; rien ne rappelait au respect des choses anciennement sacrées. Que faire? S'étourdir, s'amuser, puisqu'on y était contraint, puisque telle était la volonté du maître.

Et le défilé des Césars dans les demeures impériales ! Après un Tibère, intelligent et politique au moins jusque dans ses turpitudes, un fou monstrueux et immonde, Caligula — pourquoi, lorsque j'écris ce nom, vois-je monter devant mes yeux l'inouïe architecture de rêve évoquée par Turner : le *Palais de Caligula ?* — un Claude, brute épaisse, — ne faudrait-il pas lire l'histoire du mariage de sa femme Messaline, Claude étant vivant, avec C. Silius, et la mort de Messaline, dans l'admirable récit des *Annales?* — puis un Néron, que Racine a ramené au goût correct de notre temps, mais duquel il faut suivre la vie dans Suétone, livre indispensable pour cette époque, que l'on ne mettra point dans les mains de nos lycéens ; et les autres — ils sont trop nombreux pour qu'on les énumère — parmi lesquels se voient pourtant un Titus, un Trajan, un Antonin, un Marc-Aurèle.

Et, dans le monde païen lui-même, des idées nouvelles de justice, d'égalité entre les hommes commençant à percer dans la ville dissolue ! Et cette foi née en Judée qui faisait des adeptes continuellement dans les couches extrêmes de la société, parmi les esclaves et les domestiques et parmi les plus riches des grands seigneurs, dans Rome même, « où tout ce que le monde enferme d'infamies et d'horreurs afflue et trouve des partisans », dit Tacite !

Au dehors les Barbares rongeaient les frontières de l'Empire ; on les incorporait pour s'en faire un rempart ; mais ils avançaient sans cesse.

Quel temps ! Quelle fin de vie pour le monde antique, qui avait rempli tant de siècles de sa beauté et de sa force !

Pour ceux qui appartenaient aux anciennes classes dirigeantes, la décadence apparaît sous un jour plus tragique. Ils n'étaient anémiés ni physiquement, ni intellectuellement. Entraînés aux exercices de la palestre, à la lutte, aux courses de chars, ils étaient certes plus vigoureux que les Goths affamés, qu'une dure vie dans des pays incultes jetait sur l'Italie. De même leur capital

intellectuel était considérable ; dans leurs bibliothèques se trouvait toute la sagesse ancienne. La
vraie cause de leur affaissement est ailleurs. C'est
la volonté qui était attaquée. Un ennui immense
rongeait leur cœur rassasié, et la société entière,
comme un homme qui a trop vécu et devant qui
se pose à un détour du chemin le terrible : A quoi
bon? ne se sentait plus le désir fort de persévérer
dans l'être.

Il dut y avoir des heures étranges et doulou-
reuses pour ces intelligences raffinées, qui compre-
naient les termes du problème vital posé devant
elles, mais qui n'avaient plus assez de force pour
en *vouloir* la solution.

Illustration avant la lettre de la théorie de Schopenhauer : arrivée par l'ennui à la négation du
vouloir vivre, Rome ne se suicida pas, elle se
laissa mourir.

L'art avait disparu depuis longtemps quand
l'Empire s'écroule.

Nous ne retrouverons plus la pureté plastique
des types anciens. Un art est mort qu'il sera vain
de vouloir ressusciter. Finis les cultes en plein air
dans l'ombre fraîche des bois sacrés, finis les sacri-
fices sur les hauteurs chères aux dieux ! Pourtant,
leurs images de marbre nous restent, et nous gardons l'ivresse d'avoir vécu quelques heures au
moins dans ce monde disparu. Nous aussi nous
avons vu Diane pleurant au bord de ses fontaines.

Mais une croix a été dressée au Golgotha et le
cortège s'est évanoui dans les ténèbres, des dieux
et des déesses nés pour la claire lumière du jour
Un autre temps commence.

Lorsque l'Empire disparaît, il y avait, depuis
des siècles déjà, un art chrétien, caché dans les
catacombes, art idéographique posant mystérieusement aux pierres des sépulcres l'affirmation.
par un signe symbolique, des certitudes d'outre-
tombe, art timide dans sa forme, audacieux dans
sa pensée, qui semble lié pour des siècles par
des formules et par des exigences de signification,
et qui pourtant va, lui aussi, arriver à une vie
indépendante et faire épanouir dans le monde
des fleurs nouvelles, fleurs nées sur le fumier de
notre chair et de notre sang, et dans lesquelles
nous respirerons le parfum de notre race toujours
vivante et encore créatrice de beauté.

# LE MONDE CHRÉTIEN

CONSIDÉRATIONS PRÉLIMINAIRES

Dans l'ordre de la pensée, il y a un abîme entre
l'art chrétien et l'art antique. L'un a ses sources
dans une mythologie panthéistique qui lui fournit
la matière la plus riche ; l'autre a ses origines
dans une histoire toute voisine, qui ne se prête à
aucun développement plastique. Cela pour deux
raisons : les origines étant historiques, l'art, malgré
l'énorme travail légendaire de l'âme chrétienne, ne
peut ni discuter, ni repousser l'ensemble des faits
principaux qui les constituent ; il les doit accepter ;
en second lieu il est contraint à rechercher avant
tout l'expression et à traduire les manifestations
de la vie de l'âme. C'en est fini de la pénétration
admirable du moral et du physique que nous
montre la statuaire grecque ; l'homme intérieur,
le nouvel homme, est né.

Peu importait la vie intérieure d'un athlète ;
ses muscles répondaient de lui. Au contraire, le
corps n'est rien dans la doctrine chrétienne ; pâture
des bêtes, flambeau portant au ciel l'âme du martyr, il n'avait pas d'existence indépendante ; il

n'était là que pour un temps et qu'étaient ses tribulations terrestres et passagères au prix de la vie éternelle ?

Qu'un monde de sentiments nouveaux et exquis soit en germe dans la doctrine du maître de Nazareth, c'est l'évidence même. Mais on ne peut disconvenir qu'elle place l'art dans un état de grande infériorité. Il faudra des siècles pour que l'art chrétien arrive à la beauté; car, au début, l'Eglise lui offre des thèmes très riches de pensée, très faibles comme valeur plastique.

*<br>* *

Dans l'ordre de la technique, rien n'est au contraire mieux lié que les deux arts, ancien et moderne. Les mêmes ouvriers sculptent les sarcophages de l'un et de l'autre culte; les mêmes peintres ornent les cellules des catacombes et les demeures romaines. Il y a une pensée chrétienne; il n'y a pas de technique chrétienne. Plus l'art païen s'abaisse et se répète, plus l'art chrétien se fait médiocre. Il n'y a point, comme on pourrait se plaire à l'imaginer, une poussée d'art chrétien correspondant à une décadence de l'art antique, l'abaissement de l'un ayant pour corollaire l'exaltation de l'autre. Ce sont là jeux de rhéteurs. La réalité est différente. La pensée antique est morte; la main devient lourde; le goût s'abaisse; l'amour de la matière remplace celui de la forme. En ces

siècles mauvais naît le christianisme. Il partage
dans l'art la fortune de son temps. Sa meilleure
période est la première. C'est vers le iiᵉ siècle
qu'il est à son apogée. Puis il tombe avec tout le
reste. Nous verrons plus tard comment et par où
il se relèvera.

.⁎.

Comme nous l'avons dit, ce qu'il y a de premier
à ce moment dans l'art chrétien. c'est le fait moral,
c'est la pensée. Aussi, pour se préparer à le comprendre, faut-il suivre une marche différente de
celle que nous avons adoptée pour le monde
antique. Une Vénus, un Mercure, se suffisent à
eux-mêmes. Vous n'en savez point le nom, ni
l'histoire, vous en sentez la beauté. Si nous passâmes parfois des œuvres sculptées aux œuvres
écrites, c'était pour y trouver, non pas une explication superflue, mais des beautés nouvelles.

Ici, au contraire, une Orante, un Bon Pasteur,
sont, en eux-mêmes et dépouillés de tout commentaire, inintelligibles. Sans doute il est bon. lorsqu'on regarde un Mercure, de savoir comment la
pensée antique concevait sa divinité: mais l'essentiel n'en est pas moins donné immédiatement par
la statue ; le type plastique existe en soi. Il
n'existe que par reflet, pour ainsi dire, dans l'art
chrétien. Dans la scène de Jonas et de la baleine,
c'est avant l'apparence physique de Jonas, son

*histoire* qui importe et le sens symbolique qui y est attaché. Dans une Orante, la pose des bras levés ne peut s'expliquer par des considérations plastiques. Ils sont ainsi en tant que traduction d'un état d'âme. Cet état d'âme, il le faut connaître préalablement. Nous irons maintenant des œuvres écrites aux œuvres plastiques. Nous débutons par les textes.

Après les trois semaines données à la Rome antique, consacrez quelques jours de repos aux lectures nécessaires. N'allez pas dans les musées ; oubliez la beauté de tant de chefs-d'œuvre aimés. Prenez une Bible, lisez le Nouveau Testament et parcourez l'Ancien : bannissez de vos souvenirs les émotions récentes de vos promenades dans la ville impériale, et tâchez, par la méditation, de créer en vous l'état d'esprit nécessaire pour prendre goût à l'art pauvre des Catacombes. *Les Origines du Christianisme*, d'Ernest Renan, vous donneront les renseignements les plus précieux sur la primitive Eglise, ses efforts, ses luttes, les persécutions qu'elle endure et la société romaine où elle se développe. Les *Evangiles*, les *Actes des Apôtres*, *saint Paul*, l'*Antechrist*, seront lus avec émotion à Rome, sur les lieux mêmes où les grands Apôtres vécurent.

Enfin je demande que l'on se penche avec amour sur ces premières manifestations de l'art moderne. Ses balbutiements sont sans force ; ses réalisations barbares et sans finesse. Mais ce qu'il épelle sont les rudiments de la langue que nous parlons encore. Notre sang circule déjà dans ces personnages raides que nous voyons aux Catacombes. Quelque humbles et médiocres qu'ils nous paraissent au sortir du monde antique, ne les renions pas. Ils sont nos ancêtres. Ils manifestent à leur manière des sentiments que le moyen âge, treize siècles plus tard, revêtira du plus somptueux vêtement d'art, et qui fourniront un thème au génie d'un Raphaël et d'un Michel-Ange.


## L'ART CHRÉTIEN

### ROME

Il y a dans le roman de N. Hawthorne, *Transformation*, une description du Colisée tel qu'il était il y a trente ans encore, lorsque Rome était papale. Une grande croix noire s'élevait au centre du cirque, dont le pourtour était garni d'autels. Les pèlerins s'y rendaient, priant devant chaque autel où était représentée une scène de la Passion, et finalement baisaient la croix noire, gagnant à chaque baiser sept années d'indulgence et sept années de rémission des peines du purgatoire.

Le gouvernement actuel a nettoyé l'arène. Le Colisée n'a plus rien qui rappelle le christianisme ;

il est romain et antique. Les Papes avaient un sens plus fin de la réalité. Sur cette place, en effet, l'Eglise avait souffert et grandi. Rien n'était plus légitime que la Croix se dressant là où tant de martyrs avaient été tués, au centre des gradins où s'affolait le peuple de Rome. Si le Colisée était resté dans sa forme papale, il eût été le premier monument devant lequel nous eût conduit la seconde partie du *Voyage idéal*, car nous y eussions touché à la fois les deux moments de l'histoire, la fin du monde antique et l'aurore des temps nouveaux. La société romaine livrait les sectaires aux bêtes, mais les sectaires savaient pourquoi ils mouraient : leur mort publique et ignominieuse leur gagnait le ciel. Les Romains déjà, qui s'étonnaient de leur fermeté, n'avaient plus grandes raisons de vivre et n'en voyaient aucunes de mourir.

Le Colisée n'ayant plus rien à nous dire de ce qu'il a vu autrefois, il faut chercher ailleurs. Notre première visite sera pour les Catacombes.

### LES CATACOMBES

Il y en a plusieurs. Les plus importantes sont celles de S. Calliste sur la Via Appia. Des Pères les montrent. Espérons que vous n'aurez pas un guide importun qui profitera de ce que vous êtes sans défense pour faire un cours d'apologétique catholique romaine.

Le mystère des Catacombes reste entier. Dès que l'on a descendu les quelques marches qui les séparent du sol, on entre dans l'étonnement. L'obscurité, l'étroitesse des couloirs, leur longueur, leurs sinuosités, l'impossibilité de s'orienter, de savoir où l'on va, comment revenir, les niches creusées le long des corridors et les ossements que l'on y voit; tout produit une impression profonde. C'est là que les premiers chrétiens ensevelissaient leurs morts. Imaginez une réunion au temps des persécutions : une foule de gens, des esclaves, des affranchis, des Juifs convertis, des grands, arrivant isolés, au crépuscule, se hâtant vers les escaliers dérobés, suivant ces couloirs sombres qui courent sous terre, se croisent et s'enchevêtrent dans une inextricable confusion. Le culte était dit dans une chapelle funéraire ; la lumière de l'autel brillait seule dans la nuit étouffée de ces cryptes où ne pénétraient aucuns bruits du dehors ; la voix du prêtre résonnait sourdement sous les voûtes basses ; sitôt les restes des martyrs placés dans un sarcophage et les dernières prières dites, la foule retrouvait, Dieu sait comment, les sorties dans la campagne sous les étoiles. L'étendue des catacombes de S. Calliste est telle que plus tard un Pape en fit fermer presque toutes les galeries, car souvent les pèlerins aux tombes vénérées s'égaraient et, impuissants à retrouver la bonne voie, restaient enfouis aux profondeurs sépulcrales de ce labyrinthe.

Les murs sont parfois décorés à fresque; les sarcophages sculptés. La décoration qu'ils reçoivent, d'aspect pompéien, est surtout symbolique, avec, du reste, comme l'on pouvait s'y attendre, des survivances païennes, des souvenirs mythologiques, des traditions anciennes (représentations de métiers, scènes de la vie de tous les jours, etc.). Mais le symbole domine l'art chrétien dès sa naissance. Il n'existe que par et pour des idées. De toutes celles que le christianisme apportait au monde, celle de la résurrection s'affirme avec le plus de constance. C'est Jonas revenant à la vie après avoir été avalé par la baleine; c'est Lazare sortant du tombeau, la grappe de vigne, le paon, qui disent l'immortalité. Puis le Bon Berger ramenant une brebis perdue, l'Orante, image de l'âme; le miracle de la multiplication des pains; le poisson, anagramme grec de Jésus-Christ fils de Dieu Sauveur. Il faut regarder ces images avec patience; elles ne cherchent pas à plaire; les auteurs n'ont cherché qu'à les rendre compréhensibles; le sens leur importait plus que la valeur plastique.

Je signalerai seulement la partie ornementale de cette décoration. Il y a là déjà des éléments qui nous intéresseront plus tard. Nous en verrons l'immense développement et l'influence qu'ils ont exercée sur la formation des plus grands styles décoratifs que le monde moderne ait connus, le roman et le gothique. Si les catacombes de S. Calliste n'ont pas épuisé votre curiosité, allez voir

celles des S. Nérée-et-Achillée voisines, dans la
rue delle Sette Chiese, celles de S. Prétextat, de
S. Domitille, celles de S. Agnès, où l'on arrive
facilement de Rome. La ville en était entourée,
et le chiffre que donne de Rossi, 246 hectares su-
perficiels et 876 kilomètres de galeries, dit l'importance qu'avaient ces cimetières chrétiens.

### LES PREMIÈRES ÉGLISES

Nous arrivons à l'époque où les premières
églises furent élevées, une fois le christianisme
reconnu par l'Etat (an 313, édit. de Milan). Rome
en compte plusieurs, qui conservent encore des
restes importants des constructions primitives.
C'est ici qu'on peut le mieux étudier les débuts de l'architecture religieuse. Chose curieuse,
Rome est riche en monuments primitifs ; mais
elle ne possède, de tout le moyen âge, qu'une
seule église. S. Maria sopra Minerva, que Stendhal avait oubliée, lorsqu'il a écrit que Rome
n'avait pas une église gothique. A part S. Maria sopra Minerva, rien au xiii° siècle, rien au
xiv°, rien dans la première moitié du xv°. On ne
recommence à bâtir que dans les vingt-cinq dernières années du xv° : alors c'est la Renaissance,
et bientôt le baroque et le rococo. Les églises
poussent comme des champignons, disgracieuses
et coupolantes.

On passera quelques journées intéressantes à

étudier les premières basiliques chrétiennes. Elles
sont pour la plupart modernisées à outrance ;
l'ossature disparaît le plus souvent sous l'horrible
manteau d'un replâtrage du xvii° siècle. Cependant
le plan, la conception d'ensemble subsistent et
souvent des fragments de la décoration ancienne.
On verra ainsi comment l'église chrétienne est un
arrangement de la basilique païenne, à laquelle
on fait subir les modifications nécessaires à l'exercice du culte nouveau. Il faut visiter S. Maria
Maggiore, si laide dans sa forme actuelle, S. Lo-
renzo-hors-les-Murs, S. Paul-hors-les-Murs, qui
fait encore un effet prodigieux par la grandeur
de ses cinq nefs à colonnades et le miroitement de
ses marbres ; il ne reste de la basilique ancienne
que le plan du iv° siècle et les mosaïques de l'arc
triomphal (v° et ix° siècles) : c'est ce que j'ai vu de
plus étonnant, à Rome, comme église. Il y a aussi
S. Jean-de-Latran, abîmé au xvii° siècle, S. Clément, très intéressant, S. Maria in Cosmedine,
S. Maria et S. Cosimato in Transtevere, S. Cé-
cilia, voisine, puis S. Agnese, S. Sabina. Celles
que j'indique suffiront pour donner une idée
nette de ce qu'ont été les premiers essais d'architecture religieuse. On remarquera l'emploi
des plafonds dans les basiliques, la disposition
des colonnes (toujours antiques et réemployées)
avec entablement ou surmontées d'arcs, l'arrangement du chœur, des chancels, des ambons, la
place de l'autel qui, pour l'ordinaire, regarde les

fidèles, la décoration de l'abside et de l'arc triomphal au moyen de mosaïques, le plan souvent triabsidial, les portiques devant l'église. On notera ce qui reste d'antique dans ces monuments. On verra, au contraire, que dans l'ornement sculpté, il apparaît quelque chose de nouveau et que la survie romaine est ici presque nulle.

### DÉCORATION

Les remaniements successifs qu'ont subis ces églises ont amené la destruction presque totale de la décoration primitive. Mais on retrouve un grand nombre de fragments anciens, encastrés soit sous les portiques, soit dans les murs extérieurs de l'église, soit, s'il en existe un, dans le cloître attenant. Ces plaques sont du plus haut intérêt, pourvu qu'on sache les lire. Elles montrent quel était en Italie le style ornemental chrétien, affranchi de l'influence romaine. Car, le premier coup d'œil l'indique, elles n'ont rien gardé de l'antique. Nous chercherons leur origine plus tard, lorsque nous aurons quitté Rome. Pour l'instant, je demande que l'on y soit attentif. Ces plaques, devant lesquelles passent sans s'arrêter des milliers de touristes et quelques bonnes douzaines d'archéologues, aideront à prouver l'interruption complète de l'influence romaine, et, avec le christianisme, l'apport d'un sang nouveau dans l'art moderne. Elles serviront ainsi à démolir la vieille théorie toujours debout, encore qu'attaquée : Nous sommes Latins ; nos arts nous viennent de Rome, comme notre langue, notre droit ; donc fondons l'enseignement national sur l'étude du latin. — Ces pierres dédaignées feront un pan du mur de la théorie moderne. Et tous les chiens des carrefours de l'érudition ne sont pas encore arrêtés auprès d'elles !

Des plaques avec entrelacs, rosaces, marguerites à six feuilles, as de pique ou grappes de raisin ou feuilles de vigne, car le même ornement revêt ces trois formes, palmettes, tresses, colombes et paons, en relief très plat et aigu, j'en ai noté à S. Maria in Transtevere sous le portique, à S. Cosimato, dans les deux cloîtres aux chapiteaux primitifs, à S. Cecilia, à S. Praxède, dans le cloître de S. Jean-de-Latran, dans le couloir menant à S. Agnese, à S. Clément sur les barrières du chœur, à S. Sabine dans le couloir et, dans l'intérieur, au mur, les anciennes balustrades des chancels, aux musées du Vatican et de S. Jean-de-Latran. La série est très importante ; on verra bientôt où les rattacher et les conséquences à en tirer.

Tout cela est chrétien. J'avoue n'avoir pas vu sans émotion ces fragments nombreux où un simple nom gravé est accompagné d'une grappe de vigne schématique en as de pique, affirmation nette des espérances de celui qui était enterré là, à une époque où l'on ne pouvait encore confesser hautement sa foi. Un tel, chrétien, — tel en est le sens.

### LES MOSAÏQUES

L'art chrétien s'empare de la mosaïque qu'avait employée l'antiquité romaine ; mais il en fait un usage nouveau et, en outre, on voit bientôt apparaître une influence orientale. Au lieu de l'étaler à terre, il en revêt les murailles et associe fortement ce procédé de décoration, dont les caractères principaux sont la durée et la splendeur, à l'inébranlable solidité de l'église chrétienne. L'Eglise veut la magnificence, l'éclat, le repos ; peu de gestes, pas d'action. Les paysages sont indiqués conventionnellement ; un arbre schématique, quatre filets d'eau, c'est le jardin et les quatre fleuves du Paradis. Sur un fond d'or resplendissant, le Christ, les Apôtres, les Prophètes ou les Vieillards de l'Apocalypse, se détachent et mettent devant les yeux l'immobilité de leur cortège. Les mêmes figures se répètent, les mêmes sourires se figent, les mêmes bras bénissent aux murailles des basiliques. D'invention personnelle, l'Eglise n'en veut pas ; l'art est ici à son service ; elle lui fixe ses canons. L'effet décoratif est immense ; l'Eglise ne s'est pas trompée.

Dans les basiliques sombres, l'abside s'éclaire de l'or des mosaïques et fait une immense auréole au prêtre qui officie. Le Christ apparaît en gloire dans un lointain lumineux et, plus sacré et divin dans son attitude conventionnelle, assiste impassible du fond des cieux à la renaissance quotidienne de sa chair et de son sang. Il n'a rien d'humain. Ce n'est pas encore le Christ, fils de l'homme, c'est le Messie, fils de Dieu. Sur l'arc triomphal les Prophètes l'annoncent et les Apôtres disent ses paroles.

L'Eglise ne trouvera jamais de décoration polychrome qui serve mieux ses intentions sacrées. Avec les fresques, nous nous rapprochons du réel. Ce que le Christ gagne en vérité plastique et humaine, il le perd en vérité divine et transcendante. De plus l'unité de la mosaïque, donnée par un fond uni, est absolue. Les fresques, divisées par bandes et compartiments, ne peuvent y atteindre, car chaque fresque isolément veut arriver à une espèce de vérité locale pour la scène représentée, et cela au grand détriment de l'effet d'ensemble. La mosaïque ne connaît pas ces recherches; elle est avant tout décorative. C'est à tort qu'on lui reproche son manque de réalité, de pittoresque, d'invention. C'est précisément dans l'application de règles strictement décoratives qu'elle trouve sa raison d'être et sa grandeur.

Les mosaïques de Rome sont de dates assez éloignées. A S. Costanza, d'un charme spécial, l'influence antique est très sensible. Parmi les mosaïques vraiment chrétiennes, il faut dire celles

de S. Pudentienne, chère à Poussin, de S. Maria
Maggiore, S. Maria in Transtevere, S. Jean-de-Latran, S. Paul-hors-les-Murs, S. Agnese, S. Cosme
et S. Damien.

### LE MUSÉE S. JEAN-DE-LATRAN

Le principal musée d'art paléo-chrétien est celui
de S. Jean-de-Latran. Au Vatican, la collection
intéresse surtout les épigraphistes. Nous connaissons déjà à S. Jean-de-Latran la moitié du
musée consacrée à l'art antique. Mais l'économie
papale, servant en cela les fins de notre voyage,
ferme alternativement les portes de l'un et de
l'autre musée. Vérifiez le jour d'ouverture des
salles chrétiennes et rendez-vous à ce palais lointain, sans crainte d'être entraîné vers les marbres
antiques. A ce moment, où nous nous efforçons
de prendre goût à l'art rude du christianisme,
nous sommes pareils au chevalier Tannhäuser.
Vénus, voisine, nous appelle. Ah ! qu'il serait
doux de se baigner encore dans les ondes délicieuses qui lavèrent le corps de l'Aphrodite, au
lieu de chercher de maigres satisfactions dans les
salles froides, où sont réunis les premiers essais
d'iconographie chrétienne. Sachons résister ; mais,
au moins, regardons un instant, avant d'entrer,
la place pavée qui s'en va vers une lignée de pins-
parasols et la campagne romaine, que traversent
la Via Appia nuova et la Via Tuscolana. C'est un

exquis paysage, où les monuments, les arbres et la campagne se mêlent dans la manière chère à Poussin. — L'intérêt du musée chrétien est spécial. La collection d'inscriptions est précieuse aux érudits, mais de peu d'agrément aux simples voyageurs que nous sommes. Les sarcophages forment une série où l'on peut étudier les histoires chères au christianisme naissant. Leur valeur artistique est mince. Ils appartiennent à la décadence antique ; leur technique est romaine. C'est une fin d'art ; il n'y a pas de développement possible. L'intérêt n'est qu'iconographique. Quelles sont les scènes et personnages représentés et pourquoi ? Il n'y a pas autre chose. Tandis que, dans les mosaïques, dans l'ornement sculpté, un esprit nouveau se crée une forme plastique.

*<br>. *

Dans vos promenades à travers la Rome chrétienne, on vous montrera souvent des reliques et des places consacrées par de pieuses légendes. On garde à l'église Domine quo vadis, l'empreinte que firent sur le marbre les pieds de notre Sauveur, apparu sur cette place à saint Pierre. Dans l'église de S. Sébastien, un peu plus loin sur la Via Appia, les mêmes pieds laissèrent d'identiques empreintes. Nulle ville plus que Rome ne s'enorgueillit de richesses semblables et nulle église qui ne compte dans ses reliquaires les ossements de martyrs de marque.

Mais croyez-vous à leur réalité ? Il y a des degrés dans ce que la foi exige. Pour l'empreinte, c'est le *credo quia absurdum* que l'on vous demande. Pour le corps de saint Pierre dans la crypte de son église. la tradition est forte, mais la critique prononce à peu près sûrement contre l'authenticité des ossements conservés. Cependant beaucoup se satisfont de la constance de la tradition depuis le iii<sup>e</sup> siècle. J'admire ceux qui « acceptent » et n'ont point reçu dans le partage initial le don de contredire ; mais je ne les envie pas. Il est certain que le christianisme a payé chèrement de son sang la prise de possession de Rome. Cela n'est-il pas assez et sommes-nous des enfants que nous ne puissions croire, si nous n'avons pas une preuve matérielle et palpable ? L'histoire du christianisme sera-t-elle moins héroïque et moins belle, si le maître-autel de Saint-Pierre. où les plus grandes cérémonies de l'église sont célébrées. recouvre, au lieu du corps de l'Apôtre. celui d'un misérable revendeur chrétien, son compagnon de supplices. Je trouve, au contraire, dans cette pensée. quelque chose de satisfaisant et de conforme à l'esprit des Evangiles, qui furent prêchés pour les humbles et non pour les puissants.

A quoi bon des miracles matériels ? La religion italienne en est toute pleine. Son fétichisme ne s'élève pas beaucoup au-dessus de celui des nègres. On s'étonnerait que la foi demandât tant de raisons extérieures pour s'affirmer, si l'on ne savait

pas que la marche est inverse et que c'est la foi
qui crée le miracle, bien loin de se fonder sur
lui.

Le caractère des miracles prouve seulement le
caractère d'une race, qui extériorise en eux plus
ou moins grossièrement son besoin de croire.

.·.

Avant de quitter Rome, et pour longtemps, car
elle n'a rien à nous donner avant le xvi<sup>e</sup> siècle,
jetons un rapide coup d'œil sur les étapes parcou-
rues de notre voyage. Dix jours à Paestum et à
Naples, trois semaines à Rome et quarante-huit
heures à Florence nous ont fait voir le monde
antique dans son ensemble. Après les émotions
délicieuses de ces visites, une cure d'isolement a
été nécessaire pour créer en nous un état d'esprit
nouveau qui nous permît d'aborder l'art chrétien.
Il a fallu lire et lire beaucoup, et nous sommes
restés à Rome où une quinzaine de jours ont suffi
pour nous faire voir les réalisations plastiques du
christianisme naissant. Nous avons distingué à ce
moment la forme et la pensée, celle-ci dominant
celle-là. Dans la forme — qui est pourtant tout
l'art — il y a deux choses bien séparées : la survie de la technique romaine, la continuation de
procédés anciens, visibles dans les peintures
murales des Catacombes et sur les sarcophages à
personnages : c'est la partie caduque de l'art nais-

sant : elle disparaîtra avec l'art romain lui-même. Le germe fécond est ailleurs ; il apparaît dans l'ornement sculpté (les plaques que nous avons notées). Il nous faut l'étudier maintenant de plus près et pour cela quitter Rome. Avec le christianisme syrien il a pénétré le monde occidental, affirmant dans la décoration sa race orientale et sa parenté avec les arts d'Assyrie et de Perse. A Ravenne, byzantine, orientale et néo-grecque, nous allons voir la première manifestation personnelle et originale de l'esprit chrétien dans l'art plastique. Pour plusieurs siècles, du IV<sup>e</sup> au XII<sup>e</sup>, l'art byzantin fera sentir son influence dans l'Europe entière.

## RAVENNE

### DE L'INFLUENCE DE L'ORIENT SUR L'ART MODERNE

Ravenne s'ensevelit dans une plaine dont le niveau monte sans cesse. L'Adriatique est maintenant à plus de six kilomètres des murs. On ne peut voir depuis la ville ni les voiles rouges des barques de pêche, ni les grandes lames blanches qui déferlent à perte de vue sur les bas-fonds. La Pinède, que l'on traverse pour y arriver, met dans

le paysage l'ombre vantée de ses pins. La ville
est petite, tranquille. Les siècles byzantins l'ont
imprégnée d'une odeur forte qui s'est conservée à
travers les âges jusqu'à nous. L'attention n'y est
pas distraite par les œuvres modernes ou par les
architectures de la Renaissance ; les unes et les
autres sont de peu d'éclat. Ravenne est encore
byzantine et nous dit Justinien, Odoacre, Théodora.
De tout le moyen âge aboli en ces murs, il ne
reste qu'un souvenir, mais fulgurant : Dante vécut
ici ses dernières années, et il y mourut.

Des marais entourent la ville. Le sol cultivé est
coupé de canaux qui se croisent. Les terres lavées
des montagnes et des vallées. apportées par les
bouches du fleuve, ont gagné lentement sur la mer.
Le terrain est imprégné d'eau. Elle soulève le sol,
envahit les anciennes cryptes, monte dans les
églises et les baptistères où le pavé se trouve
exhaussé ici de quatre pieds. là de six, là de
huit. On voit le moment où, grâce à cette montée
lente, on aura les mosaïques des coupoles à portée
de la main. Combien de siècles faudra-t-il pour
que la Ravenne byzantine soit une ville mangée
non par la mer, mais par l'étreinte de la terre
puissante ?

Il y a, à Ravenne, huit églises des v<sup>e</sup> et vi<sup>e</sup> siècles,
le baptistère des Orthodoxes, celui des Ariens, le
mausolée de Théodoric et son palais, le mausolée
de Galla Placidia. Chaque église a des plaques,
ambons, clôtures, chancels du v<sup>e</sup> au ix<sup>e</sup> siècle.

Des mosaïques revêtent les murs, et le musée est riche en monuments contemporains.

Si l'on veut se figurer la civilisation artistique de ces quelques siècles de l'histoire du monde, c'est ici, plutôt qu'à Constantinople, qu'il faut venir.

Ces monuments ont eu sur la formation des styles du moyen âge autant et plus d'influence que l'ensemble magnifique des palais et des temples qu'éleva la Rome païenne.

Faisons donc le tour des églises ravennates et, pour plus de clarté dans ce chapitre important, ne suivons pas la manière d'un guide qui s'éparpille à tout moment, mais employons, pour une fois, la manière dogmatique et didactique.

### ARCHITECTURE

Les basiliques de Ravenne diffèrent de celles de Rome par plus d'un point. Extérieurement elles n'ont pas de portique : les nefs ne sont pas coupées par un transept, mais terminées chacune par une petite abside — plan tri-absidial : elles se complètent généralement d'une tour ou campanile. Enfin les murs extérieurs sont divisés en surface par des bandes murales réunies par des arcs. Cela est tout à fait typique ; on désigne ce procédé sous le nom de *bandes lombardes*. Elles eurent un succès inouï dans l'architecture féodale, improprement appelée romane. C'est un élément byzantin qui a été propagé par les Lombards. On peut fixer avec précision la date où il apparaît : le baptistère des Orthodoxes (commencé avant 396) est le premier monument dont les murs soient divisés de cette manière. Pendant l'époque de la domination des Goths le même système fut appliqué. Le baptistère des Ariens est tout semblable. Si l'on veut conserver le nom d'art gothique. c'est à cette période (493-539) qu'il s'applique proprement, et ses monuments sont S. Apollinaire Nuovo, le Palais et le Mausolée de Théodoric, S. Spirito avec le baptistère des Ariens. Après Ravenne, les bandes lombardes furent appliquées sur d'innombrables églises, palais et tours jusqu'au xiie siècle. en France, en Italie et en Allemagne.

A l'intérieur de la basilique. les colonnes sont faites pour leur place ; il n'y a plus réemploi de matériaux anciens, comme on le voit toujours à Rome. De plus, la colonne joue un rôle nouveau. Aux temps romains, elle n'avait d'autre raison d'être que décorative : elle ne portait pas. Le système romain était de voûtes sur murs pleins, très larges pour soutenir la poussée des voûtes. La colonne. soit qu'elle supportât un fronton, soit qu'elle prît place dans un portique, n'était pas un membre organique de l'architecture. Elle pouvait être ou n'être pas. Dans l'architecture byzantine, au contraire, elle prend une importance nouvelle. Elle est en fonction : elle porte. La voûte et la colonne,

celle-ci support de celle-là, voilà déjà réunis les
éléments essentiels du roman et du gothique.

## LES MOSAÏQUES

Au baptistère des Orthodoxes, à la chapelle de
l'Archevêché, au mausolée de Galla Placidia, vous
trouverez les mosaïques de la première période,
qui va jusque vers 450, et vous pourrez vous faire
l'idée la plus nourrie de l'esprit décoratif de ce
temps. Le Baptistère, avec ses stucs, ses encadrements, ses mosaïques, constitue une remarquable
décoration polychrome. Le mausolée de Galla Placidia est tapissé de belles mosaïques sur fond bleu
foncé, représentant le Bon Pasteur paissant ses
brebis. Les sujets sont encore uniquement religieux et l'effet décoratif très impressionnant.

Dans la seconde époque (493-539), le baptistère
des Ariens, avec les mosaïques de la voûte, le
baptême dans le Jourdain et les douze Apôtres, est
moins intéressant que S. Apollinaire Nuovo, aux
murs duquel se voient des cortèges célèbres. A
gauche, partant de la ville de Classis, figurée au
bord de la mer, vingt-deux vierges portant des
couronnes et accompagnées par les rois mages, se
hâtent vers le Christ qui trône, tandis qu'à droite,
c'est Ravenne, S. Vital et le Palais de Théodoric,
d'où issent vingt-cinq saints qui se dirigent pro-
cessionnellement vers le même rendez-vous d'adoration. Pour compléter la décoration de la nef, les

Apôtres sont représentés au-dessus des cortèges
entre les fenêtres, et l'on voit, à la bande la plus
haute, des scènes de la vie du Christ. C'est l'ensemble le plus considérable de Ravenne. Je lui
préfère pourtant la décoration de S. Vital où se
dressent l'empereur Justinien avec sa suite et
saint Maximien d'un côté, et de l'autre l'impératrice
Théodora et les femmes de sa cour entrant dans
la basilique. Drapée dans un long manteau à
frange brodée, les yeux immenses, grands ouverts
sous les sourcils arqués, le nez allongé et fin,
majestueuse d'attitude et de geste dans l'offrande
des présents, Théodora étincelle de pierreries.
Le tout est d'une prodigieuse richesse : les ornements, les joyaux, les bordures, les étoffes
sont d'une somptuosité orientale. — Il reste encore
à voir la grande décoration de l'abside et de l'arc
de S. Apollinaire in Classe, qui est fort belle et
d'une époque plus récente (675).

Ce sont les manifestations les plus importantes
de l'art chrétien dans ces siècles. A ce moment
Rome est morte, son influence abolie. Constantinople l'emporte. Le grand foyer d'art est maintenant byzantin. Il ne rayonne pas sur les seuls
pays de langue grecque, sur l'Asie-Mineure, la
Syrie et l'Egypte. L'Italie entière est soumise à
Byzance. Dans les mosaïques qui nous occupent,
on retrouve non seulement la pensée, mais la
main-d'œuvre néo-grecque. On a prétendu que les
meilleures mosaïques étaient les plus anciennes

et que leur excellence était un reflet de la beauté
antique. Rien n'est moins probable. Dans l'usage
nouveau que l'Eglise fait de ce procédé, les
influences orientales dominent. Cela est sensible
dans le luxe des matières, leur éclat, l'arrangement conventionnel, aussi éloigné que possible des
idées antiques et surtout dans l'instinct décoratif,
qui manifeste les qualités de race les plus pré-
cieuses de l'Orient, où les simples artisans font
chanter les couleurs les unes à côté des autres et
composent avec quelques écheveaux de laines
d'éclatants tapis; de l'Orient, pays de la polychromie, briques vernissées, terres émaillées, plaques,
où ont fleuri magnifiquement les branches les
plus exquises de l'art décoratif. La Grèce en a
subi l'influence plus fortement qu'on ne l'a cru;
elle aimait la couleur et savait l'employer architectoniquement. Le moyen âge, plus grec en cela
que le néo-classique, n'a pas conçu l'architecture
sans la polychromie. Il a fallu la réaction de la
Renaissance, l'ignorance des Académies, le sens
glacé des pontifes de l'art ancien et des professeurs, pour prêcher comme seule orthodoxie le
règne en architecture du gris et du terne, où nous
sommes et resterons.

A Ravenne, la couleur triomphe, non seulement dans la mosaïque, mais dans la sculpture
décorative. La couleur entre dans le monde chrétien avec l'influence orientale.

## LA DÉCORATION SCULPTÉE

Quelques promenades dans les églises de
Ravenne et au musée suffiront pour rendre évident
à l'observateur tant soit peu attentif qu'il se trouve
dans une contrée nouvelle, que la flore qui s'étale
sur les chapiteaux, les chancels, les ambons, n'est
plus celle que vit fleurir le monde romain, qu'il
n'y a aucun rapport entre les frises du forum de
Trajan, par exemple, et les panneaux conservés
au musée de Ravenne, que l'ornement lui-même
n'obéit plus aux mêmes lois, qu'il n'est pas emprunté au même répertoire décoratif: il n'y a
plus d'oves, plus de perles, plus d'acanthes. Il est
frappé aussi du relief différent de la sculpture: le
haut relief a disparu; tout ici est plus plat. En
outre le gras de la technique ancienne n'existe
plus. Les feuillages sont maigres, nerveux et
secs.

Que notre voyageur rappelle à son souvenir
les nombreux fragments sculptés que nous lui
avons signalés dans les églises primitives de
Rome. Ces fragments sont dans une parenté
évidente avec ceux qu'il examine maintenant ; ils
font partie de la même famille. Nous voulons l'étudier de plus près et en distinguer les types.

Ceux qui apparaissent le plus fréquemment
sont la marguerite à six feuilles, l'hélice enfermée
dans un cercle, l'ornement en fer de lance ou as

de pique, la croix grecque, la palmette aux feuilles
minces et allongées, se repliant des deux côtés de
la tige, ou bien plus schématique, une tige et des
nervures; les crossettes; l'enroulement sous ses
formes diverses : l'entrelac, la tresse, la corbeille,
d'aspect infiniment varié dans les motifs décoratifs les plus divers. Tels sont les éléments essentiels ou, pour parler le langage de l'école, les
racines de cette grammaire ornementale.

Or de toutes ces racines, l'origine est orientale.
Avant de les voir sur terre italienne, on les trouve
en Syrie, en Egypte, en Asie-Mineure. C'est là
qu'elles ont été employées pour la première
fois par le christianisme, et c'est avec le christianisme qu'elles sont venues en Italie. Quelques-
uns de ces ornements sont d'une haute antiquité;
on les signale dans les palais de Perse et d'Assyrie. Mais ils furent baptisés par l'Eglise, qui en
forma son premier style décoratif. Chrétiens, ils
le sont devenus à un point tel, que certains d'entre
eux, le fer de lance ou l'as de pique, ont pris une
valeur idéographique et que lorsqu'ils apparaissent
sur une plaque funéraire avec un nom, comme
nous l'avons vu à Rome, ils le certifient chrétien.

Que ce soit là un style, qu'il n'ait rien de romain,
qu'il soit vigoureux et personnel, il n'est pas possible d'en douter, lorsqu'on a passé quelques jours
à Ravenne. C'est là qu'il faut étudier dans leur
grâce aiguë les plaques ajourées, où les animaux
se mêlent aux entrelacs, où les colombes ven-

dangent la vigne symbolique, où les paons boivent
à la coupe de l'éternité, où les agneaux paissent
la nourriture divine au pied de la croix. Les crossettes s'alignent en frises, les marguerites à six
feuilles, les hélices se découpent dans les enroulements serpentins de palmettes aux feuilles poin-
tues. Les chapiteaux se couvrent d'une végétation
orientale ou se treillagent en corbeille, semblables
à ceux du temple de Salomon, tels que nous les
décrit le récit des Rois. Certes ils ne peuvent être
confondus avec les chapiteaux antiques. Ils sont
pour l'ordinaire cubiques et souvent doublés d'une
manière barbare et forte d'un tailloir sur lequel
sont sculptés des animaux affrontés.

C'est un esprit nouveau qui s'affirme d'une
façon éclatante et crée un style admirable de
richesse, de puissance et de variété. Il a fallu être
aveuglé par les mérites de l'ornement romain
pour ne point comprendre la beauté de l'art néo-
grec ornemental. Il n'est pas possible de rester
indifférent devant les superbes chapiteaux de San
Vital ou du musée, de ne pas sentir la force et
la souplesse des plaques que l'on voit dans chaque
église. Ceci n'est point un art mort, qui continue
mécaniquement l'exploitation de procédés usés ;
ce n'est plus l'art des sarcophages romains où
finissent dans la médiocrité une race et un monde.
C'est une force qui apparaît ; c'est le christianisme
qui trouve sa première expression plastique et qui
manifeste du même coup son origine orientale.

En Italie, Ravenne est la première conquise; mais l'expansion de l'art néo-grec fut inouïe et aussi étendue que celle du christianisme lui-même. Si nous en avions le temps dans ce voyage rapide, il faudrait dire la transmission directe de la Syrie aux pays occidentaux de petits objets décorés, en particulier des ossuaires judéo-grecs que l'on importa d'Asie-Mineure dans tout l'Occident où ils firent pénétrer le style nouveau. Les Lombards, qui occupent le nord de la péninsule italique à partir de la fin du viᵉ siècle, recueillent l'héritage de Byzance et continuent l'esprit et les traditions de sa plastique. Non contents de couvrir le sol italien de monuments où le style oriental s'affirme, ils le transportent — ils sont déjà les maçons (*magistri comacini*) — dans les différentes contrées de l'Europe.

En fait ce style a régné généralement en Italie, du viᵉ au xiᵉ siècle.

Maintenant que nous connaissons par nos jours de Ravenne, cet art et ses origines, nous serons attentifs aux innombrables fragments de même caractère que nous trouverons dans la suite de notre voyage.

Il faut noter ici, pour expliquer la diffusion du style byzantin, une chose curieuse, qui n'a pas excité assez d'attention : c'est le goût naturel, inné, des races barbares pour l'art oriental. Elles ne sympathisent aucunement avec l'art romain, dont elles avaient pourtant sous les yeux d'admirables

spécimens : non, elles vont à l'Orient, comme s'il
y avait entre elles et lui des affinités naturelles,
des souvenirs très anciens. Elles développent le
style néo-grec qu'elles adoptent, avec une sûreté
de goût surprenante. Elles lui donnent plus de
richesse, sans en fausser le caractère. La France
mérovingienne et carolingienne nous montre les
mêmes ornements que ceux de Ravenne ou d'Asie-
Mineure. La flore byzantine s'épanouit sur nos
plus anciens chapiteaux ; les entrelacs byzantins
décorent les plaques conservées des églises dispa-
rues. Ce sont les crossettes et les étoiles, les palmettes et les enroulements, que l'on voit sur les
sarcophages du sud-ouest de la France. Combiné
avec des éléments nordiques et barbares, ce style
domine du viᵉ au xiᵉ siècle. Son influence sur la
formation du roman est considérable, et, lorsqu'on
a étudié l'art de Ravenne, on saisit l'enchaînement
des traditions décoratives qui aboutissent à l'admirable épanouissement de l'art roman.

Le peu de sympathie des races barbares pour la
décoration antique est illustré d'une façon très
remarquable dans les sarcophages mérovingiens
conservés au musée Carnavalet. Sur tous, les
ornements néo-grecs sont sculptés. Mais il est
typique de voir que l'on a creusé, pour y en-
sevelir un mort, un ancien pilastre romain dont
la face est somptueusement décorée, et que cette
face a été tournée vers la terre sur laquelle elle
appuie, tandis que sur le revers fruste, qui main-

tenant regarde le ciel, une main malhabile a
tracé l'étoile à six raies, le chrisme et la feuille
de vigne, chers au christianisme naissant.

La théorie classique n'avait tenu aucun compte
de cette byzantinisation de l'Europe. Il lui était nécessaire de croire à la perpétuité de l'enseignement
de Rome. Dans l'histoire de l'art, le nom même de
« romane » donné à l'architecture des xi° et xii° siècles
vient du « Nous sommes Latins » répété depuis la
Renaissance par tous les pédagogues. Dans l'esprit du parrain de cette dénomination, laquelle ne
date pas de soixante-quinze ans, « l'emploi d'éléments romains était de l'aveu général, aussi sensible
dans l'architecture qu'il s'agissait de qualifier que
la présence des radicaux latins dans les langues
dites romanes » en conséquence, arrête que...

Or il y a bien autre chose que des éléments
latins dans l'art roman. Si M. de Gerville avait
étudié Ravenne et l'architecture de l'Italie du
vi° au xi° siècle, s'il avait regardé les plaques
dont les églises primitives de Rome même sont
pleines, s'il avait recherché les traces de la décoration mérovingienne et carolingienne que l'on
trouve en France, il aurait vu que, dans la décoration, il y avait la poussée vigoureuse d'un
style nouveau, oriental d'origine, christianisé par
l'alliance avec la religion qui triomphe des cultes
anciens, et que cet art byzantino-lombard est
l'élément constitutif le plus important de la décoration faussement dite romane.

Que Ravenne nous apprenne donc ceci : le
monde occidental n'a point gardé de tout temps
avec respect les enseignements de la Rome antique; mais, à sa naissance, il s'est lavé et parfumé dans des eaux orientales ; enfant encore, il
s'est affranchi des tutelles anciennes et a voulu
à son tour créer des formes plastiques harmo-
nieuses.

### ASSISE

Le moment est venu d'entrer dans les grands
siècles du moyen âge. Pour les mêmes raisons
qui nous ont fait débuter, à Rome, par des lectures. pour ces raisons fondamentales qui ont
donné son caractère à l'art chrétien entier. nous
sommes obligés à rechercher. avant les manifestations de l'art du moyen âge. l'état d'âme
des esprits. Car celui-ci commande celles-là.
Saint François d'Assise nous ouvrira la porte de
ce monde nouveau.

Allons en pèlerinage de Ravenne à Assise.
Quels que soient les moyens de transport dont
on dispose, je conseillerai de suivre la voie ferrée
qui, par les Apennins, va d'Ancône à Foligno.
Le paysage. dans les montagnes, est d'une beauté
étrange et grave. Nous l'avons traversé au soir.

Le soleil couchant incendiait les rocs déchirés ;
les pics dénudés s'élevaient en citadelle ; pas un
arbre, pas un coin de verdure, mais des pierres et
encore des pierres, bossuées, anguleuses, ou plates,
jaunes, brunes ou crayeuses, sur lesquelles tom-
baient de brusques coups de lumière dans l'ombre
montante du fond étroit des vallées. Et, presque
tout au long de la route, une petite rivière, si
bleue entre des rives de sable si blanc, évoquait
en nous le souvenir exquis d'une eau toute pareille
entre les bancs clairs de ses bords, que peignit
à S. Francesco d'Arezzo, dans une inoubliable
fresque, un maître du xvᵉ siècle, Piero della Francesca, né dans les Apennins et dont l'enfance se
passa, sans doute, à courir le long de rivières,
comme celle-ci, chantantes.

Assise, petite ville perchée au sommet d'une
colline, est restée telle en ses ruelles étroites et
escarpées qu'elle était lorsque le fils de Pietro di
Bernardone renonça le monde, se dépouilla de ses
habits sur la place près de l'église, et, fiancé de
la Pauvreté, partit pour porter la bonne nouvelle
aux simples et aux malheureux. Lisez, près de
l'église qui porte son nom, la vie de saint François. Prenez le *Saint François* de Sabatier, qui est
fort intéressant, encore qu'on lui ait reproché,
peut-être avec raison, de tirer un peu saint François en dehors de l'Eglise. Lisez surtout les *Fleu-
rettes* de saint François et le recueil des légendes
franciscaines.

Vous vivrez dans un monde où la simplicité de
cœur, la bonté qui s'ignore, la pitié abondante, la
poésie, l'amour de la nature, se montrent de la
façon la plus naïve, la moins préméditée, la plus
ravissante.

L'action de saint François fut immense. Nous
n'avons pas à en parler au point de vue religieux;
mais par l'élan qu'il donna à l'âme italienne, il
exerça une action décisive sur l'art de son temps.
Saint François fit entrer un flot de vie spiri-
tuelle dans le corps misérable de l'Eglise. Un des
premiers, il ouvrit les yeux sur l'univers, œuvre
de Dieu. Il semble que la beauté des montagnes,
des soleils qui s'abaissent sur les vallées de l'Ombrie, des arbres frissonnant aux brises du soir,
des réveils glorieux du matin, aient été soudain
découverts par le maître ingénu. Et il faut noter
aussi un caractère important de saint François, qui
restera celui de tout l'art italien : c'est la joie. Sa
religion n'est point attristée et morose; il laisse
aux races septentrionales la douleur des cœurs qui
se rongent. Ici tout est lumière et gaieté; la terre
est belle; Dieu est amour; que l'homme vive
dans la joie divine.

L'histoire et la légende de saint François
devinrent aussi populaires dans l'art que celles
de Jésus-Christ. C'est sur son tombeau que sont
peintes les premières grandes fresques italiennes.
Aux murailles des églises et des cloîtres, c'est sa

vie que les Trecentistes racontent, ses louanges
qu'ils célèbrent.

La double église de S. François est le seul
monument qui nous intéresse à ce moment.
L'église inférieure, avec l'énormité de ses piliers,
ses arcs de voûte écrasés, son obscurité sacrée,
produit une impression que vous ne retrouverez
nulle part en Italie. Si une église doit, par son
aspect, frapper l'esprit de celui qui y pénètre et
l'incliner au respect des mystères qui y sont célé-
brés, certes l'église inférieure d'Assise remplit
ces conditions essentielles.

Nous y sommes entrés, quittant la place que brû-
lait le soleil. L'ombre l'emplissait toute et la fraîcheur. Nous nous assîmes au pied d'un pilier sur
une marche de pierre. Après notre course dans la
ville escarpée et chaude, il semblait que l'on plon-
geât dans un bain parfumé. A l'autel, un prêtre
célébrait la messe : les mêmes paroles étaient
prononcées, qui dans le monde entier réalisent
chaque jour le même miracle. De ces gestes
lents et consacrés, des siècles avaient vu les
pareils sous ces voûtes massives ; ces mots, que
depuis si longtemps l'Eglise répète avec une foi
qui ne se lasse pas, ils retentissaient pour nous à
ce moment. Il y a dans cette continuité quelque
chose d'impressionnant pour l'esprit où se marque
fortement l'unité du sacrifice. Dans la crypte profonde d'Assise, nous sentîmes en nous ce besoin
d'absolu auquel satisfait l'Eglise. Hier et aujour-

d'hui, le passé si lointain du christianisme et ses formes présentes, s'abolissaient devant l'identité immuable de la cérémonie, fixée à jamais dans ses moindres détails ; l'Eglise s'affirmait éternelle. Nous restions là, délicieusement accablés, l'esprit en allé, vides et passifs, tandis que résonnaient en nous les répons de la messe.

Les dernières paroles dites, nous nous levâmes, et une simple inspection des fresques du transept et de la voûte au-dessus de l'autel suffit à faire renaître en nous le sens historique un instant évanoui. Ces fresques disent des âmes qui ne sont plus nos âmes, des saints comme n'en ont plus les temps modernes, un catholicisme qui n'est plus celui des premiers siècles et qui n'est pas celui d'aujourd'hui. L'unité n'est qu'extérieure et cérémonielle. L'esprit n'est plus le même. Il a été ceci, cela, et bien d'autres choses, changeant avec les époques et les hommes, se modifiant au gré des événements et des conditions physiques auxquelles il dut s'adapter. La morale est autre qu'elle n'était ; ce qui était licite ne l'est plus, et nous avons des devoirs que nos ancêtres ont ignorés. Rien ne diffère plus d'un catholique du xiiiᵉ siècle qu'un catholique de notre temps. Ce qui était vivace alors a disparu ; d'autres germes ont, par contre, poussé sur le sol de l'Eglise. L'histoire de saint François ne se répétera pas. Soyons heureux qu'elle soit si fortement liée à une époque et qu'elle nous révèle le xiiiᵉ siècle italien.

Il faut, pour la voir illustrée, monter à l'église supérieure, vidée maintenant de toute importance autre que picturale. Une composition cyclique minutieuse raconte en ses détails la légende du saint et montre ses actes dans des paysages charmants et simplifiés d'Ombrie. C'est le premier ensemble de peinture chrétienne que nous ayons devant les yeux. Les auteurs en seraient pour la première série, CIMABUÉ (1240-1302), dont nous verrons plus tard de belles madones, plus hiératiques et byzantines, et pour la travée inférieure, le maître de la peinture moderne en Italie, GIOTTO (1267-1337).

On s'y fera une idée assez exacte des tendances de l'art à ce moment. On l'a dit cent fois, la peinture à ses débuts n'est pas affranchie de l'Eglise ; elle est didactique, enseigne les vérités de la religion et commente les actes des saints. Cela est un point acquis. L'intéressant départ à faire est celui-ci : tout art religieux est identique quant à son but : les mosaïques byzantines jouent pour les fidèles, dans l'intérieur des basiliques, le même rôle que les fresques. Mais ici le programme est rempli par des moyens tout nouveaux. Il est certain que l'affranchissement de la tradition, l'effort pour rendre la vie telle qu'elle apparait, les personnages connus, l'individualité de leur physionomie, l'état de leur âme et de leurs sentiments, un essai de reconstitution du milieu, un décor, se montrent dès ces premières fresques, de qui l'on fait dater à juste titre la renaissance de la peinture italienne. Que si l'on remarque que telle vierge byzantine, dans l'arrangement raidi et conventionnel de son attitude, témoigne d'un goût d'art plus sûr que la lourde madone à demi-réaliste d'un Giotto, on ne changera rien au fait que l'effort de la seconde vers une vérité plus grande et vers un naturalisme mieux renseigné, a été la condition nécessaire et préalable d'un état supérieur de l'art, auquel seraient attachés les noms — pour rester dans le même pays — de Vinci ou de Raphaël. Ainsi le mot progrès, tout dangereux qu'il soit, peut et doit être écrit à ce moment de l'histoire, où l'Italie s'affranchit de la tradition byzantine, en un temps si féconde en beauté, et va vers un idéal sien qu'elle entrevoit enfin.

Il est, du reste, remarquable de voir les critiques prendre ce naturalisme, qui n'est qu'un moyen, pour une fin et féliciter tel maître, telle époque, de leur exactitude, de leur vérité, comme si une œuvre naturaliste ne pouvait être artistiquement inexistante ; ils sont plus sensibles au caractère de réalisme qu'à celui d'art, et sans doute est-il plus aisé de signaler la vérité de tel type — il semble qu'on l'a rencontré — que sa valeur d'art. C'est pourtant celle-ci que nous tâcherons toujours de dégager dans ce voyage. Mais historiquement il faut noter les efforts du naturalisme voulu par tant de grands maîtres et condition nécessaire d'une forme plastique supérieure.

On voit dans l'église inférieure de S. François, sur la voûte au-dessus du tombeau du saint, quatre grandes compositions allégoriques, et le moment est bon pour indiquer brièvement ce qu'est la peinture allégorique chrétienne.

Le grand défaut de l'allégorie chrétienne est de n'être pas, par elle-même, explicite et de reposer ordinairement sur des métaphores. Elle est littéraire. Or l'art plastique doit se suffire et se développer suivant ses lois propres. On peut dire que saint François a épousé la Pauvreté; le représenter, comme l'a fait Giotto, est inadmissible, le même pan de mur ne pouvant recevoir une image de saint François, personnage réel, et de la pauvreté, figure symbolique et imaginaire. En outre, l'allégorie chrétienne est obligée, en peinture, à signifier autre chose que ce qu'elle représente directement, et ce sens ajouté est toujours contingent. Pourquoi certains attributs aux vertus cardinales et non d'autres? Le souvenir en reste flottant et incertain.

Voilà une des infériorités où les conditions de sa naissance placent l'art moderne. Le christianisme l'oblige à traiter tout un monde d'idées qui ne ressortissent qu'au seul art littéraire. Dans l'antiquité, il n'en allait pas ainsi: l'esprit grec disait l'union de la Force et de la Beauté; mais il représentait Aphrodite et Arès; l'expression plastique était adéquate à la signification symbolique. L'une faisait corps avec l'autre. Il faut donc constater ici, avec les quatre allégories d'Assise, une des tares constitutionnelles de l'art chrétien. L'allégorie eut un succès inouï en Italie. Giotto et les siens y apportèrent au moins une conviction si profonde que ces scènes compliquées restent, malgré tout, émouvantes. C'est pour eux une chose si sérieuse qu'elle le devient pour nous aussi. Mais chez les hommes de second ordre et dans les écoles de décadence !

On sera attentif enfin, dans l'église inférieure, à la décoration peinte des bordures et des nervures de la voûte. Ce système est général dans l'Italie gothique, et il est intéressant de se rendre compte des procédés que le moyen âge a employés pour la décoration architectonique.

Il reste à voir à Assise le portique romain de la Minerve, cher à Gœthe, où je vous signale des ossuaires judéo-chrétiens de provenance syrienne ; puis la cathédrale, avec bandes et arcatures lombardes, dont nous connaissons aussi l'origine ; les décorations romanes du portail et les lions-griffons, que nous rencontrerons souvent. En quittant Assise, on s'arrêtera à la Portioncule, où une énorme église Renaissance recouvre la petite chapelle, qui dit encore quelques-uns des souvenirs les plus touchants de la vie de saint François. On traverse de délicieux paysages ; la vallée du Tibre s'étale semée de villages et, tout au fond, sur la hauteur, Pérouse apparaît, où l'on arrive par une route dont les lacets sont d'un dessin admirable.

# LA TOSCANE

## XIII^E ET XIV^E SIÈCLES

Quittant l'Ombrie et saint François, le moment est venu d'aller nous fixer en Toscane. L'Ombrie nous a donné surtout un état d'âme. Il reste à voir maintenant par quels actes d'art cet état d'âme s'est traduit, quelle réalisation concrète il reçut.

La Toscane est le pays qui fixa pour l'Italie du moyen âge les formes les plus hautes de sa pensée d'art. Aux xiv^e et xv^e siècles, elle est incomparable. Le littérateur y trouve Dante, Villani, Pétrarque : l'historien, le spectacle le plus curieux d'une démocratie qui cherche à s'organiser, les essais les plus hardis au point de vue politique, social, économique ; l'artiste enfin, les Giotto, les Pisani, Masaccio, fra Angelico, Lippi, Donatello, et tant d'autres. Installons-nous pour deux mois dans la capitale de la Toscane, d'où nous pourrons facilement voir Pise, Lucques, Sienne, Prato, Pistoie, Arezzo, suivant les besoins de nos études.

A Florence, où se chercher un logis ? Au nord, Fiesole offre ses villas, ses terrasses, les cyprès barrant le ciel, des oliviers noueux entre des pans de murs ensoleillés, les pentes rocailleuses de la vieille route et la splendeur de sa vue sur la vallée de l'Arno : Florence, étendue sur les deux rives, son dôme, ses tours, ses églises, et le fleuve, suivant les jours boueux ou clair, serpentant dans les campagnes qui se hérissent, au levant, de brusques mamelons, tels qu'on en voit dans les paysages des Primitifs, tandis qu'à l'ouest la plaine s'élargit vers Pise et la mer Tyrrhénienne. De l'autre côté de la ville, le Viale dei Colli déroule les sinuosités d'une large route moderne qui va et vient parmi les jardins et les maisons riches, quartier luxueux et de moindre pittoresque, mais d'où Florence apparaît violette au crépuscule, au pied des collines de lignes si nobles qui protègent au nord la ville et sur lesquelles s'échafaude Fiesole, poussant au plus haut vers le ciel, le délicieux couvent des Capucins qui la couronne.

Au cœur de la cité, nous habitions sur le Lungarno Acciajoli où viennent le soir les donneurs de sérénade qui, après leurs chansons, font retentir sur les dalles sonores du quai des sous qu'ils se jettent à eux-mêmes, amorce pour d'autres décimes espérés des fenêtres. Dans les jours d'hiver, le soleil se levait à gauche, orbe rouge, derrière la colline où San Miniato se cache dans les cyprès et disparaissait à son déclin vers l'Umbrel-

lino, remplissant, le jour entier, nos chambres de
sa chaleur. L'Arno venait du Ponte-Vecchio, tout
couvert encore de boutiques d'orfèvres, passait lent
devant nous et s'enfuyait sous les arches élégantes
du pont Santa-Trinita. — Des tireurs de sable dans
des bateaux plats ancrés au milieu du fleuve
répétent, des heures durant, leur geste monotone
et lassé. Sur le quai étroit qui le borde, des mar-
chandes de fleurs stationnent et des paysans
venus de la campagne avec de grandes touffes de
gui, de houx, d'asperges sauvages ; des mendiants,
des loqueteux, chauffent leurs haillons au soleil
et, entre cinq et six heures, au débouché de la
rue Tornabuoni, c'est un défilé de voitures empor-
tant aux Cascine les élégantes Florentines. Mais
nous aimions surtout les approches de la nuit. Il
y avait un instant exquis, alors que, parmi les
vapeurs du crépuscule où vibrait encore un peu
de clarté, s'allumaient soudain dans l'ombre tombant plus noire des maisons près du fleuve et des
voûtes allongées des ponts, des lumières qui trem-
blaient dans l'eau moirée de l'Arno.

Nous passons deux mois à Florence, deux mois
pour revivre deux siècles. C'est un minimum. La
documentation livresque est aisée à obtenir. Je
ne pense pas qu'aucune ville ait suscité un plus
grand nombre d'historiens que celle-ci. La civilisation et l'art florentins ont en eux-mêmes quelque
chose d'attirant et de magnétique, soit par leur

grande beauté et leur extrême vitalité, soit parce qu'ils présentent un sujet restreint et limité. Il faut aussi, pour être équitable, tenir compte de l'engouement. Chacun a voulu se distinguer sur un terrain où l'on récoltait les honneurs à foison : notoriété, décorations, places à l'Institut. L'art toscan ennoblit ceux qui s'en occupent, de même qu'il n'y a pas longtemps le moyen âge déconsidérait ceux qui y touchaient. Il faut songer enfin qu'on a cru pendant des siècles que de Florence nous était venue la lumière et que, sans elle, le monde chrétien n'eût pas connu la beauté. Cette théorie, qui est encore celle d'un certain nombre de savants et à l'élaboration de laquelle ont travaillé avec une égale ardeur, Italiens, Français et Allemands, est du reste fausse et sera remplacée par une explication plus exacte et mieux documentée du développement de l'art dans le monde chrétien.

Le *Voyage idéal* indique les principaux moments d'un séjour en Toscane, en établissant la suite dans laquelle on visitera les monuments importants d'une contrée si riche. Sur tous les points, les livres énumérés au *Mémento bibliographique* donneront, quant aux faits, l'essentiel. Nous ajouterons à la suite que nous allons établir, une série de commentaires qui préciseront et, par endroits, rectifieront les idées que l'on a émises sur cette civilisation. Le plus souvent ce seront des notes prises sur place. Enfin nous serons obli-

gés, pour plus de clarté, de sérier les sujets, tout
en évitant la méthode analytique du livre qui
réunit en une ligne deux monuments distants de
cent lieues. Nous sommes un voyageur qui va
d'une place à l'autre.

L'architecture étant la mère des arts plastiques,
c'est d'architecture que nous nous occuperons
d'abord et, pour commencer *ab ovo*, de l'architecture dite romane.

## L'ARCHITECTURE ROMANE

### FLORENCE, PISE ET LUCQUES

Montons au premier jour à San Miniato, dont
l'église est en un cimetière. C'est un des beaux
points de vue sur Florence. Arrêtez-vous sur la
place Michel-Ange au-dessous de l'église, pour y
regarder le soleil jouer dans les fumées grises qui
montent des cheminées de la ville.

San Miniato est de la fin du xi^e siècle. C'est le type
le plus achevé et le plus gracieux du roman toscan.
La façade est à deux étages, incrustée de marbres
de différentes couleurs et établie sur cinq arcs
de plein cintre qui reposent sur des colonnes de
marbre vert. La fleur de ce roman est vraiment
originale. Elle n'a poussé que sur ce sol ; il faut
admirer la grâce et l'élégance de son jet.

L'intérieur de l'église, de proportions heureuses, montre une décoration qui, chose rare en Italie, est en parfaite harmonie avec l'architecture. Il ne faudrait pas me pousser beaucoup pour me faire avouer que cette église m'apparaît la plus artistique de l'Italie et qu'en aucun temps, ni à l'époque gothique, ni dans la première Renaissance, ni dans la seconde, les Italiens n'ont retrouvé les qualités dont ils firent preuve dans le style toscan du xıı<sup>e</sup> siècle, et, si cette affirmation semble blasphématoire aux défenseurs de la Renaissance, je demanderai quelle façade d'église ils opposeront à celle si simple de San Miniato al Monte.

Après San Miniato, pourquoi, si la journée est belle, ne pas monter à Fiesole? Ne sont-ce pas là les premières courses à faire autour d'une ville où l'on passera deux mois? Ne faut-il pas en voir les paysages et les aspects avant d'en courir les musées ? Puisque la cathédrale de Fiesole nous en offre le prétexte, montons sur la colline pointue où les Florentins de tout temps vinrent passer les chaleurs, où la galante assemblée du Décaméron se réfugia, où Laurent de Médicis eut une villa. A mi-chemin, on verra à la Badia de San Domenico, une façade du même style que celle de San Miniato. A Fiesole même, la cathédrale est romane, de 1028. Elle est en pierres de taille et robuste, sans les placages, mais aussi sans la finesse des précédentes. De la place on grimpe, par un chemin assez raide, au couvent des Capucins, perché au

sommet de la colline. La vue est splendide sur
Florence et la vallée de l'Arno, et j'aime aussi
voir Fiesole à travers les cyprès, tout pareil à un
paysage de Fra Angelico. Le couvent a deux cloîtres,
dont un charmant d'exiguité et de recueillement,
et un jardin qui s'en va vers le nord dans des îles
d'arbres, où l'on voudrait se retirer et vivre solitaire, si le monde devenait par trop impossible aux
esprits désintéressés...

A Florence, le baptistère San Giovanni, l'ancienne cathédrale, est du même temps. En aimera-
t-on le couronnement? Je le trouve déplaisant, et
seules les arches du premier étage me satisfont.
L'intérieur est peu impressionnant, et les mosaïques
du plafond paraissent assez grossières.

## PISE

Pour se faire une idée plus complète du style
architectural aux xi° et xii° siècles, il faut aller à
Pise passer quelques heures.

Pise, cité autrefois maritime, vit sa prospérité
à son comble au xii° siècle. Rivale, un temps, de
Venise et de Gênes, elle succomba dans la lutte et
Florence, qui s'en empare dès 1408, met fin à sa
prospérité. Mais Pise fut riche et connut la gloire.
Chrétienne et commerçante, elle chassa les Sarrasins de la Sardaigne, assurant généralement le
triomphe de la Croix sur le Croissant dans les îles

de la mer Tyrrhénienne et singulièrement celui de
ses transactions commerciales. Ainsi de nos jours
en va-t-il pour l'Angleterre, qui a si bien su mêler
les intérêts de ses affaires à la cause de la civilisation qu'elle confond celle-ci avec ceux-là et que
toute entreprise financière des commerçants de la
cité est présentée au monde ébahi comme la marche
nécessaire du progrès et la victoire de la lumière
sur l'obscurantisme.

Pise fut grande dans les arts avant Florence.
En architecture et en sculpture, elle ne reçut pas
de leçons de la ville du Lis, mais lui en donna.
Ses monuments principaux se groupent dans une
place nue au nord de la ville, sur une pelouse, et
ce n'est pas un mince étonnement que de voir
ainsi situés des édifices que l'on voudrait au cœur
de la cité. Il y a'là quelque chose d'artificiel, de
voulu, de non historique. Combien j'aime mieux
une vieille cathédrale dominant les maisons qui
se serrent au pied de ses tours et qui font pénétrer
la chaleur de la vie jusque dans les murs épais de
l'église. Ici le Baptistère, la Cathédrale, le Campanile, le Campo-Santo, s'isolent des Pisans dont ils
scandent pourtant l'existence. C'est au Baptistère
sonore qu'on les porte à leur naissance, petits
morceaux de chair où s'efforce d'être une âme ;
c'est à la Cathédrale qu'ils se réunissent aux jours
solennels des fêtes ; au Campo-Santo la gloire
éteinte de leurs familles vénérables repose,
et les cloches du Campanile marquent chaque

jour la reprise et la fin de leurs dures besognes.

La Cathédrale est ici première par la date et l'importance. Elle fut construite pour célébrer une victoire des Pisans sur les Sarrasins de Sicile en 1063. La façade avec ses galeries à jour donne le type le plus parfait de ce style qu'on retrouvera dans tant d'églises d'Italie. Les colonnes et les arcatures font une décoration à la fois élégante et logique. Enfin la façade est organique en ce sens qu'elle est une expression de la forme interne de l'église. Elle n'est pas un placage ; elle dit avec richesse et simplicité la disposition architecturale de l'édifice. On y voit déjà les marbres incrustés que nous a montrés San Miniato. A l'intérieur, la majesté des cinq nefs, la coupole ovale à la croisée du transept (il faut noter la préoccupation constante de la coupole qui poursuivra les architectes italiens pendant le moyen âge et la Renaissance), la disposition de la galerie, font un ensemble harmonieux. Je demande que l'on s'arrête un instant à la porte de bronze du transept nord, dont j'aime les bas-reliefs d'une expression naïve et forte et d'une patine si belle.

Le Baptistère fut élevé en 1153, dans le même style. La célèbre Tour penchée ou Campanile est de 1174. C'est par surcroît qu'elle a de la notoriété. Si elle ne penchait pas, elle serait moins connue, mais non moins digne de l'être. Ici le système des arcatures soutenues par des colonnes entourant l'édifice est poussé à l'extrême. C'est un beau monument. Avec ses deux rivaux de Pise et San Miniato de Florence, ils sont peut-être ce qu'il y a de plus original et de plus parfait dans l'architecture italienne.

Sur la Tour de Pise, l'opinion générale depuis Vasari a été qu'elle penchait par accident, par suite d'un affaissement de terrain. Voilà qu'un écrivain américain renverse toutes nos notions et démontre dans un abondant et scientifique article de l'*Architectural Record* (janv. 1898) que son inclinaison est voulue. J'y renvoie mes lecteurs qui, chiffres et preuves en main, pourront se faire une opinion fondée. J'attire du même coup leur attention sur une autre découverte du même auteur, M. Goodyear, qui a établi que dans les monuments du moyen âge les droites étaient intentionnellement déviées, de même que dans les temples grecs. Il y a là un ordre de faits intéressants : il suffit d'y avoir été rendu attentif pour qu'on les recherche dans d'autres monuments.

Voilà pour nos premières heures de Pise (car nous y reviendrons) un emploi suffisant. Nous pouvons au retour nous arrêter à Lucques dont la cathédrale est du même style, mais moins pur, que celle de Pise et où San Michele montre dans une façade à colonnades et arcatures un sens architectonique beaucoup moins heureux. Ici la façade, comme tant d'autres en Italie, n'est qu'un placage, un mur orné sans rapport avec l'édifice. La cathé-

drale, le baptistère et le campanile de Pise sont
au premier rang des édifices de ce temps. Ils ont
élevé le roman italien à la hauteur d'un style
harmonieux, riche et simple. L'on retrouvera
rarement de telles qualités dans l'architecture
de la Péninsule: l'époque gothique que nous
allons étudier maintenant en a été tout à fait
dépourvue.

## L'EPOQUE GOTHIQUE ET L'INFLUENCE
## FRANÇAISE

### L'ARCHITECTURE

Le style gothique est venu du nord. On a cru
longtemps, pour quelques noms allemands d'architectes, que c'était l'Allemagne qui l'avait donné
à l'Italie. En réalité, il vint de son pays natal, et
ses origines en Italie sont françaises. Il serait
peut-être temps que l'on commençât à se rendre
compte en France — ailleurs que dans les cercles
d'érudits — que le style dit gothique est français,
natif de l'Ile-de-France, et que c'est nous, tout de
même, qui avons donné au monde chrétien son
plus grand style architectural, le seul qui, avec le
grec, soit organique. C'est sur ce sol qu'il s'est
formé; c'est d'ici qu'il a rayonné sur l'Europe entière, fournissant à l'Allemagne, aux Flandres, à
l'Angleterre, à l'Italie et à l'Espagne, un thème

d'art d'une richesse et d'une beauté inouïes, où s'affirmait, définitif et magistral, le génie créateur des races modernes.

Depuis les siècles lointains où les Hellènes avaient édifié ces chefs-d'œuvre de logique et de raison, le Parthénon, l'Erechtheion, le temple de Paestum, on avait vu une transformation complète des principes mêmes de l'architecture. Les Romains, héritiers des Grecs, avaient été incapables d'élever leur roide et pesant esprit à la beauté sereine des conceptions helléniques. Ne pouvant apprécier la simplicité et la raison qui éternisent les temples grecs dans l'admiration des hommes, ils voulurent des œuvres plus compliquées, ajoutèrent, modifièrent, et nous ont laissé des monuments, considérables encore, mais qui ne se peuvent comparer aux créations de leurs prédécesseurs. Chose curieuse : dès l'origine l'Italie est vouée aux styles mêlés ; dès ses premiers pas, elle marque la voie où elle persévérera ; elle montre tout de suite quels seront et son domaine et ses limites. Burckhardt, qui l'adore, l'appelle « la vraie patrie des styles secondaires ». Nous ne nous satisfaisons pas si aisément, et ne la féliciterons pas de son impuissance. Elle n'a pas eu la gloire de donner au monde antique son expression d'art la plus haute ; elle n'a pas la gloire non plus de réaliser l'idéal du monde chrétien. C'est la France qui la devance et joue, pour nos races occidentales et modernes, le

rôle fécond que la Grèce avait assumé pour l'antiquité.

Un système de voûtes épanouissant leur légé-
reté sur des arcs ogives, tout sort de là dans le
style français. Les nervures des voûtes se réunissent en colonnettes, qui se groupent de manière
à former un pilier, semblable à un tronc dont
s'élancent les branches. Les piliers montent éper-
dûment comme à l'ascension du ciel. La poussée
des voûtes est recueillie par des arcs-boutants qui
la reçoivent et la distribuent au dehors de l'édifice
sur des contreforts. Le mur, inutile, n'existe pas :
il n'y a plus de larges pans prêts à recevoir une
décoration, mais des baies, grandes ouvertes,
où montent des nervures fines comme celles
que l'on voit aux voûtes ; une flore végétale,
souple et vigoureuse, s'accroche aux chapiteaux,
aux pinacles, aux galbes des fenêtres, aux arcs-
boutants et met la grâce et la beauté vivantes de
sa parure à chaque articulation de l'énorme monument, dont l'intérieur est plongé dans l'ombre que
fleurissent les roses monstrueuses et délicates des
transepts et de la façade, les verrières éclatantes
de la nef et du chœur.

D'un point de vue architectural pur, ici tout est
logique et raisonné. Les problèmes résolus par les
architectes du moyen âge montrent à quelle hauteur l'art de construire s'était élevé. On s'est
pâmé devant les Italiens de la Renaissance s'effor-
çant de retrouver les procédés romains de l'archi-

tecture ; mais leur science, où tant de froide archéologie se mêle, n'égale pas celle des hommes qui ont construit S.-Denis, Paris, Chartres, Reims, Amiens. On répète sans cesse les noms de L.-B. Alberti, de Brunellesco, de Bramante : les manuels de l'école primaire les enseignent; mais les princes de l'architecture chrétienne sont les Robert de Luzarches, Robert de Coucy, Libergier, Villard de Honnecourt, et les maîtres anonymes de nos cathédrales.

L'Italie reçut le gothique du Nord et n'y comprit rien. Elle ne put parler avec pureté et élégance cette langue étrangère. Elle multiplia les contre-sens et fut médiocre extrêmement. C'est la destinée de l'Italie de ne pouvoir se créer une langue architectonique qui lui soit personnelle. Aux xiii⁰ et xiv⁰ siècles elle vécut d'emprunts maladroits au style français. Puis, gênée dans ses habits d'occasion, elle chercha du côté de l'antiquité, où elle pensa retrouver ses véritables origines. Ici encore, malgré l'effort de grands talents, elle échoua. Elle crut avoir à Rome des modèles parfaits. Hélas! elle se trouva en face d'œuvres secondaires et mêlées. Les meilleures tentatives de la haute Renaissance sont viciées à leur naissance et ne nous satisfont qu'à moitié.

Le fâcheux est que cette dernière tentative amena à sa suite la crise du baroque et du rococo et que le mal italien gagna toute l'Europe[1].

Florence compte de nombreux monuments de style gothique. La cathédrale, œuvre de « l'immortel » Arnolfo di Cambio, le Campanile, les églises de S. Croce et de S. Maria Novella, Or San Michele, deux Loggia, etc., etc. Nous ne dirons que l'essentiel sur ces monuments si connus; comme ils ont été vantés à l'excès, sans discernement, et qu'on en trouvera l'éloge dans tous les livres, on n'en donnera ici qu'une critique.

Voici sur *S. Maria del Fiore*, la cathédrale, des notes prises sur place. L'aspect extérieur n'est pas satisfaisant de cette construction immense et peu expressive. L'influence bourguignonne, prépondérante en Italie, a supprimé les arcs-boutants. Les murs des bas-côtés paraissent nus et vides. Ils sont revêtus de marbres de différentes couleurs, dont la fonction est décorative sans être architectonique. L'éclat en séduisait les Florentins. J'estime que l'existence des carrières de marbres voisines

---

[1] Il ne faut pas se laisser égarer par les louanges que les Italiens décernent à leurs artistes. Le plus médiocre architecte est, lorsqu'Italien, grand maître. Le patriotisme d'antichambre, comme l'appelle Stendhal, est développé à l'extrême. Les critiques étrangers s'y sont souvent laissé prendre, abusés qu'ils étaient par les épithètes sonores décernées aux ancêtres. Plus fins, ils auraient compris qu'il y avait là surtout une façon de parler et qu'il ne fallait pas accepter à la lettre les qualificatifs d'une langue où chacun se donne sans rire dans la figure de « l'illustrissime ».

a été, pour l'art de ce pays, non une cause de richesse, mais d'appauvrissement. Au lieu de chercher la beauté dans l'expression des formes, on l'a demandée à la décoration appliquée. Ainsi avons-nous de beaux placages (ils ne sont pas toujours beaux), mais non un bel organisme : des vêtements riches, qui ne cachent pas la pauvreté de la structure. Nul doute que, réduits à l'emploi d'une pierre grise, les Florentins n'eussent été obligés à un plus grand effort architectonique et l'histoire de l'architecture gothique en Toscane compterait peut-être quelques chefs-d'œuvre authentiques au lieu des tentatives avortées que nous avons à enregistrer.

Pour montrer le parti pris avec lequel on a abordé l'étude de l'art italien, il faut citer ce passage de M. Palustre, érudit notable et historien de la Renaissance, qui relève la remarque d'un des plus déplorables esthéticiens du classicisme et l'endosse. « Nous devons accorder ici une mention aux revêtements en marbre de différentes couleurs, usités particulièrement à Sienne et à Florence, et qui, d'après la juste remarque de Quatremère de Quincy, n'ont pas peu contribué à préserver les monuments des *puériles découpures* de la sculpture gothique. »

Tout commentaire affaiblirait la portée de cette phrase, pour qui a vu le gothique italien.

A Florence, la cathédrale resta longtemps en construction, comme San Petronio de Bologne.

comme le dôme de Milan (quelles furent les églises
italiennes achevées, je ne dis pas d'un jet, mais
dans le siècle qui les vit commencées?)

Si incroyable que cela puisse paraître, il n'y
eut jamais de plan de l'ensemble. Toutes les parties,
même les différentes travées de la nef, en furent
successivement mises au concours. Arnolfo di
Cambio fait les premiers travaux en 1296. Il voûte
quatre travées des nefs latérales; puis un long
arrêt : les travaux reprennent en 1357. Jusqu'en
1367, on avança lentement; les concours succèdent
aux concours. Enfin un plan final est adopté.
Treize architectes et onze peintres y avaient pris
part. Huit autres architectes furent chargés de
l'exécuter avec les modifications décidées. On ne
procède pas autrement en France, à l'heure
actuelle.

Quelle unité demander à un édifice fait ainsi de
pièces et de morceaux? Il a de jolis détails; des
portes élégantes et fines, d'une décoration charmante : il n'a pas de vie d'ensemble. La fameuse
coupole, de Brunellesco (1417-1461), vaut de l'extérieur, sa réputation. Sa forme et son élévation
satisfont pleinement l'œil. Etant donné le problème à résoudre, il n'était pas de solution plus
élégante. Peut-être peut-on penser que, pour une
église gothique, il eût mieux valu ne pas poser le
problème d'une coupole centrale : l'on verra à
quelles absurdités il a mené à l'intérieur. Les
chapelles du transept et du pourtour du chœur,

les sacristies, font une masse informe. C'est une
construction inarticulée. Les placages, chers à
Quatremère de Quincy, dans la répétition uniforme
et absurde de leurs lignes, donnent à la cathédrale
vue du chevet, l'apparence d'un amas écroulé de
dominos cyclopéens.

*L'intérieur*. — Les contre-sens y fourmillent.
La coupole énorme a nécessité des appuis gigantesques. Aussi, à la croisée de la nef et du transept, on a deux piliers colossaux qui masquent
toute perspective. Vue d'en bas, la coupole ne
produit aucun effet; l'éclairage en est mauvais;
les peintures (Zuccaro, fin xvie) déplorables. Enfin
on a été obligé de mettre le maître-autel sous la
coupole. Cette place étant arbitrairement choisie,
il a fallu lui créer une réalité factice. Aussi l'a-t-on
entourée d'une cloison de bois, vitrée à mi-hauteur. pour que les fidèles puissent voir les cérémonies sacrées !

Le type septentrional du pilier (il y a des
variantes) est un faisceau de colonnes qui portent
et vont se ramifier dans les voûtes en nervures.
Rien de plus logique, au point de vue architectonique ; rien de plus beau que la montée. le jail-
lissement de ces colonnes jusqu'au sommet des
voûtes. Ici rien de semblable. Au lieu du faisceau
de colonnes en fonction nécessaire de la voûte
gothique, on a imaginé un pilier octogonal qu'on
a pour comble surmonté d'un entablement ! Dès

lors plus de lien entre le pilier et la voûte. De plus les Italiens ont voulu voûter des espaces très vastes et n'avoir qu'un minimum de supports. Ils ont ainsi tendu à l'extrême le rapport entre le soutien et la voûte, qui dans le style français est harmonieux. La conséquence forcée est qu'on a été obligé d'abaisser les voûtes qui n'ont plus l'élévation grandiose que nous leur voyons dans nos cathédrales.

A signaler encore la galerie ridicule qui court autour de l'édifice au-dessus de l'imposte de la voûte. C'est, paraît-il, une décision de la Commission qui discuta tous les plans de la cathédrale. A la même Commission, on doit les fenêtres rondes de la nef. Enfin la construction fut si médiocre que l'on fut obligé, pour consolider le chancelant édifice, de tendre à chaque travée de la nef de grands tirants de fer qui la traversent. Faite ainsi d'une série d'erreurs, on ne demandera pas à la cathédrale de Florence de créer une impression profonde. Je n'y suis jamais entré sans un sentiment de malaise. Quant à l'idée que c'est une église, qu'on y célèbre la messe, et qu'on y peut prier, j'avoue n'y avoir jamais songé.

*Le Campanile.* — Il est détaché de l'église. Est-ce un progrès ? Burckhardt trouve que cette disposition nouvelle a laissé les architectes plus libres pour leurs façades. Il n'apparaît pas que les Italiens aient su profiter de leur liberté ; car, à part Orvieto

et Sienne, pas une seule des grandes églises
gothiques n'a une façade ancienne et belle. En
outre, le campanile isolé semble sans raison ; il
est ici ; il pourrait être là. Combien je préfère les
tours jumelles de nos cathédrales et leurs clochers
dardés au ciel.

Le Campanile de Giotto est, dans la même
donnée décorative, supérieur architectoniquement
à la cathédrale. Il lui manque une flèche. On ne
sait si l'on doit le regretter. Tel qu'il est, malgré
son élévation, ce sont les lignes horizontales qui
s'affirment. Ce sera l'éternel malentendu dans
l'adaptation du style français en Italie : amener
par les corniches, entablements et couronnements,
à une horizontalité qui en est la contradiction absolue, un système conçu originairement comme
vertical.

Le Campanile sera toujours cher à ceux qui
aiment le xiv^e siècle pour les panneaux d'une si
noble et jeune allure que Giotto (avec Andrea
Pisano) y sculpta, frise encyclopédique, comme le
voulait l'époque, où le maître résume les idées du
siècle sur l'histoire du monde, mais où il fait épanouir en outre, simple don de sa bienveillance, la
fleur immortelle de son génie.

*Santa Croce et Santa Maria Novella.* — Les
deux grandes églises gothiques de Florence sont
à peu près du même temps (1294 et 1278). Elles
sont immenses et faites pour abriter des foules.
Le mouvement religieux obligea l'architecture à

aborder de nouveaux problèmes pour couvrir les surfaces les plus étendues. On a beaucoup insisté dans les histoires de l'art sur l'influence que la fondation des ordres franciscain et dominicain exerça sur l'architecture. Sans doute il y eut de nombreuses églises construites sous leur direction. Mais qu'est-ce que cela en comparaison du rôle que jouèrent dans la dissémination des styles du moyen âge nos abbayes de Cluny et de Citeaux, dont l'influence, au point de vue architectural, fut européenne ?

A Santa Croce, l'église franciscaine, l'extérieur est sans intérêt, la façade moderne. A l'intérieur, on est frappé du petit nombre de piliers et de l'étendue de la nef. Il y a le strict nombre d'appuis nécessaires pour soutenir, non pas une voûte gothique, mais une simple charpente de bois à membrures visibles.

Le plan est cistercien, large nef, transept et pas de chœur, pas d'abside, ni de déambulatoire, mais une série de chapelles s'ouvrant perpendiculairement sur le transept au regard de la nef. Derrière le maître-autel, une chapelle plus vaste. En somme, à une église si grande, il n'est pas de chevet. C'est un immense développement de nef, puis, arrivé au centre même de l'œuvre, on tourne court. C'est la grande ordonnance d'un discours dont on enlèverait la péroraison. Que cette disposition ait été rendue légitime par la destination spéciale de l'église, je n'en disconviens pas. Plus que la liturgie et les cérémonies du culte, le sermon et la confession importaient aux Franciscains. C'étaient par ces armes-là qu'ils agissaient sur les foules. Mais architecturalement, nous avons une œuvre tronquée. Arnolfo di Cambio, qui en donna les plans et que l'on cite partout comme un des plus grands architectes du monde, est bien au-dessous, comme valeur réelle, du plus obscur des maîtres gothiques, qui ait construit au début du xiii<sup>e</sup> siècle telle église de l'Ile de France.

On ne peut pourtant reprocher à Arnolfo les vilains autels classiques dont Vasari ceintura les bas-côtés de Santa Croce.

Santa Maria Novella est dominicaine. C'est la même ordonnance générale pour la nef et le transept, la même absence de chœur, remplacé par une grande chapelle derrière le maître-autel. Ici encore petit nombre de piliers, inégalement espacés. Mais les voûtes sont gothiques et belles. La façade est de la Renaissance et fut dessinée par L.-B. Alberti. A noter, en passant, les larges volutes reliant la partie verticale de la nef aux lignes horizontales des bas-côtés. Nous les reverrons trop souvent.

Le gothique se montre dans bien d'autres monuments florentins, à Or San Michele, qui a de beaux détails, des moulures délicates, des fenêtres ornées. Mais c'est tout ce que l'on en peut dire et il ne faut pas demander à cette église plus qu'elle ne peut donner, étant une ancienne halle au blé qui fut fermée et voûtée.

A la Loggia dei Lanzi, à la petite Loggia del Bigallo, on remarquera les arcs en plein cintre des archivoltes. — Le Palais de la Seigneurie est pittoresque. Il a le mérite d'évoquer non seulement par association d'idées, mais par sa masse, sa robustesse, par ses pierres énormes et ses fenêtres petites, le passé tumultueux et passionné dans lequel il fut construit. Au milieu de la démocratie turbulente de Florence, il se dressait énergique pour défendre contre les entreprises des partis les droits de la chose publique.

Certes voilà, sur le gothique italien, des notes bien sèches. Il importait pourtant de ne pas se laisser duper par les livres et de remettre les choses à leur place. En résumé, cette époque fut architecturalement de peu de valeur en Italie. Nous verrons plus tard Sienne et Orvieto. Pour l'instant, il est nécessaire d'indiquer en quelques lignes les conditions d'existence que le gothique italien fit à la sculpture et à la peinture.

La forme bâtarde qu'il prit eut une double conséquence. D'une part, elle empêcha la naissance de la sculpture monumentale, qui reste ainsi française, et de l'autre elle donna un essor inouï à la peinture monumentale.

Ceci vaut quelques explications, car nous sommes

à un moment qui va décider du caractère de l'art italien pour des siècles.

Comme on le sait, le gothique français n'offre aucune place à la peinture. Il n'y a pas pour elle dans les églises les grandes surfaces planes qui lui sont nécessaires. Il manque l'éclairage aussi. Le mur extérieur est percé de larges verrières qui ne laissent filtrer qu'une lumière diffuse. Ce sont les verrières qui font tableau, et l'on n'ignore pas les admirables effets que les maîtres verriers en ont tirés. Au contraire, les tympans des larges portes s'ouvrent à la sculpture qui, pour les remplir, est obligée de traiter des scènes importantes, où la dimension des personnages est commandée par la hauteur à laquelle ils sont placés. Avec les tympans de l'époque dite romane, la France voit revivre la grande sculpture monumentale. Moissac, Vezelay, Autun, Chartres bientôt, et Paris, ont des écoles locales qui abordent ces problèmes avec un sens plastique aussi puissant qu'en montra jadis la Grèce pour décorer les frontons de ses temples. L'épanouissement de la statuaire coïncide avec celui de l'architecture. Elles sont inséparables l'une de l'autre. A l'époque gothique, la statuaire garde le cadre que lui donne l'architecture. On sait comment elle le remplit.

Mais en Italie, les modifications profondes que l'on fait subir au style français changent les conditions d'existence de la peinture et de la sculpture. Le gothique italien rétablit le mur et offre

de vastes surfaces à la décoration peinte. D'autre
part, le tympan, le fronton ne s'ouvrent plus à la
décoration sculptée : le déplorable revêtement de
marbre ou de mosaïque s'en empare. Il reste à
la sculpture les portes, chaires, autels, fontaines.
C'est le bas-relief plus que la ronde-bosse qui
devient nécessaire ; la sculpture se rapproche de
l'orfèvrerie avec qui, à Florence, elle a toujours
été intimement unie. Ainsi la forme méridionale
du gothique ou, pour mieux dire, les erreurs
d'adaptation commises par l'Italie ont ce double
effet de donner naissance à la peinture monumentale, qui avait existé en France à l'époque romane,
mais non dans le style gothique, et d'empêcher
l'épanouissement de la statuaire monumentale qui
reste, elle, française exclusivement. On touche ici,
comme au doigt, les rapports qui unissent les arts
plastiques entre eux, et l'on voit la dépendance où
ils ont été, de l'architecture. On ajoutera encore
que les progrès de la sculpture ont toujours pré-
cédé ceux de la peinture et, après ces considérations générales, mais indispensables, nous reprenons notre voyage en Toscane, en quête des monuments de la sculpture du moyen âge.

## LA SCULPTURE

L'époque romane ne nous retiendra pas. La
sculpture, à ce moment, a été d'une médiocrité

extrême dans la Péninsule. Surtout si, lecteur, vous vous êtes arrêté, avant de venir en Italie, à Chartres, à Vezelay ou à Autun, que pourront vous donner les grossières œuvres de Pistoie, de Prato, ou même les meilleures, celles de Parme ? L'Italie était encore plongée dans la barbarie, pour employer un mot cher aux honnêtes gens du xvii<sup>e</sup> siècle qui l'appliquaient au moyen âge français, alors que la France créait des chefs-d'œuvre non surpassés aux plus beaux jours de la Renaissance. Vous verrez occasionnellement les sculptures romanes de la Toscane; mais ce voyage, qui veut rester d'art, ne vous obligera point à aller les chercher.

Il en est autrement pour le xiii<sup>e</sup> et le xiv<sup>e</sup> siècles, qui valent d'être étudiés.

Vos livres quotidiens vous donneront la chronologie et les faits essentiels sur Nicolas (1206-1280) et Jean de Pise (1250-1320). Je ne me sens aucune envie de répéter les choses excellentes qui ont été écrites sur les premiers maîtres gothiques. Je voudrais seulement qu'on fût attentif à leur « gothicité ». On ne peut s'empêcher de voir derrière eux la grande tradition française florissante depuis plus d'un siècle. Il y a eu une influence du nord. Dans les limites de ce voyage, il ne peut être question de l'établir avec preuves et documents. C'est assez de la signaler.

On verra les œuvres des premiers Pisans, Nicolas et Jean, à Prato, à Pistoie, à Pise (nous réservons Sienne). A Florence, il y a des œuvres de l'école, et le xiv<sup>e</sup> siècle est très riche.

Il faut voir la première porte du Baptistère d'ANDREA PISANO (1270-1349), que celles très fameuses de Ghiberti laissent un peu dans l'ombre. C'est d'un art charmant, avec des qualités florentines dans la composition, le désencombrement du bas-relief, le sujet s'exprimant dans son essence par un minimum de personnages. L'élégance est grande de ces panneaux. J'aime la petite Hérodiade près de la table du festin, la Nativité, et bien d'autres. Il y a ici une grâce singulière. En face de cette porte j'ai songé parfois que l'on avait trop loué Jean de Pise, le grand maître de l'époque précédente, de son naturalisme qui souvent touche à la laideur. Il faudrait ne pas oublier que, dans le style français dont il s'inspire, s'il y a du naturalisme, il y a bien autre chose, que la noblesse des attitudes y est jointe à l'émotion. Les critiques se font une conception bizarre du vocabulaire artistique. Chez eux, comme chez les sophistes grecs, les concepts s'excluent. Naturalisme exclut noblesse, émotion, composition, élégance, force. C'est absurde. On trouve toutes ces qualités réunies dans les belles œuvres grecques et dans les meilleurs morceaux de notre statuaire française du moyen âge.

La porte d'Andrea Pisano, si on la connaît préalablement par les photographies, frappera par le caractère menu, petit, des panneaux sculptés. Malgré

soi on s'attend à quelque chose de monumental :
on a une série de ravissants bibelots. Cela aussi est
bien florentin et typique de la statuaire italienne.

Mais une œuvre plus parfaite nous requiert.
C'est, au Campanile voisin, la série des médaillons.
où Giotto fixa les conceptions du moyen âge sur
le développement de l'humanité. La série commence à la *Création de l'homme*, qu'un Dieu grave
suscite de la terre du jardin d'Eden. Puis c'est la
*Femme naissant de l'homme*, puis le *Travail*, la *Vie
pastorale*, Jabel, père des pasteurs, assis devant sa
tente paissant ses brebis, la *Musique* avec Jubal.
la *Métallurgie* qu'incarne Tubalcaïn, la *Vigne* avec
Noé. Sur une seconde face se voient l'*Art de bâtir*.
l'*Art du potier*, l'*Art de dresser les chevaux*, la
*Promulgation des lois* et l'*Exploration des régions
nouvelles*. La troisième paroi a la *Navigation*, la
*Punition des crimes*, l'*Agriculture*, le *Commerce*
et la *Géométrie*. Enfin, sur la dernière face. deux
reliefs seulement. la *Peinture* et la *Sculpture*, celle-
ci une merveille de composition et d'exécution.

Les meilleurs d'entre ces panneaux sont d'un
charme que peu d'œuvres italiennes égalent. Burckh-
hardt trouve que la composition et le sens plastique y sont de moindre intérêt que le contenu.
Je ne partage pas cette manière de voir. Des morceaux comme la *Création de l'homme*, la *Vie pastorale*, l'*Art de dresser les chevaux* me paraissent
valoir non seulement par la qualité de la pensée.
expressive. sérieuse et profonde, mais surtout par

l'excellence du sens plastique. Certes je mets à
côté des œuvres les plus parfaites la jeune femme
debout dans l'*Art de tisser*, ou le cheval qui s'enlève avec son cavalier. C'est une heure exquise
dans l'art italien.

Sur quelques-unes des portes de la cathédrale, il
y a des statues de la fin du moyen âge, qui méritent
mieux que le dédain avec lequel elles sont généralement traitées. Au Musée du Dôme, on trouvera
aussi quelques figures en ronde-bosse. Elles sont
relativement rares dans l'art de cette époque; alors
que la France était peuplée d'un monde de statues,
l'Italie en compte à peine quelques-unes, et l'infériorité n'est pas numérique seulement, je vous prie
de le croire.

A Or San Michele, le Tabernacle d'Orcagna
(† 1368) vaut une visite. Il a des détails séduisants,
mais l'ensemble est médiocre. Nous sommes toujours dans des œuvres fines, petites. On voudrait
respirer un peu devant les belles figures largement
drapées d'une de nos cathédrales.

Pour l'ornement, on remarque combien l'Italie
est réfractaire au style septentrional, lequel avait
créé de toutes pièces sa décoration en s'inspirant
des formes vivantes étudiées dans la nature. Ici
au contraire, on trouve sans cesse des souvenirs
romains. Regardez les fenêtres d'Or San Michele,
si fouillées, si ornées, mais dont les guirlandes ont
un air déjà vu.

Les *Villes isolées* (VIᵉ partie) nous montreront

plus d'un spécimen de la sculpture au xiv° siècle. C'est à juste titre que Vérone s'enorgueillit des tombeaux des Scaliger, qui sont, à tout prendre, dans les meilleurs monuments du xiv° siècle.

Si l'on peut se laisser aller au plaisir de juger, je dirai de cette école toscane de sculpture aux xiii et xiv° siècles qu'elle tient un rang excellent dans l'ensemble de l'art italien. Dans ses œuvres supérieures — quelques figures isolées de Jean de Pise et quelques madones, qui sont puissantes, simples et maternelles, dans les bas-reliefs du Campanile, elle montre des qualités que le xv° siècle, si raffiné, ne connaîtra pas.

Au point de vue de l'art européen de ce temps, l'appréciation change. Evidemment et sans conteste l'Italie n'est pas, au xiv° siècle, au premier rang. Elle ne vient que loin derrière la France qu'elle suit en retard de plus d'un siècle et avec des forces inégales. Le xiv° siècle italien prend ses sujets et son inspiration dans l'art français du xiii° siècle. L'invention est chez nous et la copie chez eux. Même en laissant de côté la question de l'invention des sujets, l'Italie ne peut songer à comparer l'œuvre qu'elle fit en ces siècles à ce que la France réalisa pendant la même période. Il y a quelques œuvres charmantes dans la Péninsule; mais c'est tout de même la France qui, pour la sculpture comme pour l'architecture, a donné la formule définitive de l'idéal artistique du moyen âge.

L'inconnaissance générale de l'art français et des théories erronées sur le rôle nécessaire de l'antiquité dans la formation des arts modernes ont perpétué ces graves erreurs d'appréciation et ont fait jouer à l'Italie, dans le développement de la civilisation européenne, un rôle qui n'a pas été le sien. On voit assez de quelle utilité il était pour les hommes du xvii° siècle, qui nous ont doté de l'enseignement que nous subissons encore, de faire le succès de l'Italie et quelles étaient leurs raisons intéressées pour donner la première place dans le monde moderne à l'héritière directe de la civilisation latine.


## *LA PEINTURE*


Nous arrivons à la peinture, que l'on a pu croire l'art chrétien par excellence, tant que l'attention a été monopolisée par l'Italie. En réalité, la sculpture l'a précédée et a exprimé avant elle l'idéal chrétien. Comme nous l'avons montré, l'épanouissement de la peinture en Italie a été favorisé par le caractère local du style gothique. Après Giotto, le xiv° siècle voit une floraison inouïe de la peinture monumentale. Ici encore tout a été dit et fort bien. Il reste pourtant quelques remarques générales à formuler.

Vous lirez la vie de Giotto (1267-1337). Il serait

inexplicable si l'on ne savait avant lui, à côté de lui, une tradition sculpturale qui avait déjà façonné l'âme italienne, et l'influence directe de Jean de Pise. Il y a bien des réserves à faire sur l'état actuel de ses œuvres à Santa Croce, mais il faut convenir que c'est de Giotto que date la peinture italienne et s'étonner que du premier coup elle soit elle-même à ce point. Giotto lui trace des voies dont elle ne s'écartera plus. Son action s'étend non seulement sur le xiv° siècle, mais sur le xv° et le xvi° dans ce qu'ils ont de meilleur. C'est le sens le plus exact qui se montre des arrangements et de la composition. La première formule est définitive. Chacun y apportera son individualité, sa vision spéciale des choses, personne en Italie ne songera à nier ces modèles, qui satisfont un des besoins les plus impérieux de l'esprit latin, le besoin d'unité.

Mais l'arrangement, l'harmonie des groupes, ne sont qu'une chose extérieure, une forme, dans laquelle peuvent s'exprimer les pensées les plus diverses. Giotto, comme tout son siècle, avait l'âme religieuse. L'art de ce temps est sous l'autorité et l'inspiration de l'Eglise. Il nous est aisé de n'envisager les œuvres d'art qu'au seul point de vue plastique. La suite des temps nous l'a permis; mais il ne faut pas oublier que ce sont des conquêtes relativement récentes. Pour Giotto, autant que la forme artistique qu'allaient revêtir ses idées, importait l'idée elle-même. Ses œuvres sont des

compositions expressives : par là, il faut entendre
qu'elles signifient un état de pensée, non pas incons-
ciemment — toute œuvre est un signe — mais
d'une façon voulue et réfléchie. Il n'est pas possible de séparer ici la forme de la pensée. Cela
n'est pas suivant nos actuelles idées sur l'art. Qu'y
puis-je? Chez Giotto, l'union des deux éléments
est si intime, qu'à nous qui ne regardons ses
œuvres qu'en artiste, elles restituent par la beauté
simple des gestes un état d'âme qui nous est peu
familier, mais que la puissance expressive du
maître rend clair et compréhensible.

Comme l'on sent ici que Giotto appartient au
moyen âge, que les symbolismes religieux, les
histoires sacrées ont une vérité profonde et intime
en lui ! En les traduisant, il s'exprime lui-même ;
ce sont dans les sujets de la religion les émotions de sa vie intérieure qu'il extériorise. Plus
tard en sera-t-il ainsi ? Un Vinci, en qui existe déjà
l'esprit scientifique moderne, sera placé, par la
force de la tradition, en face de sujets semblables.
Seront-ils pour lui ce qu'ils étaient pour un
Giotto? Un Raphaël, par l'effort de son intelligence, envisagera les thèmes sacrés d'une manière
toute objective et arrivera à de parfaites réalisations : mais l'esprit critique n'atteint pas à la spontanéité d'expression de l'âme religieuse. Le parfum du moyen âge est, en certaines œuvres rares,
impérissable.

On débutera par Santa Croce, où deux chapelles

sont de Giotto. A-t-on signalé dans le *Banquet d'Hérode* la façon déjà si Renaissance dont Giotto couronne le toit plat de la loggia de statues qui se profilent sur le ciel? Il faudra chercher avec Ruskin (*Mornings in Florence*) tant d'églises où le XIVᵉ siècle s'exprime. Au musée des Offices, qui sert lui aussi les fins du *Voyage idéal* par le classement chronologique des peintures, vous ne quitterez guère l'école giottesque en suivant les premières travées de la galerie.

Retournons à ce moment à Pise. Il y a là, au Campo Santo, une des fresques importantes de ce temps. A la décrire, nous entrerons tout à fait dans l'esprit du moyen âge italien.

## *Le Triomphe de la Mort*

Le Campo Santo de Pise est un endroit clos, exquis de paix et de recueillement. Derrière ses murs, c'est le charme de larges portiques, retombant en fenêtres de plein cintre délicatement ajourées. Des sculptures, bas-reliefs venus de chaires détruites, monuments funéraires des siècles médiévaux, Vierges de l'école pisane serrant d'un geste lourd et passionné le Bambino qu'elles contemplent, sarcophages païens même avec des mythes antiques, l'histoire de Phèdre et d'Hippolyte (qui se rattachent à tout le reste, car on sait que Nicolas, premier sculpteur pisan, les copia), remplissent les quatre galeries où ne passent plus

que des touristes, tarifés à un franc pour visiter
ce qui fut le champ des morts de la grande Pise.
Les murs sont décorés de fresques. Un côté a été
couvert par l'inlassable Benozzo Gozzoli : mais,
malgré des morceaux charmants, il n'y est pas à
son mieux ; c'est la chapelle des Médicis au palais
Riccardi, avec ses cortèges somptueux et l'éclat de
ses costumes royaux, qui reste le chef-d'œuvre du
grand fresquiste.

Sur les autres faces, de bons peintres de l'école
giottesque se sont appliqués, avec des bonheurs et
des talents différents, à dire les vies des saints.
Mais, entre toutes, s'affirme la fresque intitulée
le Triomphe de la Mort. Le moyen âge s'y raconte
avec abondance et beauté. A ce moment de notre
voyage, arrêtons-nous devant elle. Qu'elle soit
représentative pour nous, non seulement des autres
fresques du même siècle, mais de son entière
époque et des âmes de son temps.

Or elle est telle.

Au mur sud du Campo-Santo, elle s'encadre
dans une bordure peinte, où en des médaillons
losangés sont des bustes de prophètes et d'anges
tenant des phylactères, scène variée et riche de
personnages, où s'illustre de motifs différents la
même victoire, celle de la mort. Au centre un
cartouche soutenu par deux anges porte l'inscription que voici :

> Trésors de sapience et de richesse
> De noblesse aussi et de prouesse

Servent de rien aux coups de celle-ci,
Et ne fut encore trouvé contre elle,
O lecteur, aucun argument.
Ah! puisses-tu avoir l'esprit
De te tenir toujours préparé
De peur qu'elle ne te joigne en péché mortel!

D'une paroi de rochers à pic, dans un ciel traversé de la lutte des anges et des démons, tombe d'un vol puissant une mégère horrible, la Mort. Ses cheveux, crinière épaisse, se hérissent ; des ailes de chauve-souris gigantesques la portent ; ses pieds sont griffus, son corps hommasse. Elle s'arme d'une faux large qui tranchera les vies, promises au trépas, des humains.

Au pied du rocher, une troupe haillonneuse se tient implorante. Vieillards impotents et affamés, que courbent vers la terre le poids des années et la misère trop dure, aveugles, paralytiques, perclus, boiteux, ils sont là, déchets misérables dans l'ombre et l'humidité, en marge du monde déjà, où ne les retiennent plus que les restes d'une vitalité trempée par tant d'épreuves qu'on ne la peut arracher. Ils tendent les bras vers la Mort secourable devant eux ; ils voient le havre salutaire où elle peut, d'un seul coup, les faire entrer et, pour qu'elle n'en ignore, ils lui jettent une banderole où se lit :

Puisque prospérité nous a quittés
O Mort, médecine à toute peine
Las! donne-nous à présent l'ultime Cène.

Mais, Elle, qui ne les entend point, va d'un vol
sûr vers d'autres lieux. C'est, à droite, un coin
paisible et délicieux où, sous des orangers touffus,
une compagnie charme l'instant fugace dans les
jeux, la musique, les conversations plaisantes. Un
musicien debout, drapé dans un grand manteau à
bandes alternées, joue du luth, tandis qu'une
femme assise l'accompagne sur la lyre ; une autre,
vêtue d'un somptueux brocart, caresse un petit
chien, tout en devisant avec un jeune homme
assis près d'elle. Une troisième tient un faucon sur
son poing et, derrière eux, passent deux couples
enlacés. Heure exquise d'une cour d'amour, que va
détruire, d'un coup brusque de sa faux, la Mort
qui s'avance. Elle va flétrir les gorges opulentes
des femmes, figer en un ricanement d'effroi le
sourire des lèvres prêtes aux baisers, éteindre
le feu de ces yeux charmants, ternir le lustre des
cheveux bouffants sur les oreilles et changer en
cadavres cireux les corps souples où battait à pleins
coups le sang rouge de la jeunesse. La Mort guette
ces joies mondaines :

Prends garde qu'elle ne te joigne en péché mortel.

Entre ces deux groupes opposés, sous la Mort
qui tombe, c'est l'éventrement de tombeaux ouverts. Papes, cardinaux, femmes, enfants, à l'heure
du jugement, voient leur âme sortir de leur
bouche, en homuncule, en réduction d'eux-mêmes

— *efflavit animam*, n'est point une image — et disputée par de fantastiques démons à corps de bêtes et des anges en hirondelles, dont le vol s'éparpille dans le ciel entre les rochers à pic et les idylliques orangers embaumés. Plongent à gauche les damnés dans des trous de flammes; à droite les anges bercent d'une douceur sans pareille, entre leurs bras maternels, les âmes sauvées.

Mais la leçon ne serait pas complète. A la vie selon le monde — misères et joies, il reste à opposer la vie selon Dieu. La partie gauche de la fresque va nous montrer une seconde fois la rencontre de la vie et de la mort et ce qui triomphe finalement de cette dernière.

Un somptueux cortège se déroule en départ pour la chasse. Les chiens bondissent aux mains des valets, les faucons se dressent au poing des dames; un empereur couronné, l'arc à la main, Louis de Bavière, dit-on, est au centre: chevaux blancs, chevaux noirs, harnais étincelants, manteaux riches des chasseurs et chapeaux extraordinaires s'empanachant aux têtes des femmes, la cavalcade s'avance, quand, sur le chemin, tout à coup elle se heurte à trois cercueils ouverts, laissant voir les cadavres de trois rois. Le premier a été fraîchement enseveli; il est vêtu de riches habits et couvert d'un manteau bordé de vair blanc. Le second, qui a encore la couronne en tête, est déjà dans un état avancé de décomposition. Le troisième est réduit à l'état de squelette. Les chevaux s'arrêtent, oreilles pointées, reniflant les morts que les chasseurs se montrent terrifiés, tandis que l'un d'eux, d'un geste énergique, se bouche le nez devant le cercueil qui pue.

Un vieux moine s'avance pour commenter la leçon de la mort et présente, à une dame du cortège, un cartel où se lisent ces vers :

> Si votre esprit est bien avisé,
> Tenant ici le regard fixé attentif,
> La vaine gloire y sera déconfite
> La superbe, comme vous voyez, morte,
> Vous vous apercevrez encore de ce sort,
> Si vous observez la loi qui est écrite.

Un sentier rocailleux mène vers les demeures des Pères. C'est ici le chemin de la vie bienheureuse. Sur la hauteur où l'on parvient avec peine et où n'atteignent pas les bruits du monde, ils ont édifié une chapelle et passent leurs jours dans les occupations pieuses de l'existence érémitique. L'un d'eux lit : un autre l'écoute ; un troisième trait une chèvre. Un corbeau est posé près d'eux. Ils vivent en Dieu ; la vie ne leur est qu'une attente, un état transitoire. L'achèvement sera un pas de plus vers les trônes des Gloires et des Dominations. Ils ont renoncé les joies mondaines dont nous venons de voir deux peintures si séduisantes. Le balbutiement des prières a remplacé sur leurs lèvres les concetti des diseurs d'amour ; ils ne luent point les animaux, mais vivent en paix avec toutes les créatures de Dieu. Ils sont au-dessus des plaisirs et des soucis de ce monde. Que la terrible mégère agite sa faux redoutable sur ceux qu'elle effraye. Pour leur âme immortelle, il n'est point de terreurs. Ils ont vaincu « notre sœur la mort corporelle ».

Ainsi s'achève la fresque que l'on voit au Campo-Santo et qui se dénomme le Triomphe de la Mort.

Voilà un type excellent de la peinture de ce temps : composition claire qui exprime d'une façon saisissante les grands lieux communs de la religion et, par des scènes pittoresques et tragiques, en fait sentir la force à chacun. Sans doute elle est totalement dénuée de l'agrément que nous demandons aux œuvres d'art ; elle ne plaît pas à l'œil ; la couleur en est sèche ; il n'y a pas d'harmonie d'ensemble. Vous n'y trouverez pas non plus ce côté cuisiné, ce haut ragoût d'art, qui nous excite dans des œuvres postérieures.

En vérité, quand j'y réfléchis, je vois un abîme entre cet art-là et celui de Velasquez, de Chardin, de Delacroix, de Renoir. Manifestement les uns et les autres ne visent pas le même but, ne cherchent pas leur plaisir aux mêmes endroits. Ah ! qu'il y aurait de choses à dire, si nous n'étions pas des voyageurs qui enregistrent des sensations et n'ont pas le temps de philosopher !

Santa Maria Novella, à Florence, sera une de

nos stations favorites pour cette époque. Elle a,
dans la chapelle des Espagnols, l'ensemble le plus
complet d'une décoration peinte telle que l'entendait le xiv* siècle. Sur ses murs, sont représentés
d'un côté une allégorie philosophique de la Religion, *Triomphe de saint Thomas d'Aquin*, où de
surprenantes femmes incarnent les vertus et les
sciences, de l'autre le *Triomphe de l'Eglise mili-
tante*, auquel travaillent les chiens du Seigneur,
Domini canes : en face, au-dessus de l'autel, la
*Montée au Calvaire*, le *Crucifiement* et la *Descente aux Limbes*. Les voûtes gothiques sont
peintes aussi, chacun des quatre pans entre arcs
ayant un sujet. De toute place dans la chapelle, on a devant soi une fresque qui se présente
en plan incliné et que l'on peut regarder sans se
casser la nuque. Je considère ces voûtes comme
offrant le modèle de la peinture plafonnante. Je
les mets bien au-dessus des essais brillants de la
Renaissance, pour cette simple raison que l'on
peut *voir* ce que le peintre a voulu nous montrer
et que les personnages ne présentent pas leurs
pieds au spectateur. Nous comparerons plus tard
à cette petite chapelle d'une époque « barbare »
les célèbres coupoles du Corrège et les voûtes de
la Sixtine. Pour l'adaptation intelligente d'une
décoration à une forme architecturale, l'avantage
restera au moyen âge.

Dans l'église même, la chapelle Strozzi montre
le *Paradis* d'Orcagna, où les groupes de femmes

sont d'une grande suavité de lignes, le *Jugement dernier* avec des diables terribles qui tirent d'une trappe nobles et bourgeois, l'*Enfer* moins tragique et plus livresque.

On trouvera dans le *Cicerone* un catalogue des fresques du xiv⁰ siècle, et l'on pourra courir les églises et couvents de Florence et des environs. Pistoie, où il y a une belle chaire de Giovanni Pisano, Prato, qui possède un des chefs-d'œuvre du même maître, une madone dont l'ivoire vieilli a pris des tons chauds et tannés et qui tend sa tête forte. — Entre toutes les fresques de cette église — nous n'entrons pas encore dans le chœur — je recommande une *Nativité* exquise de GHERARDO STARNINA (+ 1408) où des femmes allongées assistent à la naissance de la Vierge dans un décor d'une pénétrante intimité.

On terminerait ces études du moyen âge par l'homme qui en fixe une dernière fois l'idéal, FRA GIOVANNI DA FIESOLE (1387-1455), que l'on appelle FRA ANGELICO.

Bien qu'il meure dans la seconde moitié du xv⁰ siècle, à un moment où l'art est lancé à la recherche d'entreprises nouvelles, bien qu'il ait profité techniquement des progrès réalisés au commencement du siècle, il se rattache à la grande école du xiv⁰ siècle par l'esprit et les tendances. Lisez sa vie dans Vasari : elle fut exquise de simplesse et remplie par une besogne énorme. Pen-

dant le cours d'une existence très longue, il ne se
lassa pas de raconter les mêmes histoires, d'illustrer les mêmes drames. Autant qu'avec les Domi-
nicains, ses frères, il vécut avec les saints du
paradis, dont les béatitudes lui étaient familières.
Il peupla le ciel de figures délicieuses. Il raconta —
combien de fois ! — les faits de Notre-Seigneur
Jésus-Christ, s'affligea aux mêmes drames. Je ne
sais pas de vie qui me paraisse plus égale, plus sou-
tenue et plus heureuse. La foi apaisante le porta
jusqu'à la fin. Le talent dont il avait été doué lui
permit de faire participer ses frères aux saintes
émotions dont il était agité. Il n'en fit aucun usage
profane.

Il faut aller au couvent de Saint-Marc et voir dans
chaque cellule la petite fresque qu'il peignit pour
que les moines eussent sous les yeux une image
constante de la vie de Jésus. On voit bien ici
pourquoi il travaillait, et que le désir de la gloire
n'entrait pas dans son cœur, non plus que les
préoccupations purement matérielles de l'éclairage
de ses œuvres, de leur place, etc. Ces fresques sont
toutes placées à contre-jour près d'une fenêtre
exiguë en trou ; il faut un écran pour les pouvoir
regarder.

Et avec cela il est le plus « artiste » des peintres
religieux. Ses personnages sont d'une beauté
divine, — comparez les têtes de Giotto et de Fra
Angelico, — les gestes sont d'une pureté émouvante et l'arrangement au plus haut point impres-

sionnant. D'entre les fresques de Saint-Marc j'ai
gardé le souvenir d'un Christ sortant du tombeau,
dans ses vêtements blancs ruisselant de clarté[1]. Dans
le couloir en face de l'escalier, une *Annonciation*
vous arrête. La Vierge reçoit l'ange sous un portique
qui ouvre sur un jardin fermé d'une haute barrière. Je ne sais rien dans l'art italien, qui donne
comme cette scène dans le jardin clos, une impression émue de recueillement et de simplicité.

Le grand *Crucifiement* de la salle capitulaire est
connu par les photographies sur toute l'étendue
de la terre.

On verra ses tableaux célèbres des Offices devant
lesquels se presse la foule horrible des copistes;
mais n'avons-nous pas, à Paris, une de ses œuvres
les plus parfaites où la mêlée harmonieuse des
saints et des saintes chante parmi les bleus mystiques le couronnement de la Vierge? A l'Académie est la *Descente de croix*, éclatante comme
au jour où elle fut peinte. Derrière la déposition
dont tous les acteurs tremblent de pitié, — avec
quelle douceur ils touchent le corps sacré du Seigneur! — c'est une petite ville, ceinturée de remparts, hérissant ses tours, près desquelles se
groupent des maisons serrées aux murs roses et
blancs, quelques cyprès, des haies de buis et de
fleurs, dans un paysage tel qu'on en voit du couvent des capucins, à Fiesole.

---

[1] Les photographies de cette série n'en donnent aucunement
l'impression.

Avec Fra Angelico, c'est la fin d'une époque. Déjà il passe sa vie dans des préoccupations qui ne sont plus celles de ses concitoyens. Je ne vois pas ce qu'a de commun avec lui Fra Filippo Lippi, par exemple. Autour de Fra Angelico, c'est le xv⁰ siècle. époque mêlée qui tient encore du moyen âge, mais qui poursuit un idéal nouveau. époque la plus brillante quant au nombre et à la diversité des talents. Elle s'éloigne de plus en plus des conceptions antérieures; l'art tendra à vivre d'une vie propre. à s'affranchir de tout lien étranger.

Avant de quitter le moyen âge. faisons un retour encore sur les conditions dans lesquelles l'art s'y est développé. Tous les progrès. toutes les inventions techniques sont mis au service de l'Eglise. Mais cela n'entrave pas la liberté de l'art. L'idée religieuse n'est là que pour lui donner un fond, une matière. C'est l'opposé du virtuosisme, c'est la négation de l'art pour l'art. Les hommes du moyen âge avaient une vie complète : la religion faisait partie d'eux-mêmes et n'excluait ni la libre recherche dans le domaine philosophique, ni l'indépendance dans la pratique. Un Giotto. un Giovanni Pisano. un Fra Angelico. ne se sentaient aucunement entravés dans leur œuvre créatrice par les commandements de l'Eglise. dont la règle n'était pas pour eux une chose extérieure et tracassière.

Il est devenu un lieu commun de dire que

c'était la découverte de l'antiquité qui nous avait
libérés des liens de l'autorité. C'est là une explication fausse. Et d'abord le moyen âge a connu
l'antiquité: ses grands docteurs ont eu comme
livres de chevet Aristote et Platon et Virgile. Dante
savait l'antiquité, mais il a fait œuvre de son
temps; — chez Pétrarque, au contraire, qui le suit
de près, c'est déjà l'humanisme, précurseur de la
Renaissance, qui perce. Pétrarque n'est pas assez
fort pour dominer la culture ancienne et se l'ap-
proprier. Il veut imiter. De là, la caducité de son
œuvre: les sonnets ont survécu, qu'il écrivit en
langue vulgaire, tandis que le latin lui paraissait
seul assez noble pour ses grandes pensées. C'est
par lui que le latin reprend son autorité sur les
écrivains. Résultat : plus d'un siècle de perdu, au
moment le plus brillant de la civilisation, pour la
littérature italienne, qui avait déjà un passé glorieux, des chroniqueurs excellents, des poètes et
un Dante. Y a-t-il progrès et affranchissement?
n'y a-t-il pas plutôt substitution d'une autorité
sans droits en nature, celle de l'antiquité, à une
autorité fondée sur le consentement général et sur
la tradition chrétienne? On voit combien il faut
se méfier des formules toutes faites.

Pour l'art, l'autorité de l'Eglise était douce. L'art
s'en est pourtant émancipé au xve siècle. Il ne s'est
plus donné comme matière la pensée religieuse. Il
ne faut pas confondre ici le sujet et l'émotion créatrice; le sujet reste religieux, quand le but pour-

suivi par le peintre n'est plus du tout d'exprimer un sentiment religieux. Mais l'antiquité n'a joué aucun rôle dans cet affranchissement. Le moyen âge avait connu l'art antique; il tire pourtant sa grandeur de son fonds propre. C'est pur accident que les copies de détail faites par Nicolas Pisano sur des sarcophages païens.

Les hommes de ce temps avaient au plus haut point le sens de l'actuel et, comme aux temps de la Grèce, l'art fut national et religieux. Ce n'est que beaucoup plus tard que l'idée antique troublera les esprits et leur fera perdre le sens de la réalité contemporaine.

Si l'art s'est détaché de l'Eglise dès le xvᵉ siècle, ce n'est point à l'aide de l'antiquité. L'affranchissement est venu de la marche naturelle de l'art lui-même. Si, au début de tout art religieux, l'idée à exprimer, qui se traduit suivant des canons hiératiques, oblige l'artiste à une forme donnée; si plus tard le sentiment plastique, avec toute la liberté qu'il exige pour se manifester, fait un exact contrepoids au thème sacré qu'il doit développer, il arrive un moment où cette balance est définitivement déplacée et où le sentiment artistique, avec une pleine conscience de sa force et de ses lois, l'emporte et se crée une existence indépendante. C'est ce qui se voit en Italie au moment où nous sommes parvenus. Les qualités plastiques ont pris une telle valeur, l'artiste y est devenu si sensible, que le besoin s'est fait sentir moins fort

d'un soutien à l'œuvre d'art. C'est maintenant le
côté art pur qui domine. La réalisation plastique
plus que l'expression religieuse importe à l'homme
du xvᵉ siècle.

Pour nous, Français, qui allons en Italie, nous
n'y trouverons pas, aux xiiiᵉ et xivᵉ siècles, les beautés absolues et décisives que le moyen âge connut
en France. L'époque romane a laissé des monuments très séduisants ; mais leur gothique est
bâtard et mal venu. Dans la statuaire, si elle ne
se compare pas au point de vue monumental à
la nôtre, il y a des œuvres de détail d'un bien
grand charme. Enfin c'est le départ extraordinaire de la peinture à fresque, cette floraison
inouïe des vies des saints et des scènes de l'Evan-
gile sur les murs des églises et des cloîtres. Ici
nous sommes vraiment en Italie. Nous entrons
maintenant dans le grand siècle italien, le quin-
zième. Florence, à ce moment, et la Toscane,
suffiront pour longtemps à nos études et arrête-
ront plus d'un mois encore les touristes qui suivent
les étapes du *Voyage idéal*.

# LA TOSCANE

## XVE ET XVIE SIÈCLES

Pour les siècles les plus riches de l'art italien, Florence reste le centre de nos études. Des louanges unanimes ont vanté ces monuments nombreux, parmi lesquels nous allons à notre tour guider le touriste. Notre rôle sera assez semblable à celui de l'esclave qui, au cortège du triomphateur antique, disait ces simples mots : Souviens-toi que tu es un homme.

Devant les œuvres italiennes, nous évoquerons le souvenir d'œuvres contemporaines admirées en d'autres pays. Cela suffira à nous faire garder le ton juste et la mesure.

Nos premières impressions du xve siècle ne furent pas aussi bonnes que nous l'espérions. Plus tard j'en ai compris les raisons : d'abord notre documentation préaiable était surtout photographique, c'est-à-dire, trompeuse : ensuite, les exagérations de tant d'écrivains avaient créé en nous un état d'esprit exalté que la réalité

devait avoir peine à satisfaire. Après avoir vécu
quelque temps en Toscane, nous nous sommes
faits des amis que nous n'avons quittés qu'avec
peine. Je n'oublierai pas, lorsque j'en parlerai, le
plaisir que j'eus à les fréquenter.

*Brève dissertation sur le mot* RENAISSANCE *et
pourquoi il ne se trouve pas en tête de ce chapitre.*

Le mot prête à confusion. Il a été employé dans
des sens fort différents. Il faut remonter à son
origine, car il fut appliqué par des hommes dont
les vues en art étaient précises et fausses.

Le mot Renaissance, dans le langage propre de
l'art, signifie la renaissance des arts sous l'influence
de l'antiquité retrouvée. Il implique qu'il y a,
dans l'histoire de l'art, deux moments : la période
antique, et celle où l'antiquité renaît sous une
forme nouvelle, la Renaissance. Cette dernière fut
préparée par les humanistes ; les archéologues
suivirent et enfin les artistes s'y rallièrent. Comme
on le voit, la marche est progressive et analytique
l'art ne vient qu'à la suite de la science. Telle est
l'acception reçue et exacte du mot Renaissance.

C'est dans ce sens qu'il est dit, sous une gravure populaire que j'eus sous les yeux pendant mon enfance, gravure représentant le roi
François I*er* recevant à Fontainebleau la *Sainte
Famille*, de Raphaël : « Cette époque est celle de
la Renaissance des lettres et des arts en France. »

Elle date ainsi du xvi° siècle en France ; en Italie du milieu du xv°. Elle s'écrit alors avec un grand *R*. C'est bien à tort que l'on parle de la Renaissance de la peinture italienne avec Giotto. L'antiquité n'y est pour rien et tout ce qu'on peut tolérer est que l'on emploie ce mot, mais avec un petit *r*.

Développant cette formule, on découvre qu'il n'y a pas eu de Renaissance en France au xiii° siècle et que le grand mouvement de l'art gothique, dont on peut dire qu'il fut le plus admirable qu'ait vu l'ère chrétienne, ne mérite pas ce nom, car l'antiquité retrouvée n'y a pas contribué. De même il n'y a pas eu de Renaissance en Flandre au temps de quelques peintres évidemment médiocres, Jean et Hubert van Eyck, Rogier van der Weyden, Hugo van der Goes, Memling et autres artistes de mince importance ; non plus qu'en Bourgogne, à la fin du xiv° siècle, alors qu'on y élevait des monuments admirables, du reste mal connus du public cosmopolite qui se presse dans les galeries italiennes, le Puits de Moyse et le portail de la Chartreuse de Champmol.

Il reste que la Renaissance des arts sous l'influence de l'antiquité se prépara en Italie au xv° siècle, avec quelques hommes que l'on indique, et fut importée en France par les expéditions royales, retour de la Péninsule. Voilà quel est exactement le sens du mot Renaissance, fixé par ceux qui le mirent en vogue.

Montrons maintenant la fausseté de ces vues.

En fait les arts n'ont pas attendu que l'on déterrât les œuvres antiques pour renaître. Les races occidentales n'ont pas guetté un signal des humanistes et des archéologues pour combiner suivant leur goût propre des lignes architecturales, pour tailler la pierre à l'imitation de la forme humaine et pour chercher des harmonies de formes et de couleur qui les satisfassent. Cela peut être une opinion d'érudit formée au fond d'un cabinet entre de gros in-quarto ; mais la nature et la vie, dont l'art n'est que l'expression supérieure, ne s'en soucient point.

Il n'y a pas à insister. On sait qu'il y a eu de l'art au moyen âge en France, dans les Flandres, en Allemagne et en Italie.

Pour l'Italie du XVe siècle, la question de l'influence antique a reçu des réponses diverses. L'opinion que je prétends soutenir, et qui recevra les éclaircissements voulus dans les différentes parties de ce chapitre, est la suivante :

En peinture, l'influence de l'antiquité est nulle au XVe siècle.

En sculpture, il y a parfois copies de détail, amusements d'artistes érudits ; la décoration est antique, mais la statuaire se développe sans l'aide de l'antiquité.

Pour l'architecture enfin, l'influence antique se fait sentir dans l'ornement d'abord, dans la conception ensuite. Ici seulement il y a une Renais-

sance selon le sens traditionnel. C'est l'événement
capital de l'histoire de l'art à ce moment. Il a eu
des conséquences si lointaines, et pour nous si
sensibles encore, que nous avons la plus grande
peine — admirateurs ou critiques — à le juger
impartialement. Nous serons obligés de transposer
à un registre inférieur ce qui a été écrit sur « les
chefs-d'œuvre de la Renaissance », lesquels ont
généralement fait perdre la tête aux historiens de
l'art. Les plus modérés vous parlent « de monuments d'une grandeur et d'une perfection dont il
serait difficile de se faire une idée. » J'avoue
n'avoir rien vu de semblable en Italie aux temps
où l'antiquité passionna les architectes et où les
cinq ordres (car il n'y en a pas moins) régnèrent
tout puissants de par l'autorité exhumée de
Vitruve.

Pour conclure cette brève dissertation, disons
que nous employons le mot de Renaissance (avec
un grand R) au sens traditionnel.

C'est pourquoi nous ne l'avons point mis en
tête de ce chapitre, car la meilleure partie de l'art
italien de ce temps et la plus durable a échappé
à l'influence antique.

Pour les raisons que nous venons de donner,
nous renverserons l'ordre suivi jusqu'ici et étudie-
rons la sculpture d'abord, la peinture ensuite,
pour finir par l'architecture, où il sera temps de
parler de l'antiquité retrouvée.

## *LA SCULPTURE AU XV<sup>e</sup> SIÈCLE*

Deux époques d'art se laissent distinguer dans le xv<sup>e</sup> siècle florentin. Brunellesco. Ghiberti, Jacopo della Quercia, Donatello, Luca della Robbia sont dans la première. La seconde, la plus riche en monuments, a les Desiderio da Settignano, Benedetto da Majano, Verrocchio, Andrea della Robbia, Rossellino, Pollajuolo, Agostino di Duccio et quelques autres. La première a plus d'originalité et de grandeur: dans la seconde, la manière apparaît déjà : il y a quelques œuvres très fortes et un grand nombre d'œuvres trop faciles ; souvent, avec un grand charme, de la sécheresse.

Ici nous n'avons guère qu'à dire nos préférences : le champ a été labouré par de maîtres travailleurs. Combien y a-t-il d'histoires de la sculpture florentine ?

On cherchera Ghiberti (1378-1455) à Or San Michele, au Baptistère, au Musée. Le Baptistère reste la grande œuvre ; mais, quelle que soit la beauté de la matière et la patine du bronze ; quels que soient les agréments de détail, l'élancement gracieux des personnages, qui donne comme une note d'un gothique un peu mièvre, quelles que soient l'habileté du sculpteur, la richesse de la composition, l'abondance des feuillages, je ne puis

dire avoir éprouvé en face de ces portes une
grande émotion. On est obligé de se pencher sur
elles, de prendre une lorgnette pour distinguer les
scènes du haut. Cela ne se lit pas d'ensemble ; on
aimerait détacher de sa place telle figurine exquise
et l'avoir sur sa table de travail pour la palper à
son aise. C'est une série de ravissants bibelots ; je
n'y puis guère voir autre chose. Je sais que toutes
les portes connues, byzantines et autres, ont été
faites ainsi de petits panneaux ; mais ce n'est qu'un
fait et je le juge. La seconde porte, celle du *Paradis*, a eu une influence énorme sur les destinées
de la sculpture. Elle a créé le genre du tableau en
relief. Je préférerai toujours un tableau peint à un
tableau sculpté.

Vasari, sur tous ces maîtres florentins, est amusant à lire, et le *Cicerone* contient les détails
nécessaires sur l'entourage des grands hommes.

Donatello (1386-1466) est une personnalité puissante : l'image qu'il donne de la vie est passionnée,
et la diversité de son œuvre montre un esprit qui
ne se satisfait point dans une réalisation une fois
trouvée, mais qui veut incessamment créer sa
forme plastique.

Au Musée national, une salle entière lui est consacrée, moulages et originaux : le *Saint Georges*,
jeune figure des plus attachantes de l'art florentin ;
le *David* d'un si beau bronze, qui éveille un sentiment indéfinissable ; les fiers bustes connus de
tous, un *Saint Jean*, des bas-reliefs, et au centre

en plâtre, *Gattamelatta* sur son lourd cheval de
guerre. Au Campanile, quelques-unes des figures
en ronde-bosse sont de lui : le *Zuccone*, la plus puissante et la plus expressive des créations de ce temps ;
à Or San Michele, un *Saint Pierre* et un *Saint
Marc ;* à la Cathédrale, le *Poggy*, *Josué* et le beau
*Saint Jean;* à la Loggia dei Lanzi, une *Judith.*
Au musée du Dôme, sont les deux tribunes
célèbres des chanteurs, de Luca della Robbia et de
Donatello. L'effet d'ensemble de celle de Donatello
est incontestablement supérieur. Peut-être se plaira-
t-on davantage aux détails de l'autre ; pour moi, je
préfère ensemble et détails, celle de Donatello,
avec la délicieuse effronterie de ses enfants déban-
dés parmi les roses. A Prato, on verra une chaire
extérieure du même thème décoratif : à Santa Croce,
un *Christ* en bois, sec et douloureux : au Baptistère,
une *Madeleine* décharnée et un tombeau ; à San
Lorenzo, des décorations dans la sacristie et
une composition puissante et dramatique, les
panneaux en bronze des deux chaires (terminés
par un élève, Bartoldo). Entre toutes ces œuvres
du maître, deux surtout restent vivantes devant
moi : le Zuccone, grande figure maigre et pensive,
me regarde du haut de sa niche du Campanile et
je vois aussi tourbillonner devant mes yeux les
scènes tourmentées des chaires de San Lorenzo.

Le plus grand sculpteur de l'époque, à côté de
Donatello, est le Siennois JACOPO DELLA QUERCIA
(1371-1438). Florence n'a pas une œuvre de lui ;

on en trouvera à Lucques, à Sienne et plus tard à
Bologne. Les lourdes draperies agitées, l'ampleur
des gestes, la plénitude des figures, le sentiment
de la vie s'exprimant non par des recherches de
détail mais par l'effet d'ensemble, la noblesse de
l'allure et un certain air de grandeur que l'on ne
voit pas souvent dans la statuaire italienne, mettent Jacopo della Quercia au premier rang des
maîtres de son art, entre Giovanni Pisano et
Michel-Ange. Les siècles ont été durs pour lui ;
son œuvre la plus importante, la fontaine Gaja, à
Sienne, est ruinée et les figures éparses gémissent
dans une salle de l'Œuvre du Dôme où leur
manquent la caresse de la lumière et le plein air.
Mais il survit dans tous ces débris, figures de
femmes assises, dressant leur tête fière et mutilée,
une impérissable beauté. A moitié rongées, elles
palpitent pour moi d'une vie plus intense que les
œuvres les plus raffinées des Florentins. A Sienne,
les fonts baptismaux ont une moindre perfection.
Les statues de bois de San Martino sont intéressantes [1].

A Lucques, il y a un grand dessus d'autel à
San Frediano, et à la cathédrale le beau tombeau
d'Ilaria del Caretto, dont la frise est Renaissance,
mais dont le sentiment est gothique. On verra
plus tard, à Bologne, le portail de Saint-Petronio.
—Avec LUCA DELLA ROBBIA (1399-1482) s'achève le

---

[1] A rapprocher de la Vierge entrée récemment au Louvre.

premier cycle de la sculpture du xvᵉ siècle. Il est
de moindre originalité que les deux hommes dont
nous venons de parler; il simplifie davantage,
aime moins le mouvement et s'attache à un type
plus régulier de figures. La chaire déjà citée, les
portes de bronze à la sacristie de la cathédrale, un
tombeau, montreront sa valeur de sculpteur. L'invention qu'il fit de l'émail à appliquer sur les
terres cuites peintes, eut un succès inouï et, trois
générations durant, fournit à l'Italie les innombrables œuvres, et parfois chefs-d'œuvre, que
chacun connaît.

La seconde moitié du siècle est remplie par
des recherches tout de même plus médiocres. Je
n'indique dans un sujet si banal que l'essentiel,
laissant aux livres spéciaux le détail. DESIDERIO DA
SETTIGNANO (1428-1464), auteur du plus parfait des
tombeaux à l'italienne, celui de Carlo Marzuppini,
à Santa Croce ; ANDREA DELLA ROBBIA (1437-1528),
qui fit une infinité de choses, entre lesquelles les
délicieux bambins emmaillotés au portique des
Innocenti ; les deux ROSSELLINO (1409-1464 et
1427-1478), qui ont de la grâce; BENEDETTO DA
MAJANO (1442-1497) très représentatif de son temps,
et par la sécheresse et par le charme. MINO DA
FIESOLE (1431-1484); ici la facilité l'emporte; il y
en a trop. Entre ces artistes, éminent les POLLA-
JUOLI (1429-1498), buste au Musée, Hercule et Antée
et tombeaux à Saint-Pierre de Rome, et ANDREA

Verrochio (1435-1488), auteur du plus certain des chefs-d'œuvre de la statuaire italienne, la statue équestre de Bartolommeo Colleoni, que l'on voit devant Saint-Jean et Saint-Paul à Venise. Et j'aime aussi beaucoup le *Saint Thomas et le Christ* à Or San Michele. Ces hommes-là ont quelque chose d'énergique et de voulu qui manque aux aimables sculpteurs florentins que nous avons cités plus haut.

Florence et la Toscane permettront les études les plus complètes sur la sculpture du xv⁰ siècle. Ce fut une grande et belle époque, mais je la voudrais situer dans l'ensemble de l'art contemporain.

Si l'on prend, comme point de comparaison, la date du concours pour les portes du Baptistère (1402), on trouvera qu'il y avait alors à Dijon, une école florissante. C'est de 1387 à 1393 que Jean de Marville et Claus Sluter sculptent les statues du Portail de la Chartreuse de Champmol; c'est de 1395 à 1402, que Claux Sluter et son atelier élèvent le Puits de Moïse; c'est de 1383 à 1412, que le même atelier, depuis Jean de Marville jusqu'à Claux de Werwe, érige le tombeau de Philippe le Hardi; et cette école continue au xv⁰ siècle avec des œuvres comme le Portail de La Ferté-Milon, les statues funéraires de Charles de Bourbon et d'Agnès de Bourgogne, à Souvigny; le tombeau de Jean sans Peur, celui de Philippe Pot.

Voilà des monuments dont le souvenir me han—

tait lorsque je courais la Toscane. Je trouvais des qualités différentes aux figures de Donatello et de della Quercia : mais elles n'effaçaient pas l'image persistante des œuvres bourguignonnes.

Je songeais que le Portail de la Chartreuse est d'un quart de siècle antérieur aux premières créations importantes de Donatello et que les personnages qui y sont sculptés sont d'une beauté plastique, d'une vérité, d'une noblesse et d'une élégance. qu'aucune œuvre italienne de ce temps n'atteint ; que la France. déjà maîtresse incontestée de la statuaire au xiiiᵉ siècle, avait vu. dès la fin du xivᵉ, une école nouvelle fleurir au duché de Bourgogne et créer, sans le secours ni de l'Italie, ni de l'antique, une admirable forme d'art... je songeais à ce que j'avais vu et aimé sur le sol bourguignon et je m'affligeais de la désespérante continuité des partis pris, de la moutonnière indifférence du public, qui ne sait pas encore quelles sont nos richesses et qui va répétant sans fin les mêmes lieux communs. Qu'il soit indiqué ici, comme rappel au touriste d'art en Italie, que, sans conteste, le plus beau monument européen de la fin du xivᵉ siècle est le Portail de la Chartreuse de Champmol à Dijon ; qu'au début du xvᵉ ce ne sont pas les panneaux de Ghiberti, mais le Puits de Moïse, qui représente la forme plastique la plus haute, et qu'enfin il cherchera vainement en Italie un tombeau contemporain qui s'égale à celui de Philippe le Hardi.

Quelles sont les caractéristiques de la sculpture italienne de ce temps ?

Les recherches du nu s'y développent, mais sont encore exceptionnelles. D'autre part les influences de l'orfèvrerie continuent à se faire sentir, — la finesse, la grâce, l'élégance. parfois la mièvrerie et la sécheresse viennent de là. La statuaire a peine à être monumentale. Elle subit encore les conséquences d'un développement architectural bâtard. Peut-être, en Italie, l'individualisme est-il plus accentué? Je n'aborde ce point qu'avec beaucoup de réserve. Lorsque nous aurons des études complètes sur l'école bourguignonne, peut-être y verrons-nous des individualités aussi différentes que celles de Ghiberti et de Donatello.

Les influences antiques ne pèsent pas lourd dans l'œuvre originale de ce temps, que le naturalisme domine. Cela est indiqué partout. et je ne m'y arrête pas.

Dans la décoration, le style classique reparaît et n'a pas de peine à ruiner l'ornement gothique dont l'Italie n'avait jamais apprécié la féconde beauté. Y a-t-il progrès ici? — Je le nie. Je sens la grâce de ces rinceaux maniés par les hommes d'un goût si fin qui firent la Renaissance italienne ; mais comment oublier que cette heure a pesé sur les quatre siècles qui nous séparent d'elle et qu'à partir de ce moment l'adaptation, parfois intelligente, et souvent la copie maladroite de formules décoratives anciennes ont remplacé l'invention

personnelle et la libre recherche dans le monde
des formes vivantes? Rien n'a été plus funeste à
l'art qui n'existe qu'à la condition de se créer continuellement, qui ne vit que d'efforts individuels.
L'hypnotisation produite par l'ornement antique
a porté un coup mortel à l'invention. Eût-il été
cent fois plus beau, on aurait dû le bannir! Il y
a plus de vie selon l'art dans un grossier entrelac
mérovingien que dans la copie de la plus belle
corniche romaine. L'un est création, l'autre imitation. Depuis ce temps l'imitation a dominé les
styles décoratifs.

### NOTICE SUR LE TOMBEAU AU XV° SIÈCLE

Le xv° siècle italien a trouvé une forme nouvelle
de tombeau, dont les exemplaires les plus notables
se voient à Santa Croce, celui de Leonardo Bruni
d'Antonio Rossellino, celui de Carlo Marzuppini
de Desiderio da Settignano, et que l'on retrouve
avec variantes dans un grand nombre d'églises.
Le tombeau est adossé dans une niche peu profonde, grand sarcophage de forme élégante, à
griffes de lions, que surmonte pour l'ordinaire un
lit de parade sur lequel le défunt est représenté
étendu; au dessus, dans la lunette, une Madone
ou les saints patrons ; les pilastres des deux côtés
de la niche, l'arc supérieur, son couronnement,
reçoivent une décoration à l'antique ; des enfants
nus, Génies, Amours, y tiennent des guirlandes de

fleurs ou portent l'écu du mort; le tout est fort
brillant et du plus riche effet.

Ici ce n'est pas l'exécution que je critique,
laquelle est souple, infiniment. mais la conception où se trahit ce quelque chose de théâtral,
d'apprêté et de factice qui semble propre à la
Renaissance italienne. Mettez en comparaison les
tombeaux du xiii⁰ et du xiv⁰ siècle français, ou
encore ceux de Dijon, avec les tombeaux toscans
du xv⁰ siècle.

Dans les premiers. le mort est couché, dans ses
vêtements ou dans son armure. sur un sarcophage
isolé peu élevé au-dessus du sol; à ses pieds un
animal familier dort. ou une bête héraldique prise
de ses armes. Grave, ne prêtant pas l'oreille aux
bruits de la foule. aux pompes de l'Eglise,
recueilli et comme absorbé en lui-même. seul, il
attend. — Ici, au contraire, que voyons-nous ?
Escorté de Génies porteurs de guirlandes. le défunt,
revêtu d'habits somptueux, est étendu sur un lit
de parade. Rien n'invite au recueillement ; nous
sommes à une fête où l'on ne parle pas de la
mort. Mais il y a plus. le gisant, sur une couche
trop élevée, échapperait aux regards s'il reposait
normalement à plat. Aussi le présente-t-on sur
un plan incliné. regardant le spectateur et s'offrant
à lui. au rebours de tout bon sens, de toute
logique, je dirai de tout respect.

Le moyen âge entoure la mort de sérieux, de

gravité. En face d'un tombeau gothique, on se
recueille, l'art élève et ennoblit la pensée. En face
d'un tombeau italien, on ne songe qu'à l'habileté
du sculpteur. Il n'a tâché qu'à briller, qu'à se
faire valoir. Il n'y a dans son œuvre aucune émotion profonde.

Ce sont là des choses essentielles, et l'on aurait
tort de ne pas regarder quelquefois l'art de ce
point de vue.

.·.

On trouvera au xv° siècle une série d'œuvres
polychromes, suite charmante de traditions médié-
vales. Je ne parle pas de l'argile émaillée des
della Robbia, mais de la statuaire en bois ou stuc
peints. Au retour d'Italie, qu'on entre au Musée
du Louvre qui possède une des plus belles pièces
polychromes que je connaisse, une *Madone avec
l'Enfant*. La Renaissance ruinera ces délices. A
ses débuts, elle accueillera parfois encore la polychromie architecturale : mais le développement
des principes de l'école néo-classique amènera
bientôt l'implacable sévérité grise de la matière
et bannira ce qui avait été une fête pour les yeux
amoureux de couleur en des siècles plus favorisés
et plus libres, ceux où l'on construisait le Parthénon ou Notre-Dame de Paris.

Dans la seconde moitié du siècle, la statuaire
va s'amenuisant; l'habileté technique est devenue

grande : il y a, dans les ateliers florentins, des formules qui s'enseignent et se répètent. On voit une œuvre, on est ravi ; on en voit dix et c'est trop. Le *joli* de la sculpture s'accuse ; les grandes lignes, les qualités de l'ensemble disparaissent. A côté de l'art trop facile d'un Mino da Fiesole, les œuvres plus rares d'un Pollajuolo, d'un Verrocchio, se font une place à part dans la mémoire. Et les bronzes de ce temps sont d'une si belle matière ! et les siècles l'ont patinée si amoureusement !

Le Musée national offre des séries complètes : les églises ont encore un nombre considérable de tombeaux et de plaques funéraires. Enfin il faut courir la Toscane, comme nous l'avons fait précédemment pour le xiv⁰ siècle. Dans toutes les petites villes, riches un jour et indépendantes, la vie fut intense aux siècles du moyen âge. L'art conserva dans chacune d'elles un caractère local ; certains maîtres restent attachés à leur lieu de naissance. En outre certaines villes ont accaparé certains sculpteurs. On ne connaîtrait pas un des bons artistes de la seconde moitié du siècle si l'on n'allait chercher à Lucques les œuvres indigènes de Matteo Civitali (1435-1501). Rimini et Pérouse sont indispensables pour révéler Agostino di Duccio (1418-1481).

## LA TRANSITION

Plusieurs maîtres, contemporains de Michel-

Ange ou ses aînés, forment la transition. Ceux-là nous acheminent vers la Renaissance, en ceci que l'antiquité les trouble et que, vis-à-vis d'elle ils ne sont plus libres. Mais — est-il nécessaire de le dire? — ils ne font pas des œuvres antiques. Voulant se rapprocher d'un idéal qui leur est extérieur et étranger, ils perdent la spontanéité, les qualités de franchise et l'accent personnel que l'époque antérieure avait montrés. De là le caractère plus banal, plus quelconque, de leurs productions. Le meilleur d'entre eux est ANDREA SANSOVINO (1460-1529), dont on verra le groupe assez noble du Baptême du Christ au Baptistère et plus tard des tombeaux à Rome. RUSTICI (1474-1554), au Baptistère aussi, m'est assez indifférent. Si l'on a beaucoup de temps à soi, on pourra, à l'aide du *Cicerone*, étudier cette époque à laquelle manque la plus essentielle des qualités, la vie.

## LE XVIᵉ SIÈCLE

### MICHEL-ANGE

Florence est enfin la ville de MICHEL-ANGE (1475-1564), la plus surprenante personnalité de l'art italien, la plus titanesque, la plus disproportionnée et pourtant la plus humaine. Michel-Ange

identifia les contraires dans sa forte individualité ;
nul ne fut plus hanté par les modèles du passé
païen, ne les étudia davantage, ne voulut avec
plus de persistances en approcher ; et aucun sculpteur n'a contribué autant que lui à faire passer
dans l'art les idées les plus opposées aux conceptions anciennes et n'a détruit plus absolument la
sérénité de l'œuvre antique.

Dans l'époque classique, disparue à jamais avec
la ruine du paganisme ; dans le moyen âge, où
le monde chrétien se crée une forme plastique, la
tradition jouait un rôle considérable. Le développement des types et des sujets sacrés était l'objet
principal de la statuaire. Maintenant l'époque moderne commence.

Avec Michel-Ange c'est le développement non
de thèmes traditionnels, mais de la personnalité
affranchie de toute entrave et de sujets et de
règles ; c'est l'expression du drame humain, cherché non pas extérieurement, mais dans l'homme
lui-même ; c'est un effort inouï pour agiter le
marbre et y faire palpiter la passion d'être. L'artiste ne reflète pas le monde extérieur ; c'est lui-
même qu'il veut exprimer. Son œuvre m'apparaît
ainsi comme l'extériorisation voulue et consciente
d'une individualité, une création du dedans au
dehors, et Burchkardt me paraît avoir résumé
cette position excellemment lorsqu'il dit : « Il
semble que Michel-Ange ait eu de l'art qui crée
le monde et le postule une idée aussi systématique

que certains philosophes l'ont eue du moi qui,
selon Fichte, crée l'univers. »

Vous trouverez à la Casa Buonarrotti les premières
œuvres du maître où, à dix-sept ans, il se révèle
déjà puissant. Au Musée national, une suite
importante, le *Bacchus ivre* au regard fixe, l'*Ado-
nis mort*, la *Victoire*, d'un mouvement si violent,
l'admirable relief de la *Madone avec l'Enfant* —
que cela est donc magistral ! — le buste à peine
dégrossi de *Brutus*, l'*Apollino* ; à l'Académie, le
colossal *David*, qui, dans l'ensemble, n'est pas la
plus heureuse de ses créations ; enfin, à San Lorenzo,
les tombeaux des Médicis. — La chapelle est vraiment le lieu par excellence où se révèle Michel-
Ange. Le contact de ces œuvres prodigieuses
a toujours éveillé en moi une espèce de trouble
et d'inquiétude. C'est le propre des figures de
Michel-Ange de vous surprendre et de vous em-
porter, de par l'impérieuse volonté de celui qui
les suscita, dans un monde de pensées doulou-
reuses et passionnées, de rêves intenses où
s'agitent des forces primitives, tendues dans un
effort désespéré, frémissantes et comme accablées
de ne pouvoir se réaliser. J'aime à appliquer à
l'œuvre de Michel-Ange, par transposition, ces
beaux passages de Schopenhauer. « Notre dépendance, notre lutte contre une nature ennemie,
notre volonté brisée dans le combat, tout cela nous
apparaît alors bien visiblement... » et plus loin :
« C'est là l'impression achevée du sublime. Ce qu

le produit, c'est l'aspect d'une puissance incomparablement supérieure à l'homme et qui menace de l'anéantir... »

Aussi est-ce bien à tort que l'on demande des impressions agréables aux œuvres de ce maître. Elles sont disproportionnées et n'ont pas cette apparence de vérité extérieure qui plaît à tous. Jamais têtes humaines ne reposèrent sur nuques pareilles; jamais être vivant ne put dormir dans la pose forcée de la *Nuit*. Elles manquent de charme ; la grâce en est absente et la naïveté : tout y est préméditation, volonté. — Enfin elles sont pour la plupart non terminées. Il semble qu'arrivé à un certain degré dans sa lutte avec la matière, Michel-Ange se soit brusquement détourné, au moment où il pouvait dire au marbre qu'il domptait : « Arrêtons-nous; maintenant j'ai mis ma vie en toi. Inachevé et en partie non dégrossi, une passion pourtant est incarnée dans ta dure substance, qui la perpétuera à jamais, signe visible pour tous les hommes des combats qui se sont livrés en moi. C'est assez. »

Il faudra lire la vie de Michel-Ange dans Vasari ou dans son biographe Condivi. Elle fut sombre et prise dans des luttes incessantes. Ce qui reste de lui ne sont que les ébauches de conceptions gigantesques. Il se colleta avec des tâches inouïes. Un dessin que l'on me montra dans un manuscrit à la Laurentienne le représente dressé sur les orteils, tout le corps tendu pour jeter plus haut la

main armée d'un pinceau qui décore une voûte,
celle de la Sixtine sans doute. Tel reste fixé dans
ma pensée cet homme prodigieux.

A le situer dans l'ensemble de l'histoire de la
sculpture, il ne diminue pas, car si on lui trouve
des ancêtres, Jean de Pise et Jacopo della Quercia,
son génie l'emporte. Il ouvre une ère nouvelle ;
par lui l'époque, qui fut si belle et si grande, du
moyen âge est définitivement rayée, et entre dans
le monde, avec ses défauts, ses passions, son
outrance, ses beautés tragiques et ses faiblesses,
la sculpture moderne, la nôtre.

Après Michel-Ange l'art resta profondément
troublé. Comme toute individualité puissante, il
suscita de nombreux imitateurs. Dans les jardins
et musées de Toscane, on voit ce que fut, entre
leurs mains, le style michelangelesque. C'est l'affaire
aux livres spéciaux de dire les ateliers du maître
et ses élèves. Mais Michel-Ange n'est pas responsable de la médiocrité du siècle. Ce n'est pas sa
faute, mais celle d'un millier de circonstances
politiques et sociales, si l'Italie de ce temps ne
produit plus des hommes et, fatiguée de tant de
luttes, se laisse aller aux dominations étrangères.

On verra, sans qu'il soit besoin de s'y attarder,
ce que furent Montorsoli, Raphael da Montelupo,
Guglielmo della Porta, la faiblesse boursouflée de
Bandinelli, la maladresse d'Ammanati.

On aura aussi à chercher au musée et à la Loggia

dei Lanzi, les deux ou trois œuvres d'un des hommes les plus connus de ce temps, BENVENUTO CELLINI (1500-1572), qui est beaucoup plus intéressant la plume à la main que le ciseau. Il faut le lire et non le voir. Un modèle du *Persée*, au Musée national, est pourtant bon.

Dans la seconde moitié du siècle, c'est un Français acclimaté en Italie, qui est à la tête des maîtres de son temps. JEAN BOULOGNE (1524-1608), de Douai, que l'on préfère appeler (cela sonne mieux) Giambologna. La reproduction a popularisé son *Mercure*. Il y a, à Florence, ses pièces les plus importantes. Avec tous les défauts de l'époque, la superficialité, le goût du théâtral, le convenu, l'académisme, c'est encore ce qu'il y a de mieux à ce moment-là.

Je crois qu'arrivé à ce point vous aurez épuisé les jouissances sculpturales que peut offrir la Toscane. Lorsque vous aurez étudié cet ensemble qui va des raides sculptures romanes aux figures contournées du XVIIe siècle, vous pourrez élaborer des idées générales sur la statuaire florentine.

## Le progrès

C'est à tort qu'on applique le mot de progrès à l'évolution d'un art. Il implique l'idée d'un point de départ, généralement médiocre, puis d'améliorations successives et enfin d'un feu d'artifice final, après lequel on prononce le mot de décadence. Il faut voir ici non point la traduction de faits réels, mais une simple façon de parler, une manière toute subjective de l'esprit, qui aime à imposer aux choses un principe de liaison qui lui est personnel. Appliqué aux choses, il supposerait un *substratum*, concret et permanent, qui subirait les modifications indiquées, tout en restant essentiellement le même. Il n'en est pas ainsi en réalité : l'art de la sculpture n'est pas ce quelque chose de substantiel que nous évoquons pour la commodité du langage. Ce n'est qu'un terme abstrait sous lequel nous rangeons une pluralité de faits ayant des caractères communs.

En fait, il n'y a pas progrès de la statuaire, pas plus, comme l'a finement remarqué M. de Gourmont pour la littérature, qu'il n'y a décadence. Il y a des états successifs, voilà tout ce que l'on peut dire ; quant à l'enchaînement des uns aux autres, c'est nous qui le mettons dans les choses où il n'est pas. Voyez en Italie où les critiques veulent nous faire voir une lente progression, une série d'efforts qui n'atteignent leur réalisation complète qu'en Michel-Ange.

Lorsque Nicolas de Pise fait son œuvre à l'aide de modèles antiques, c'est, après la déplorable statuaire romane, un coup d'éclat. L'art est-il lancé sur une voie qu'il va suivre ? Pas du tout. Jean de Pise est influencé non par son père, mais par le style gothique. Après lui, il n'y a aucun progrès au XIVᵉ siècle, à la fin duquel on fait des

œuvres très médiocres, et personne ne pourrait
faire sortir logiquement des écoles de ce temps
l'art qui lui succède immédiatement de Ghiberti,
de Donatello, de Jacopo della Quercia. C'est un état
nouveau de la sculpture italienne, lequel est fort
brillant. Puis elle s'abaisse à nouveau; l'originalité
diminue; on va vers le poncif; les ateliers florentins sont d'une activité extrême; mais la quantité
ne remplace pas la qualité. Qui aurait prédit, à
voir la production de 1490, le coup de tonnerre
prochain qu'allait être Michel-Ange? Et après ce
grand homme, nous disons que l'art est épuisé,
que la décadence commence et qu'il a vidé la
coupe que des générations avaient emplie. C'est
encore une façon de parler. Il y a, cela est certain, un abaissement général de la faculté plastique dès le xvi<sup>e</sup> siècle, auquel nous pouvons donner le nom de décadence. Mais nous n'avons pas
le droit d'introduire arbitrairement un rapport de
cause à effet entre l'action créatrice de Michel-
Ange et l'œuvre médiocre de ses successeurs.

## LA PEINTURE. — XVᵉ SIÈCLE

Toutes les histoires de l'art, depuis Vasari jusqu'aux plus récentes monographies allemandes,
vous enverront à l'église du Carmine où sont des
fresques peintes par un génial jeune homme,
mort à vingt-sept ans en 1428. Tous les écrivains
d'art vous donneront avec une justesse égale les
pensées nécessaires qu'éveilleront en vous ces
œuvres célèbres ; connaissant préalablement le développement ultérieur de l'art du xvᵉ siècle, ils
vous le montreront en devenir dans les fresques
de Masaccio et concluront que, celles-ci étant
posées, tout le reste peut s'en déduire. Ils vous
diront aussi que Masaccio est à la peinture de ce
temps ce que Donatello est à la sculpture, qu'il
est pour le xvᵉ siècle, ce que Giotto fut pour le xivᵉ,
ce que Raphaël sera pour le xviᵉ. On peut continuer ainsi longtemps ; mais je n'aime pas beaucoup ce genre de récréation.

Je dirais presque, si je ne craignais d'être accusé
de paradoxe, n'allez pas au Carmine, mais achetez
les photographies de ces fresques, lesquelles ont
été sans doute fort belles, mais qui ne le sont
plus, tant elles ont changé, tant elles ont noirci.
Plutôt qu'une jouissance esthétique, le sentiment
qui vous tient devant elles est celui de la recherche
historique. Et puis la lumière fait défaut ; l'éclai-

rage est abominable, et il convient d'élever à ce
sujet une protestation générale.

*Protestation générale contre l'éclairage des fresques
italiennes du XV° siècle et contre les causes
adventices qui en empêchent la vue.*

Je dis et maintiens qu'il est à peu près impossible de voir les fresques de ce temps en Italie
par la défectuosité de l'éclairage et par le noircissement qu'elles ont subi. On est obligé de chercher comme à tâtons les figures et de deviner
l'action ; lorsqu'on peut voir un détail, l'ensemble
échappe ; quand celui-ci subsiste, ceux-là ne sont
plus lisibles. Je dis qu'il faut peiner devant les
œuvres les plus considérables de ce temps et que
seul notre grand respect peut nous obliger à des
tâches aussi ardues ; que le plaisir que l'on devrait
en attendre est singulièrement diminué ; que l'on a
des déceptions inévitables et qu'enfin la faute n'en
est pas toujours aux ravages du temps, mais que
les peintres eux-mêmes doivent en être rendus
responsables, lesquels acceptèrent de peindre
leurs œuvres dans des conditions déplorables
d'éclairage et employèrent souvent des matières
insuffisamment expérimentées qui ont subi de
grands changements. Je m'élève, en outre et sub-
séquemment, contre les chapitres des églises,
contre la bande des chanoines, curés, vicaires,
diacres, clercs, bedeaux et sous-bedeaux, qui ont

fait placer rideaux, écrans, paravents, tentures et
entières parois de bois devant les fenêtres pour
préserver leurs vieilles têtes de possibles courants
d'air. Je proteste d'une façon générale contre
l'usage des cierges et de l'encens, dont la fumée
encrasse maints chefs-d'œuvre, contre les remaniements que d'imbéciles architectes ont apporté
aux églises anciennes, contre les grattages et les
barbouillages des bousilleurs rococos et baroques!

Quelle satisfaction attendre d'une visite au Carmine, sous cette voûte en trompe-l'œil que l'on est
obligé de regarder avant d'arriver à la sombre
chapelle décorée par Masaccio? Encore peut-on
apercevoir, avec peine, mais sans plaisir, ces fresques noircies — mais je défie que l'on puisse
tirer aucune impression de la fresque du même
peintre au mur intérieur de Santa Maria Novella.
Et croyez-vous que dans la même église les fresques
de Ghirlandajo, un des chefs-d'œuvre de ce siècle,
représentent pour nous, dans leur état actuel, ce
qu'elles étaient pour lui? Non seulement l'éclairage
est défectueux et des pans entiers du mur au retour de la fenêtre disparaissent dans une obscurité
que l'œil ne peut percer; mais, dans les parties les
mieux éclairées, le temps a fait son œuvre et a
noirci l'ensemble, effrayamment. On cherche, le
nez sur le mur: on trouve des figures ravissantes,
de nobles silhouettes de jeunes gens, des femmes
exquises de grâce et de lignes souples. D'impression générale vous n'en avez pas; — pourtant, c'est

un ensemble décoratif que ce peintre avait combiné
et non une série de personnages indépendants les
uns des autres. Dans ce qui fut une riche unité
harmonieuse. nous devons nous contenter de gla-
ner des détails. Les fresques décoratives de Ghirlandajo ont. comme telles. disparu depuis longtemps ; ce n'est que par politesse que l'on en parle
ainsi ès livres de critiques. En fait. ce n'est qu'un
recueil de types et d'individus épars que l'on
regarde successivement. L'œuvre réelle de Ghirlandajo dort paisible sous une couche épaisse de saleté,
dans l'ombre protectrice de l'église, et ne montre
que de séduisants fragments. juste assez pour vous
exciter à demander davantage.

Qu'avez-vous vu. touristes mes frères. de la
somptueuse fresque de Benozzo Gozzoli au Palais
Riccardi? D'ineptes seigneurs. sans aucun doute
protecteurs des arts en leur siècle. en détruisirent
une partie pour agrandir l'escalier. Qui n'a admiré
— à moins que cela ne l'ait fait pleurer ! — l'ingéniosité du gardien armé d'un large écran couvert
de papier de plomb, par le moyen duquel il envoie
de successifs reflets sur les fresques et. prestigieux
nécromancien. évoque un à un de l'ombre les chevaliers rois mages du cortège? C'était un ensemble: nous n'en avons que les morceaux. Ici
une mesure radicale s'impose : fermer herméti-
quement la lucarne par laquelle filtre une insuffisante lumière et installer au milieu de la pièce
exiguë une blanche lampe à incandescence. Alors

pour la première fois depuis qu'elles ont été peintes seront visibles les fresques dont tous parlent, mais que nuls n'ont vues, où Benozzo Gozzoli représenta les rois mages sous les figures des plus nobles princes de son temps.

Prenez les ouvrages estimés de Paul, de Pierre et de Jean, vous verrez que, par une convention tacite, on parle de ces fresques, comme si on les pouvait regarder. L'assemblée des critiques me paraît semblable à la compagnie à qui le singe montrait la lanterne magique, sans l'avoir, au préalable, allumée.

Que le *Voyage Idéal* soit un témoin sincère et dise les choses telles qu'elles sont : les fresques maîtresses du xv° siècle s'entourent de mystère; seule la photographie donne de l'ensemble de chacune d'elles une image approximative.

Après cette solennelle et platonique protestation, continuons le cours de nos visites, faisant, comme chacun, semblant de voir.

.·.

Au Carmine, aidé par les photographies, vous devinerez des choses fort belles. Adam, accablé, cachant sa figure dans ses mains, Eve, levant au ciel sa face douloureuse, s'en vont à pas lourds, chassés du jardin du Paradis. Ce sont pour l'Italie les meilleures figures nues que l'on ait encore dressées. C'est là que l'on a voulu voir une partie de l'idéal du xv° siècle, la meilleure.

Le nu a fait déraisonner à plaisir. On a pris au sérieux une phrase de Benvenuto Cellini où il est dit que la fin de l'art était de mettre debout une figure nue, et l'on a cru que c'était vraiment les recherches les plus hautes qui puissent absorber un artiste.

Que le nu soit une chose admirable, que son étude soit nécessaire, qu'il ait fourni la matière de chefs-d'œuvre divins — qui, plus que moi, aime la *Vénus* du Titien ou l'*Amour sacré*, ou les figures qui s'agitent au plafond de la Sixtine? — c'est l'évidence même; mais l'absurdité serait de lui donner une préexcellence qu'il n'a pas et de constituer à son profit un royaume exclusif au sommet de la hiérarchie des genres. Cela ne fut jamais dans la pensée du xv° siècle, ni des bons peintres du xvi°. C'est une idée de professeur chargé d'enseignement. Car de ce que l'on est obligé de faire des « académies » il ne s'ensuit pas que cela soit noble et qu'un vêtement moderne, pantalon et veston, ne le soit pas. De ce que la coulée est superbe d'une hanche de femme arrondie et féconde, la robe d'une grisette et son chapeau n'en sont pas moins dignes de plaire. Et si l'art n'est que l'expression supérieure de la vie, il est certain que dans nos civilisations modernes, le nu, au lieu de constituer le but final de l'art, restera plutôt exceptionnel.

Avant de quitter Masaccio, notez sur votre carnet la date à laquelle furent faites ces fresques,

(1426-1428), et, en rentrant chez vous, passez chez Alinari demander les photographies d'un tableau peint entre 1426-1432, à Gand, par les frères Hubert et Jean van Eyck. Sans parler des instructives réflexions où ne manquera pas de vous induire la comparaison des Adam et Eve contemporains, l'*Agneau mystique* suffira à rappeler qu'à ce moment il y a en Flandre une école de peinture aussi avancée, pour dire le moins, que la peinture italienne de ce temps.

Ces synchronismes ne sont pas inutiles.

Des peintres de cette première période, PAOLO UCCELLO (1397-1475), celui que la perspective empêchait de dormir, il y a une belle bataille aux Offices; ANDREA DEL CASTAGNO (1390-1457), avec une *Cène* assez terrifiante à Santa Appollonia et des figures d'un trait fort net et énergique dans la même salle : DON LORENZO MONACO (1370-1425), peintre de transition : de tous ces hommes, c'est FRA FILIPPO LIPPI (1406-1469) que nous préférons. Aux Offices, à l'Académie, au Pitti, à San Lorenzo, à Prato dans le chœur de la cathédrale, nous l'avons cherché et nous l'avons aimé. Ah ! le beau peintre, quelle saveur ont ses œuvres ! comme c'est mieux peint que la plupart des fresques et tableaux contemporains ! et quel délicieux sentiment ! C'est de lui que Burckhardt écrit : « Filippo est le premier qui ait aimé de cœur la vie jusque dans ses accidents et ses hasards. » Il est vrai que le même critique dit : « Son coloris est généralement

affreux », ce qui est faux. Il n'est pas d'œuvre de
ce temps qui soit d'un coloris plus séduisant que
la *Madone* du Pitti. par exemple. ou d'une harmonie de couleurs plus tenue que l'*Annonciation*
de San Lorenzo. Ce sont des qualités rares chez
les quatrocentistes florentins. Nous sommes à
un moment exquis de l'art italien. Ce qui est
charme sans affectation deviendra vite affectation
sans charme. Botticelli, l'élève de Filippo, sera
entre les deux, le charme et l'affection se livrant
chez lui des combats d'issue inégale. Et chez
Filippino (1459-1504), fils de Filippo, lorsqu'il
arrive à sa maturité, l'affectation l'emporte sans
conteste (les fresques avec architecture Renaissance, de Santa Maria-Novella).

Il est du reste curieux de voir combien Botticelli
jeune (*Madones* aux Offices et au palais Corsini)
est près de Filippo vieux, combien Filippino
dans ses meilleures œuvres de jeunesse (fresque de
la Badia, *Madone* palais Corsini), est voisin de tous
deux. On trouvera ici une occasion d'appliquer les
analyses de Morelli, sur les oreilles et les mains
particulières à chacun de ces maîtres.

Vers le milieu du siècle, Benozzo Gozzoli
(1420-1497) continue la grande tradition de la
fresque. Nous avons parlé déjà de son chef-d'œuvre.
la chapelle du palais Riccardi, qui sera une des
joies de Florence lorsqu'on pourra la voir à la
lumière électrique. Au Campo-Santo de Pise, un
pan de mur énorme fut décoré par lui. L'effet d'en-

semble n'est pas saisissant : mais il y a des détails charmants, attitudes, figures et paysages. On le retrouvera à San-Gimignano.

Par ailleurs ce sont des hommes engagés dans des recherches différentes et qui travaillent avec passion sur des problèmes de technique, de matières, d'huiles et de vernis, de perspective, d'anatomie, de paysage, peintres de peu d'œuvres, mais intéressantes et nerveuses, les POLLAJUOLI qui meurent dans les dernières années du siècle, ALESSO BALDOVINETTI (1427-1499), PESELLINO (1422-1457), et ANDREA DEL VERROCCHIO (1435-1488) avec un tableau certain, le *Baptême du Christ*. Ces hommes-là représentent le côté le plus réfléchi de l'art florentin. C'est d'un de leurs ateliers qu'est sorti sans doute le très beau portrait d'homme au Pitti (n° 372. Salle de Prométhée) attribué à tort à A. Castagno.

Puis vient SANDRO FILIPEPI, dit BOTTICELLI (1447-1510), qui a monopolisé l'attention des imbéciles au point que cela en devient gênant. Pour la plupart il est, ou peu s'en faut, tout le XV<sup>e</sup> siècle. Il y a de lui des choses bien diverses : des toiles d'une banalité et d'une laideur rares, le *Couronnement de la Vierge* à l'Académie (n° 74) : des tableaux religieux, où le sentiment est remplacé par une affectation non dissimulée, l'*Annonciation* des Offices, les grands *tondi* avec anges et enfants ; les tableaux allégoriques et mythologiques, où il y a du bon et du mauvais, le bon étant le *Printemps*,

d'un joli coloris gris, le mauvais, la *Calomnie*,
d'après la description d'Apelles, la *Naissance de
Vénus* étant voisine du *Printemps*. La meilleure, la
plus solide de ses œuvres, est l'*Adoration des
Mages*, et comme composition et comme couleur.
Avec des qualités certaines de charme et des partis
pris de lignes parfois séduisants, il a presque partout des arabesques, des attitudes fausses et
pénibles, — les figures nues ne tiennent pas
debout, — quelque chose de maniéré et de grêle.
Vouloir y chercher, comme on l'a fait, de la
pureté, du primitif et du simple ; y voir un art
naïf et religieux, est d'un comique intense. Ses
Vierges sont d'une sensualité maladive, triste et
raffinée ; et les enfants dont il les entoure, aux
bouches en cerises gonflées, aux boucles molles,
sont des êtres douteux et inquiétants.

Pourquoi résume-t-il, aux yeux du touriste
Cook l'élégance du xv° siècle italien, j'avoue n'y
rien comprendre. Piero della Francesca et D. Ghirlandajo ont plus de grâce et sont de plus grands
peintres.

De D. Ghirlandajo (1449-1494), le chef-d'œuvre est
à Santa Maria Novella. Combien est-il regrettable
qu'on le voie si mal ! La belle *Cène* d'Ognissanti,
celle de San Marco, les fresques de Santa Trinita,
montreront l'école florentine du xv° siècle à son
apogée avant les maîtres définitifs de la Renaissance.

A côté d'eux, il y a les médiocres : Lorenzo di

CREDI (1459-1537) qui, toute sa vie, fit les mêmes
tableaux de piété froide, sauf un jour, où, mieux
inspiré, il peignit la *Vénus* que l'on retrouva
récemment ; PIERO DI COSIMO (1462-1521), qui se
plut à de fantastiques histoires ; COSIMO ROSSELLI
(1439-1507), dont on verra des fresques à la
Sixtine. Nous ne nous arrêtons pas.

Mais il y a en Toscane d'autres maîtres que les
Florentins, et en première ligne, un peintre exquis,
PIERO DELLA FRANCESCA (1420-1492), qui vint d'Ombrie et travailla dans le milieu toscan. Aux Offices,
un dyptique, le duc d'Urbin et sa femme, est une
œuvre d'un haut intérêt d'art et l'on oublie
malaisément ces deux profils fermes et précis,
s'enlevant sur un fond onduleux d'eau et de collines semées de maisons. De ce peintre, d'un fini
si minutieux qu'il semblerait devoir le mener à
la miniature, il est à Arezzo de larges fresques
dans le chœur de l'église Saint-François. Elles
ont souffert, mais la lumière est, chose rare, excellente. Nous fûmes surpris et charmés du puissant
esprit décoratif qu'elles révèlent, de la clarté de la
coloration, du jeu des lumières, de la beauté des
groupes que baigne une atmosphère lumineuse en
des paysages lointains. La matinée où nous fîmes
connaissance de ce peintre séduisant entre tous
fut une des meilleures de notre voyage en Italie.

Enfin il y eut de grands quattrocentistes, dont
l'œuvre n'est pas florentine, et surtout Mantegna

et Luca Signorelli ; nous en parlerons lorsque nous arriverons aux villes où ils ont laissé leurs fresques importantes.

Nous sommes au seuil d'une époque nouvelle. Avec Léonard de Vinci, Raphaël et Michel-Ange, la peinture voit son domaine s'étendre. Jetons un regard en arrière sur le xv{sup} siècle que nous allons quitter.

Il n'est pas douteux que, dès Masaccio, nous sommes en face d'un art affranchi, qui ne se donne plus pour objet de répandre les vérités du dogme et de la morale. Les sujets, par la force de la tradition, restent religieux ; l'Eglise est encore le grand client ; mais il est infiniment rare qu'ils soient abordés dans un esprit religieux. Les œuvres de cette époque disent des recherches techniques, des tendances naturalistes — le portrait, le nu, le paysage — et nous montrent des artistes tout à la joie de créer. C'est un des traits caractéristiques de l'époque et de la race ; elle n'aborde pas les problèmes inquiétants ou, si elle les aborde, ils ne sont pas inquiétants pour elle. La vie lui est un sourire. L'on aime les cortèges, les banquets, les histoires agréables à conter, où la soie, les fourrures, la richesse des parures s'étalent, et l'on arrange les sujets sacrés au goût contemporain. On ne trouvera pas, dans le xv{sup} siècle, Fra Angelico excepté, des pages émues comme la *Lamentation sur le corps du Christ*, de Giotto, à Padoue.

Si l'on songe à ce qu'est l'esprit de ce temps

et aux sujets quel a tradition lui impose, si l'on considère les travestissements que l'on fait subir aux récits sacrés, la réflexion suivante de Schopenhauer apparaîtra juste : « Il est cependant des sujets historiques, dont l'effet est incontestablement mauvais : ce sont ceux qui obligent le peintre à se maintenir sur un terrain limité et arbitrairement choisi, pour des considérations tout autres que celles de l'art ; mais cet effet devient surtout détestable quand le terrain est en outre pauvre en objets pittoresques et importants ; quand, par exemple, c'est l'histoire d'une méchante petite peuplade, isolée, bizarre, gouvernée hiérarchiquement, c'est-à-dire par l'erreur, et méprisée par toutes les nations de l'époque en Orient et en Occident ; car voilà ce qu'étaient les Juifs. »

Les Italiens du XVᵉ siècle ne cherchent aucune vérité historique et transportent les histoires bibliques dans le milieu gai, riant et pittoresque de leur vie quotidienne.

La Renaissance ne fait guère sentir ses effets que dans les architectures des tableaux et, à la fin du siècle, dans les sujets. Botticelli est un des premiers à représenter des mythes antiques — avec lui les Pollajuoli et d'autres. — mais ce qui sera l'objet presqu'exclusif de l'art du XVIᵉ siècle reste encore à l'état d'exception. Le portrait atteint une rare perfection. Il envahit la grande peinture décorative. C'est lui, comme nous le verrons, qui survivra à la décadence générale.

*⁎*

En s'occupant de la peinture au xv⁰ siècle, pourquoi ne pas se faire une collection de types féminins, à l'aide des photographies excellentes d'Alinari ? J'en ai une série sous les yeux : elles ont des traits communs bien remarquables. Les cheveux étaient tirés en arrière pour agrandir le front, qui devait être immense et bombé, cela surtout chez les peintres du milieu du siècle, Lippi, V. Pisano, P. della Francesca, Baldovinetti ; les cheveux étaient arrangés avec perles et torsades ; plus tard on adopte les bandeaux et les boucles encadrant le visage (Botticelli, Ghirlandajo) ; les yeux sont un peu bridés, l'arcade sourcilière arquée, très haute, les lèvres charnues, la figure ovale plutôt maigre, le cou immense, le nez allongé et fin, le buste étroit et serré ; le ventre, par contre, se portait gros et en avant. Telles sont les caractéristiques du siècle. Il est amusant de les réunir dans une douzaine de types bien fixés et de les comparer à une série appartenant au xvi⁰ siècle.

### *LE XVI⁰ SIÈCLE*

Le xvi⁰ siècle s'ouvre par la trinité Vinci, Raphaël, Michel-Ange. De ce dernier il n'est à Florence qu'un seul tableau, la *Sainte Famille* des

Offices, qui est un groupe sculptural de lignes puissantes ; comme peinture, c'est sec à plaisir et cela manque de charme ; comme conception, c'est typique de Michel-Ange ; — il n'a pas résisté au plaisir de grouper dans le fond de son tableau des figures nues, en académies, fort étonnées d'assister au passage difficile de l'Enfant-Jésus des bras de saint Joseph à ceux de sa mère.

LEONARD DE VINCI (1452-1519). C'est à Paris qu'il faut le chercher d'abord et à Milan. Il y a, aux Offices, une œuvre que la critique lui attribue, l'*Annonciation*, qui est ravissante, mais sur laquelle je conserve quelques doutes ; une grande esquisse, extrèmement intéressante pour les indications si précises de mouvements comme clichés par un instantané, l'*Adoration des Rois Mages*; à l'Académie, un ange, attribué par la tradition dans le *Baptême du Christ* de Verrochio, et des dessins ; c'est tout. Si vous ne connaissez pas les chefs-d'œuvre de Paris, vous ne connaissez pas Vinci.

Mais que ces jours de Florence vous soient une occasion de relire sa vie dans Vasari, dans Burckhardt, ou chez le plus récent et le mieux informé de ses critiques, M. Eugène Müntz. Il fut un des plus admirables types d'homme que le monde ait vus; sculpteur plus que peintre, la fortune ne nous a pas laissé trace de son œuvre sculptée, — pas même *Isabelle d'Este* au Louvre; musicien, improvisateur, architecte (?), ingénieur militaire et civil, savant, philosophe, il ne se borna pas à de

superficielles recherches dans des domaines si
divers, mais épuisa les matières qu'il entreprit. Il
faudrait lire la lettre qu'il écrivit à Ludovic le More
dans laquelle il énumère les différents services
qu'il pourrait lui rendre. N'oublions pas que dans
l'histoire des doctrines scientifiques il mérite une
place dans la lignée de Bacon. Et ce qui me touche
enfin, il était d'une grande beauté corporelle et
maître ès exercices physiques.

L'œuvre de RAPHAËL (1483-1520) est au contraire nombreuse à Florence, sans que l'on puisse
dire qu'elle apporte une note nouvelle à ceux qui
connaissent bien le Louvre.

Vous débuterez à la Tribune des Offices où, sur
cinq tableaux encore à lui attribués par les cata-
logues, il n'y en a que trois authentiques. La très
belle *Fornarina* était sans doute de Seb. del Piombo,
dont on vient de placer un portrait « l'*Homme
malade* », dans la même salle, permettant ainsi
d'instructives comparaisons. et le *Saint Jean*
n'étant qu'une médiocre copie de l'original que
nous avons. Restent la *Madone au Chardonneret*,
qui s'apparente à la *Belle Jardinière* avec moins
de perfection, un portrait précis et charmant
de Maddalena Doni et le superbe *Jules II*, une
maîtresse toile : dans la salle des Peintres, son portrait.

Au Pitti, la *Madone du Grand-Duc* et celle *à la
Chaise*, que j'aime toutes deux, tandis que je suis

impuissant à goûter l'*Impannata* et que la *Vierge
au Baldaquin* ne m'atteint pas. Il semble qu'il y
ait deux parts dans l'œuvre de Raphaël; certaines
toiles me ravissent et me prennent tout; d'autres
me laissent indifférent et critique. Dans les premières, je mettrai, pour n'en citer que quelques-
unes, le *Jules II*, le *Balthazar Castiglione* du
Louvre, la *Messe de Bolsène*, pour prendre des
choses bien diverses — et parmi les autres je dirai
la *Madone degli Ansidei*, de Londres, la *Transfiguration*, la *Sainte Famille de François Iᵉʳ*. Au
palais Pitti, les portraits des Doni, celui d'Inghi-
rami (qui n'est qu'une copie, mais si belle), celui
étonnant, de Léon X avec deux cardinaux, seraient
dans la première série, tandis que la *Vision d'Ezé-
chiel* se rangerait dans la seconde. La *Donna Velata*
est contestée, mais on la regardera avec joie.

En face d'un si grand homme, d'aucuns pré-
fèrent abdiquer. C'est de Raphaël, par conséquent
c'est beau, donc je l'admire. Je ne renonce point
à mon indépendance. Je dis: je me plais ici et ici
je m'ennuie. Pour l'érudit, tout se résout en somme
à une question d'authenticité et de document.
Que sa science s'applique à ceci ou à cela, peu lui
importe, au fond; qu'il s'agisse d'établir une liste
complète des éditions d'un livre ou des tableaux
d'un maître, la méthode est la même et l'habi-
tude fait passer la méthode avant tout. D'autre
part il y a le public, qui ne sent rien par lui-même
et dont l'ardeur à regarder les tableaux célèbres

est en fonction du respect que l'on doit à des toiles
consacrées. Entre ces deux classes de gens qui
courent les galeries, sont ceux pour qui les œuvres
d'art représentent des jouissances personnelles.
Ceux-là savent aussi que l'étude est nécessaire et
que l'on n'aborde pas les maîtres sans une initia-
tion préalable ; mais ce qui est premier pour eux
est l'égoïste et personnel plaisir goûté en face d'un
tableau. Ont-ils ce léger choc qu'ils attendent, ils
sont satisfaits; ne le reçoivent-ils pas, tous les rai-
sonnements du monde ne leur feront pas avouer
qu'ils l'ont éprouvé, alors qu'ils sont restés froids.
Aucun écrivain, si grande soit son autorité, ne me
fera déclarer chef-d'œuvre une toile qui ne m'a
pas ému. Ce *Voyage*, quel qu'il soit, ne vaut que
parce qu'il est une collection, ordonnée et classée
aussi méthodiquement que possible, d'émotions
personnelles.

Nous retrouvons Raphaël, à notre étape prochaine dans toute sa gloire romaine.

Autour de lui, il y eut des peintres de premier ordre et qui sont mal connus. Le seul fait
que l'on a pu attribuer pendant des siècles à Raphaël
des œuvres admirables, qui sont en réalité de
gens classés beaucoup plus bas dans l'échelle de
la notoriété, le montre suffisamment. J'indique
comme tableaux le *César Borgia* de la collection
Borghèse, la *Fornarine* des Offices, la *Velata* du
Pitti, le *Navagero et Brazzano* de la galerie Doria;

il y en a bien d'autres ; et comme hommes,
Ricordi Ghirlandajo, Bronzino, Pontormo, Seb. del
Piombo, Franciagibio, Polidore de Caravage, Bac-
chiaca, qui les uns très connus, les autres à peine,
ont hérité récemment de toiles données jusqu'ici
à Raphaël.

A Florence, l'école toscane contemporaine
compte des hommes considérables dans l'histoire
de l'art, FRA BARTOLOMMEO (1475-1517) et ANDREA
DEL SARTO (1486-1531), le premier plus puissant et
déjà michelangelesque; le second plus attendri,
plus coloriste aussi. Ni l'un ni l'autre ne me pas-
sionnent. C'est déjà l'outrance, le pathétique; et
quoi de plus froid que le pathétique qui ne vous
émeut pas ? c'est la facilité aussi, et, chez l'un
tout au moins, le manque d'accent et de pénétration ; avec cela toutes les qualités négatives de
l'école. Ce sont pourtant des peintres sérieux :
mais ils ont exercé jusqu'à nos jours une influence
presqu'exclusive, que l'on ne peut s'empêcher de
trouver exagérée.

Dans le XVI° siècle florentin, il y a quelques
noms à retenir avec ceux que nous indiquons plus
haut : le PONTORMO, BRONZINO et MAR. ALBERTINELLI.
Les grandes compositions de ce temps montrent
toutes les faiblesses de l'école; mais, de la plupart de
ces peintres nous avons des portraits remarquables.
C'est le contact direct avec la nature qui les sauve.
Il y aurait à rechercher dans d'autres écoles l'influence du portrait aux époques de classicisme à

outrance. Les Zuccaro vous donneront, à la coupole
de la cathédrale, le triste état de la grande peinture toscane à la fin du xvi⁶ siècle.

*Note sur les salles toscanes aux Offices et les
raisons du succès inouï de cet art auprès des
pédagogues.*

Tout ici est composé. Vous trouverez de belles
ordonnances où le souci de la clarté, de la symétrie
et du contraste des groupes, du rythme des gestes
et des attitudes, est poussé à un point incroyable
(Fra Bartolommeo). Les peintres toscans, dès Giotto,
ont, innées, ces préoccupations d'ordre et de composition. Sans doute ce sont là de grandes qualités,
mais encore sont-elles devenues qualités d'école
et de pratique. Si l'art florentin a été loué si
exclusivement par les professeurs et les critiques,
c'est à elles, soyez-en sûr, qu'il le doit. Ce sont, en
effet, choses dont on peut raisonner, qui ne sont
pas propres à l'individu, mais que l'on peut
enseigner. Vous n'apprendrez jamais à un peintre
à être coloriste, pas plus que vous ne ferez, avec
des leçons de rhétorique, un grand écrivain d'un
honnête homme quelconque ; mais, à l'un comme
à l'autre, vous pouvez montrer à mettre de l'ordre
dans ses pensées, à les exprimer sinon avec grâce,
du moins avec clarté, à les balancer suivant les
règles, l'une tirant l'autre, celle-ci faisant pendant
à celle-là. L'école toscane est, pour cela, unique ;

d'un bout à l'autre elle donne une leçon de composition, avec démonstrations à l'appui. D'où la dilection spéciale qu'ont eue pour elle, en tous temps et tous lieux, ceux qui ont été chargés d'enseigner l'art ou de le commenter.

.·.

Il y a, à Florence, autre chose que des Florentins. Toutes les écoles d'Italie sont représentées dans ses églises et musées. Aux Offices et au Pitti, on verra d'admirables Vénitiens, dont le charme si direct ne sera pas sans nuire aux œuvres florentines d'un aspect plus froid.

Entre tous, la duchesse d'Urbin de Titien, si mal nommée la *Vénus au petit chien*, étendue nue sur un lit de repos, tandis que des chambrières dans le fond de la pièce cherchent des vêtements dans un coffre, est une toile d'une perfection et d'une sérénité inoubliables. C'est une joie sans mélange pour nous, modernes, cette œuvre que nous pouvons regarder avec nos yeux d'aujourd'hui et qui nous plaît pour les mêmes raisons que l'art le plus voisin de nous. Ce sont, toujours aux Offices, la *Flore*, les portraits du duc d'Urbin et de sa femme, mais vieillie, une belle *Sainte Famille*, d'autres encore ; de Carpaccio, un fragment ; de Giorgione, deux tableaux qui n'ont pas la qualité du *Concert champêtre* du Louvre, des Véronèse, Bellini, Tintoret — pas les meilleurs — des Lorenzo Lotto,

la dernière exhumation de la critique; des Corrège.
qui ne me ravissent point: un Mantegna. — Au
Pitti, une *Mise au tombeau* de Pérugin, ce que
j'ai vu de mieux de ce peintre facile et doucereux: un beau tableau de genre, le premier, de
Giorgione : à l'Académie, des Signorelli : j'en passe
et combien. En courant les musées pour les peintres florentins, vous toucherez à toutes les écoles
italiennes.

Et vous verrez en outre nombre de toiles étrangères de grande valeur. Memling, van der Weyden,
van der Goes, avec une œuvre magistrale au Musée
de l'hôpital Santa Maria Nuova ; Quentin Matsys
et Rubens, dont je n'oublierai pas le tableau du
Pitti qui fait pâlir tous ses voisins, côtoyent Holbein
et Durer, très bien représenté, Rembrandt, Claude
Lorrain (pourquoi classé dans l'école allemande?),
Poussin et autres « barbares » font plaisir à
voir et tiennent leur place au milieu des Italiens.
— Je proteste, en passant, contre l'inouïe tolé-
rance qui a permis, dans les salles des portraits
d'artistes, à côté des chefs-d'œuvre que l'on sait,
l'admission des figures falotes de Bouguereau,
Herkomer, Leighton, Millais et autres académi-
ciens de l'un et de l'autre côté du détroit, en qui
le sens du ridicule est évidemment aboli.

## L'ARCHITECTURE DE LA RENAISSANCE

Ici, comme nous l'avons indiqué, le mot de Renaissance est à sa place. Les architectes du xv⁰ siècle regardent les ruines avec l'intention de faire renaître l'architecture antique et les ordres fixés par Vitruve. Le sujet est immense par les conséquences que le mouvement commencé à ce moment en Italie eut sur les destinées de l'art moderne. Dans la Renaissance de l'architecture, les Italiens furent initiateurs et leur succès fut tel que nous en sommes, aujourd'hui encore, accablés. Ce fut la ruine définitive du système de construction inventé par les races septentrionales, par la race française, pour spécifier. Le xvi⁰ siècle montre la lutte des deux conceptions en France et finalement la victoire européenne du principe italien.

Devant un changement de cette importance, il faut s'efforcer de voir clair pour en comprendre les raisons et pour juger le système. Nous multiplierons ici les notes sur des points bien fixés plutôt que nous ne tracerons une vue d'ensemble de la Renaissance architecturale.

Comme on le verra dans toutes les histoires de la civilisation, la Renaissance a débuté par les lettres. Ce sont les humanistes qui en sont les premiers pionniers, depuis Pétrarque, auteur des

*Triomphes*. Il y a un siècle entre l'adoption du latin comme langue littéraire et l'apparition des formes plastiques anciennes dans l'architecture. Pour ce dernier point, qui seul nous intéresse à présent, on dit, comme circonstances favorables à ce retour à l'antiquité, les racines peu profondes que le gothique français avait poussées dans le sol italien, et c'est exact. On montre aussi les Italiens désireux de renouer avec leur passé le plus glorieux. Il est certain que pour les hommes de ce temps l'époque romaine apparaissait revêtue d'un extraordinaire prestige. Ceux qu'on appelait des ancêtres avaient connu une perfection de style dont il était difficile de se faire une idée. Rome, « la ville des ruines », exerçait une attraction inouïe, et le fait est typique, vrai ou légendaire, de la découverte en 1445, d'un tombeau ancien dans lequel était couchée, miraculeusement préservée à travers les siècles, une jeune femme d'une beauté dont les hommes de ces jours n'avaient jamais vu la pareille. Cette Romaine, morte, l'emportait sur les vivantes.

J'aime à voir en elle la Renaissance sortant des tombeaux.

On trouvera, dans les écrits contemporains, les détails les plus circonstanciés sur les préoccupations des architectes de ce temps. Etudes de monuments antiques, copies de détails, de colonnes, de pilastres, de moulures, de bases, de chapiteaux, ils ne songent qu'à cela.

Ajoutons tout de suite qu'il n'y a place dans leur admiration pour aucune critique. Ils ne connaissent que les œuvres romaines : ce sont, par conséquent, les seules qu'ils admirent. Les Thermes de Dioclétien, le Panthéon, le Colisée, les ruines du Forum, le Septizonium de Sévère détruit depuis, les Théâtres; voilà en quoi se résume le beau. Leur professeur est Vitruve, lequel n'a donné les recettes que de l'art romain et qui connaissait si mal le style grec — quoi, pas même Paestum, considéré sans doute comme une ruine barbare! — qu'il a écrit ceci : « Les anciens ont dit que l'ordre dorique n'était pas propre à être employé pour la construction des temples... ; c'est pourquoi les anciens ont eu coutume d'éviter le mode dorique dans les demeures sacrées. »

En fait, le dorique a été le style religieux grec par excellence. Pour Vitruve, l'âge d'or est celui des Ptolémées qui, en réalité, est une décadence. Nous savons aujourd'hui distinguer l'art grec du romain et depuis que nous connaissons le premier, nous ne nous passionnons plus autant pour le second, dont la beauté n'est que d'emprunt et qui n'apporte dans l'emploi des éléments constitutifs grecs aucune intelligence profonde des principes mêmes de ce style. L'architecture romaine, formée de styles divers qu'elle combine ingénieusement, est surtout remarquable dans les travaux d'utilité publique. Envisagée en tant

qu'art, il faut convenir qu'elle fit dévier de leur
sens si précis les membres organiques grecs qui.
dans l'architecture mère, avaient un rôle parfaitement défini. Qu'on en fasse l'analyse sur les
frontons, colonnes et entablements, à Rome et à
Athènes.

Tels qu'ils étaient, ce sont les monuments
romains qui ravissent l'admiration des hommes de
la Renaissance.

Les architectes qui dirigent le mouvement sont
les florentins BRUNELLESCO (1377-1446), MICHELOZZO
(1391-1472), LÉON BATTISTA ALBERTI (1404-1472).
un des grands hommes de son temps. à ce que l'on
dit communément; ceux-là pour la première
Renaissance. La haute Renaissance a BRAMANTE
(1444-1514), LÉONARD DE VINCI (?) (1452-1519),
RAPHAEL (1483-1520). FRA GIOCONDO (?) (1435-1515),
MICHEL-ANGE (1475-1564). Enfin VIGNOLE (1507-
1573), PALLADIO (1508-1580) sont les maîtres les plus
importants qui inaugurent l'ère baroque, dans
laquelle émine LE BERNIN (1599-1680). Nous n'indiquons partout que les chefs de ligne.

C'est, comme il est naturel, l'ornement, que
les hommes de la première Renaissance s'appro-
prient d'abord. Ils avaient des modèles à portée
que l'on pouvait faire passer directement dans
la décoration des édifices; il n'y avait pas de
monument antique que l'on pût copier tel quel

et qui répondit aux besoins du temps. C'est ainsi l'expression du détail qu'ils demandent à l'antiquité. L'on voit revenir les rinceaux, les oves, les rais de cœur, les denticules, les masques, les guirlandes, les trophées, toute cette parure morte depuis tant de siècles, à laquelle l'habileté des décorateurs italiens redonne une vie d'emprunt pour des siècles encore.

Reparaissent aussi les colonnes, les demi-colonnes, les pilastres, les bases, les caissons, l'architrave, la frise et la corniche. Quant à l'emploi que l'on en fait, il est tout à fait libre. Manifestement, jamais les architectes géniaux de la Renaissance n'ont pensé que les membres de l'architecture avaient une précise raison d'être et que leur forme ne dépendait pas du caprice, mais du rôle qu'ils jouaient dans l'édifice. Rome avait déjà oublié la meilleure partie de la logique essentielle à l'architecture grecque. La Renaissance laissera de côté le peu que Rome avait retenu.

## LA CONSTRUCTION

Au point de vue des matériaux, que voyons-nous ? — La Renaissance succédait à une époque qui avait été remarquable pour le côté technique de la construction. Dans le style gothique, la préparation de la pierre de taille et sa mise en place dans l'édifice sont l'objet d'un soin particulier. Rien de mieux appareillé que les claveaux des arcs ogives. Au point de vue technique, on ne peut aller plus loin.

En Italie, il est vrai que le gothique emploie surtout la brique.

Avec la Renaissance, il y a ici non pas le progrès clamé dans les manuels, mais un recul caractérisé. « Au beau temps de la Renaissance, qui ne peut bâtir qu'en mortier — elle l'avoue — et borne aux corniches et aux encadrements l'emploi de la pierre travaillée... » dit Burckhardt, l'admirateur le plus passionné et le plus intelligent de la Renaissance.

Voyez le beau développement à faire que nous infligeraient les professeurs, *si seulement c'était le contraire*, si la Renaissance avait marqué dans le traitement des matériaux et dans le développement rationnel des principes constructifs un pas en avant, au lieu d'en faire deux en arrière.

J'indique tout de suite qu'il ne faut accepter que sous bénéfice d'inventaire les éloges qu'on fait de la probité de la Renaissance en ce qui concerne les matières. Comme il est facile de le vérifier, on truqua tôt, et de bonne heure le mortier simula des bossages de granit, le stuc imita le marbre, etc. On accorde ces faits pour la haute Renaissance, et l'on se rejette sur l'honnêteté de la première. Or il me souvient bien avoir vu à Sant' Andrea de Mantoue « immortel chef-d'œuvre de l'immortel Alberti », les caissons de la voûte peints en trompe-l'œil, de façon à simuler la sculpture.

Pour les palais, les bossages seuls sont en pierre

de taille et constituent un plaçage sur le mur de mortier. Le palais Pitti, le palais Strozzi n'ont que l'apparence de constructions cyclopéennes. Bramante inventa les façades en béton coulé, justifiant ainsi les pires procédés de la construction moderne. Le truquage des matières devint bientôt la règle, le trompe-l'œil, la loi. Et avec l'école baroque, c'est le règne des gâcheurs de plâtre, des ornemanistes à la grosse qui commence. — Regarde, ô lecteur, le plafond au-dessus de ta tête et, s'il te plaît de vivre sous ces ornements moulurés, remercie l'Italie qui te fit ces délices.

Pour la solidité, la haute Renaissance n'est pas à l'abri de la critique.

Plus de deux cents lézardes crevassèrent la coupole de Saint-Pierre, qui ne tient que par des tirants en fer, et pour l'église elle-même, Raphaël et Fra Giocondo furent occupés principalement à consolider la faiblesse des parties construites par Bramante.

Ces premières remarques générales faites, venons-en aux monuments principaux et à leur chronologie. A Florence, la coupole de la cathédrale, San Lorenzo, la chapelle des Pazzi, le portique de la maison des Enfants-Trouvés, la Badia de San Domenico di Fiesole, sont de Brunellesco, qui mourut en 1446. A Léon Battista Alberti (✝ 1472), on doit Sant' Andrea de Mantoue, San Sebastiano, même ville, ruiné, le chœur de

l'Annunziata à Florence et le palais Ruccellaï. A
Michelozzo le palais Riccardi ou Médicis (milieu
xv°). A Benedetto da Majano revient l'honneur du
Palais Strozzi (1489). Si l'on ajoute à cette liste
la petite Madonna delle Carceri (1488-1492), à Prato,
de GIULIANO DA SANGALLO, et la Madonna dell'Umiltà
à Pistoie, de VENTURA VITONI (fin du siècle) on aura
indiqué les monuments les plus importants de la
première Renaissance, ceux sur lesquels il est
loisible de se former une opinion raisonnée et
qui valent pour caractériser l'ensemble.

## LES ÉGLISES

Nous dépassons ici les bornes strictes de notre
plan pour comprendre quelques essentiels monuments lombards et romains.

On aura peine à se faire une idée quelconque de
l'extérieur des églises, lesquelles sont, pour la plupart, inachevées. San Lorenzo est extérieurement
à l'état brut, San Spirito (sur les plans de Brunellesco) aussi, San Sébastiano de Mantoue est
ruiné. Il resterait dans la même ville Sant' Andrea,
qui est terminé et dont on peut se procurer une
photographie. Pour la façade, voici ce qu'est
Sant' Andrea.

Sur un perron de quelques marches s'élève en
avant-corps un portique élégant, grande arche en
plein cintre, surmontée d'un entablement et d'un
fronton. Les deux côtés du portique reçoivent

chacun deux grands pilastres engagés qui montent
jusqu'à l'entablement. Le portique est divisé dans
la hauteur par une frise; à l'étage supérieur deux
fenêtres; à l'inférieur deux niches, vides. Pourquoi?
l'on ne sait pas. Je ferai remarquer en passant
que c'est déjà l'ordre colossal dont on attribue
le mérite ou l'invention à Palladio. La place
devant l'église est étroite et ce que je viens de
décrire est tout ce que l'on aperçoit. La photographie donne la coupole, qui est invisible et l'appendice bizarre au-dessus du fronton. dont on se
demande ce qu'il vient faire là.

Je vois bien que c'est un portique ou un arc de
triomphe, dessiné avec soin par un homme qui a
regardé des modèles anciens; mais est-ce une
façade d'église chrétienne ? faut-il l'admirer
comme telle ? Il m'est impossible alors de louer ce
portique en porte-à-faux devant l'édifice. qui ne
l'annonce pas, qui n'en est point l'expression et
derrière lequel on peut supposer indifféremment
un forum, une basilique ou rien du tout. Sans
doute, il est permis à un archéologue de s'amuser
à ces reconstitutions : c'est froid et sans portée,
mais cela peut avoir son agrément. Où je refuse
mon adhésion. c'est lorsqu'on me parle de la barbarie architecturale antérieure et qu'on prétend
imposer à mon admiration. comme modèle d'architecture religieuse, une façade comme celle-là.

## DE LA COUPOLE

Il y a une coupole à Sant' Andrea ; il y en a une au Dôme de Florence, à San Spirito, à San Lorenzo, aux deux Madonne indiquées plus haut, à Saint-Pierre de Rome. En fait, partout où cela était possible, on en a mis une. L'église à coupole centrale a été le rêve des Italiens de la Renaissance. C'est sur ce point que les efforts de l'architecture se concentrent. Le reste finira par n'être plus qu'un accessoire, les coupoles absorbant toute l'attention. On sait que l'idée du temple de Salomon a préoccupé les architectes de ce temps. Il était rond, et l'on voulait imiter la forme du temple célèbre.

Il faut feuilleter des collections de dessins pour voir où la construction centrale a mené les architectes de la Renaissance ; ils en arrivent, pour entourer leur église à coupole, à des projets de villes bâties entièrement sur plan circulaire (Fra Giocondo, Du Cerceau).

Il faut remarquer préalablement que le problème n'était pas nouveau, qu'il n'y a pas invention, au sens où l'on peut dire qu'il y a eu invention lorsqu'on a substitué, à la voûte romane en plein cintre, la voûte portant sur arcs-ogives. Là des procédés techniques de construction nouveaux créaient des formes architecturales nouvelles. — Avec la coupole, rien de semblable ; l'antiquité

romaine l'avait employée ; puis Byzance en avait
fait le centre de son architecture religieuse et avait
voûté de vastes espaces. L'époque romane en
France avait élevé des coupoles fort belles et l'Italie de ce temps en compte aussi plusieurs, mais
de moindre importance. C'est à la perfection de
cette forme que travailla la Renaissance et il est
certain qu'elle est arrivée parfois à des solutions
satisfaisantes du problème cherché. Reste à examiner le problème en lui-même et à se demander
si les maîtres de ce temps ont eu raison de vouloir
en quelque sorte absorber l'architecture religieuse
dans la forme centrale à coupole.

La coupole demande un plan en croix grecque.
On a parfois construit des coupoles sur plan basi-
lical ; mais il est évident que la forme logique sous
la coupole centrale est la croix grecque, celle dont
tous les bras sont égaux. Ce sont les plans de Bramante pour Saint-Pierre de Rome, c'est la Consolazione de Todi, la Madonna delle Carceri à Prato,
celle de l'Umiltà à Pistoie, la Steccata à Parme, et
bien d'autres. On forme ainsi un édifice rigoureu-
sement concentrique. — Mais cet édifice est une
église, c'est-à-dire qu'il est fait pour la célébration
d'un culte, de cérémonies traditionnelles qui s'ef-
fectuent suivant un rituel fixe, qui exigent la présence en un même temps et en un même lieu
d'un certain nombre de prêtres. En outre, il faut
que les fidèles assistent aux mystères sacrés, en
suivent le développement, le nœud, l'achèvement.

Il est nécessaire que l'ensemble de la communauté puisse avoir les yeux fixés sur l'officiant.

Ces conditions essentielles auxquelles doit satisfaire tout d'abord l'architecture religieuse avaient été comprises admirablement à l'époque précédant la Renaissance. Le plan gothique avec transept et chœur, le chapitre groupé des deux côtés du maître-autel qui se trouve à l'extrémité du chœur, est un modèle difficile à égaler, impossible à surpasser.

Les grands professeurs de la Renaissance, tout enflammés pour les ordres et la coupole, oublièrent simplement que, lorsqu'ils avaient à faire le plan d'une église, la première chose à étudier était un arrangement matériel convenant à la célébration du culte. Logiquement c'est de là que tout doit procéder ; ce fut la dernière de leurs préoccupations. Ils montèrent leur bâtiment, coupole sur croix grecque ou latine ; une fois le monument terminé, on se trouva en face de difficultés auxquelles on n'avait pas songé. —Où placer le maître-autel?—Au centre de l'église dans la croix grecque; mais où regardera-t-il ? Dans l'actuel Saint-Pierre en croix latine, l'autel regarde la nef, et le prêtre, caché par lui, reste invisible à la plus grande partie des fidèles. Ailleurs l'autel est arbitrairement dans un des bras de la croix grecque ; alors le centre de l'église est d'une nudité glaciale ; on y cherche quelque chose que l'on ne trouve pas.

On ne sait vraiment quel parti prendre. Si l'on

met l'autel au centre, il faut isoler cette place ; comment faire ? On verra à Florence ce que l'on a imaginé : on a établi une clôture de bois pour faire un chœur factice où le clergé siège, et l'on a vitré la clôture à mi-hauteur pour que les fidèles puissent suivre les cérémonies. Cette barrière de deux mètres de haut sous une coupole immense est absurde. Mais on ne peut s'en passer.

A Saint-Pierre de Rome, c'est plus simple ; il n'y a pas de chœur ; il est vrai que l'autel central ne sert que deux ou trois fois l'an au Pape. On est alors obligé de faire venir les menuisiers pour édifier le chœur nécessaire à la cérémonie solennelle. Ah ! les beaux coups de marteau et le joyeux tapage dans l'église, dont cela ne trouble du reste pas le recueillement, impossible dans cette basilique trop vaste.

Il ressort de cette analyse que la forme centrale à coupole, bonne peut-être pour des temples antiques, est défectueuse pour une église chrétienne.

Extérieurement, l'architecture des églises à coupole n'est pas non plus satisfaisante. La coupole avec son tambour se raccorde mal aux lignes droites et aux angles du soubassement. Voyez-le à Santa Maria delle Grazie à Milan, de Bramante, à San Egidio degli Orefici à Rome, de Raphaël. Car il faudrait, pour être logique, adopter une forme circulaire pour l'édifice entier. De tous les

édifices à coupole, il n'y a, en somme, que le
Panthéon de Rome qui soit le développement
nécessaire des principes de la construction centrale.

Nous ne pouvons, sur ce point, déclarer bonnes
les leçons médiocres des architectes de la Renaissance.

Entrons à San Lorenzo, c'est encore ce qu'il y
a de mieux comme église de la première Renaissance. Le détail est, bien entendu, antique, chapiteaux, frises et archivoltes. Tout le monde a
blâmé les entablements au-dessus des chapiteaux.
Il est vrai que l'époque romaine se les était permis; mais cela n'en est pas moins une faute trop
fréquente en ce temps. Les bas-côtés sont voûtés
en berceau ; la nef reçoit un plafond droit à caissons : car on ne veut plus des hautes voûtes
gothiques. La lumière tombe à flots des oculi des
bas-côtés et des larges fenêtres de l'étage supérieur. C'est vaste et clair. Y a-t-il là de belles perspectives, quelque chose de passionné et d'émouvant ? Non, c'est correct, monotone et tout semblable aux discours latins des érudits du temps, aux
lettres d'un Ange Politien, avec les fleurs autori-
sées de la rhétorique cicéronienne et le balance-
ment régulier des périodes. Mais nulle part ce
genre de reconstitution ne s'applique plus à faux
que dans l'architecture religieuse.

Je ne parle pas de l'anachronisme de la décoration, de l'emploi de l'ornement emprunté aux styles antiques, de ces éternels Génies enguirlandés de roses, de ces Cupidons — et tout le reste — qui envahissent l'église à ce moment-là et qui deviendront, en certains cas, insupportables. Mais il y a un reproche plus grave. Les maîtres de la Renaissance n'ont pas compris qu'une église doit exprimer, dans son être de pierre, le sentiment du mystère chrétien : qu'il faut que, dès qu'il y pénètre, le peuple se sente en un lieu sacré et que tout l'incline à la vénération du culte qui s'y célèbre. Cela, le moyen âge, roman et gothique, l'avait admirablement traduit : ses églises sont des sanctuaires.

Avec la Renaissance il en va autrement. Les églises, si elles intéressent par des détails, par d'heureuses proportions, n'existent pas en tant que monuments chrétiens. Nous voyons passer sous ces colonnades une foule indifférente et sceptique, que tient amusée, dans la grande clarté de l'édifice, le détail chatouillant de la décoration. Mais le sentiment de l'effroi de l'homme et de sa petitesse en face de la divinité, cette architecture ne l'inspire pas.

Au vrai, les églises de la Renaissance feraient de convenables halls pour gares de chemins de fer, des Bourses claires et sonores pour des agios internationaux, ou encore, parfois, de somptueuses salles de bal.

Ce n'est pas ici que nous trouverons la justifica-

tion de l'enthousiasme général pour les maîtres de
la Renaissance italienne.

Extérieurement, le portique de la chapelle des
Pazzi de Brunellesco, à Santa Croce, est ce que je
connais de plus parfait dans la première Renaissance, dont il montre les qualités essentielles de
précision, de grâce et de sobriété.

Un des monuments importants de la seconde
époque est la chapelle des Médicis à San Lorenzo
(1529). Allez-y et jugez. Il est important de savoir
que Michel-Ange eut une liberté absolue, que
jamais artiste ne put combiner tombeaux et architecture avec une indépendance plus grande. Voilà
donc l'œuvre authentique d'un des plus grands
architectes du temps. Il faut ajouter que le contraste entre la pierre foncée des pilastres et des
entablements et la blancheur des murs n'est pas
— heureusement — imputable à Michel-Ange.

On vante « ses deux ordres de pilastres, l'un
inférieur, l'autre supérieur qui révèle ici tout le
progrès du xvi<sup>e</sup> siècle comparé au xv<sup>e</sup>. » Il faut
remarquer que ce sont là choses élémentaires
que l'on voit dans tous les monuments romains et
qu'il n'y a pas lieu de féliciter l'artiste de son invention. C'est un des points les plus agaçants des
éloges que l'on adresse aux maîtres de la Renaissance (à Bramante pour la cour de la Chancellerie,
par exemple). Quoi! les louer parce qu'en employant
des pilastres à deux étages, ils ont mis l'ordre

dorique au rez-de-chaussée. l'ionique ou le corinthien au dessus. Mais un enfant de douze ans, sachant ce que sont les ordres, en comprendra la nécessité. C'est une chose qui s'enseigne, et il n'y eut besoin d'aucun génie chez les architectes du xvi° siècle pour suivre des errements déjà pratiqués par les Romains. C'est pourtant ce dont on les loue. — Quel homme admirable, il a mis le dorique sous l'ionique! — Que vouliez-vous donc qu'il fît.

Architecturalement. la chapelle me laisse indifférent. Les niches vides qui l'entourent sont sans raison et sans grâce. Pourquoi sont-elles ici? Impossible de le deviner. Je n'aime point non plus les fenêtres aux jambages obliques, — qui se justifient. au dire de Burckhardt. par d'anciens modèles étrusques. Je suis las d'archéologie! Encore des modèles! mais qu'est-ce que cela peut bien nous faire, s'ils sont mauvais? Enfin les niches centrales me paraissent trop petites pour les personnages qu'elles reçoivent. Laurent et Julien de Médicis ont l'air gênés dans ce cadre trop étroit.

En somme, c'est glacial et ça manque de saveur. l'architecture de la chapelle des Médicis.

### LES PALAIS

A Florence même, la série est complète pour les xv° et xvi° siècles. Ce sont d'abord, le Pitti de Brunellesco, le palais Riccardi de Michelozzo. le Palais Strozzi de B. da Majano. Ce sont des mo-

numents d'un grand effet et composés pour l'ordinaire ainsi : Le palais Strozzi a un énorme rez-
de-chaussée, avec petites lucarnes grillées, qui
s'élève à 10$^m$,30. Vient, à ce qui est à la hauteur
d'un troisième étage de nos maisons, le premier
étage habitable, lequel a 9$^m$,35 de hauteur de
plafond, soit encore trois étages de maintenant. A
la hauteur de 20 mètres au-dessus du sol — ce qui
est le maximum permis sur rue à Paris, commence
le deuxième étage d'habitation, qui n'est que de
7$^m$,82 de hauteur. Puis vient l'entablement et la
corniche qui atteint à 31$^m$,31 d'élévation totale.
En somme, pour deux étages habitables, la hauteur d'une maison de dix étages de nos jours. Les
fenêtres sont petites et peu élevées : les bossages
d'un relief vigoureux. On ne peut nier l'effet d'une
telle masse de pierre, encore que l'on sache que
ce n'est qu'un placage. Pour la commodité de
l'habitation, il n'en faut guère parler : il n'y avait
pas de cabinets et point de water-closets, si rudi-
mentaires les supposât-on. En outre, les cuisines
étaient dissimulées et sans ampleur.

J'aime l'aspect farouche du palais Strozzi ; mais
a-t-il le caractère moderne d'une construction pala-
tiale ? cette conception du palais vaut-elle pour
nous ? a-t-elle gardé une valeur d'exemple et de
démonstration, car c'est bien de cela qu'il s'agit ?

Pas le moins du monde, — rien ne se prête
moins à la généralisation, rien n'est plus florentin
que ces palais, et je les en loue.

Ils sont peu commodes à habiter, mais ils étaient à proprement parler des forteresses. Au moyen âge, dans les luttes incessantes que se livraient les partis, les nobles avaient appris qu'il fallait pouvoir se défendre chez soi, y rassembler ses partisans, y soutenir au besoin un siège. De là le caractère que montrent les demeures de ce temps et que les architectes du xv° siècle conservent sous une forme décorative nouvelle. Les places fortes que sont les palais Strozzi, Pitti et Riccardi, sont un legs du passé; ils appartiennent à un état bien défini de la civilisation florentine et n'ont aucune raison d'être dans une forme sociale différente.

C'est là ce que l'époque néo-classique, avec le peu de sens historique qu'elle possède, n'a pas senti. Elle a pris aux palais-forteresses de Florence les bossages qui y sont à leur place et les a mis dans des monuments modernes où ils n'ont rien à faire, où l'on ne peut les comprendre. Car le néo-classicisme a cru à l'unité de l'esthétique, ce qui lui a fait commettre, comme nous le verrons, plus d'un contre-sens.

A côté de ces monuments vénérables d'un temps qui n'est plus et ne reviendra pas, il est un autre modèle de palais, appelé à une fortune plus grande, c'est le palais Ruccellaï, construit par Léon Battista Alberti. Ici l'on voit revivre les ordres romains, sous forme de pilastres engagés; les bossages sont très modérés. C'est élégant et froid, mais non sans grâce. Il n'y a aucune saillie puis-

sante dans cette façade, plate à en devenir monotone. Le sentiment du relief fait défaut pendant
plus d'un siècle. Il ne reviendra qu'à l'époque
baroque, et sous quelle forme!

Léon Battista Alberti, dont on fait un des grands
hommes de son temps, est l'auteur du palais
Rucellaï, qui ne révèle, à vrai dire, aucun génie,
de Sant' Andrea, de Mantoue, que nous avons analysé et où apparaît déjà l'ordre colossal, de l'extérieur de San Francesco à Rimini, et enfin il donna le
dessin de la façade de Santa Maria Novella où se
montrent pour la première fois les *ailerons*, ou
volutes, qui raccordent l'étage supérieur au rezde-chaussée et que Burckhardt qualifie de « risqués ». On sait le lamentable succès qu'eurent les
ailerons dans la suite des temps. Nous les avons
vus sur toutes les églises baroques et jésuites; ils
sont un des éléments actifs de leur laideur. Que
notre gratitude ne s'égare pas et remonte tout
droit à Léon Battista Alberti, homme universel,
auteur responsable de ces méfaits.

Florence vous montrera à ce moment une suite
intéressante de palais de la première et de la
haute Renaissance et aussi de l'époque baroque.
Burckhardt les indique tous, y compris une
œuvre authentique de Raphaël, le palais Pandolfini. Mais il faut, en les regardant, libérer son
esprit, oublier le ton lyrique que l'on prend en
parlant de la Renaissance et juger ces monuments

à leur valeur relative. Historiquement ils succèdent à un style qui a donné des chefs-d'œuvre dans l'architecture religieuse et des œuvres fort belles dans la civile. La Renaissance marque sans conteste un recul dans le domaine qui avait été jusqu'alors le domaine royal de l'architecture. Dans la construction civile, les palais italiens sont le point de départ de l'ère architecturale la plus médiocre que le monde ait vue, la moderne.

***

En voici assez pour l'instant sur l'architecture. Comme on le voit, le mot de Renaissance n'est que trop justifié. C'est dans les magasins de l'antiquité que l'on va chercher les éléments d'un nouveau style. Nous en suivrons le développement à Rome, où nous allons nous rendre maintenant pour la seconde fois. Car ce sont là les étapes essentielles d'un voyage en Italie. Une fois qu'on les a faites dans l'ordre que nous indiquons, on peut aller au hasard à travers les petites villes, suivant les commodités de lieux et de temps. Partout les choses nouvelles que l'on verra viendront se ranger dans des séries déjà connues.

Nous ne quitterons pas Florence sans ajouter un mot sur des travaux dont notre cadre ne nous a point permis de parler. Les travaux de marqueterie de bois — tarsia — sont intéressants;

les faïences des xv° et xvi° siècles comptent des chefs-d'œuvre; il y a des miniatures importantes et des petits bronzes délicieux. Les vitraux, par contre, sont tardifs et de peu de valeur.

En Toscane enfin, on sera dans un milieu excellent pour l'étude de ce peuple très mal connu, les Etrusques. Le Musée de Florence, fort bien aménagé, renferme des pièces admirables et une foule de documents où se révèle un sens plastique profond et ingénu, réaliste et érotique. On verra par ailleurs des tombeaux étrusques à Chiusi, Orvieto, Pérouse, etc. Cet art est attirant et vaudrait une étude approfondie. J'ose à peine y engager mes lecteurs et leur recommander le livre de M. Martha, *les Etrusques*, car le directeur du Musée de Florence, l'érudit M. Milani, a découvert que ce que l'on avait écrit jusqu'ici sur le sujet était sans valeur et a trouvé la clef qui nous ouvrira l'accès de ce monde mystérieux. Il m'a annoncé qu'il allait publier le résultat de ses travaux de vingt ans et établir sur des bases solides la jusqu'ici chancelante archéologie étrusque.

En attendant ses surprenantes révélations, jouissons en ignorants des bronzes et statues funéraires de Florence.

## SIENNE

Quittant Florence, arrêtons-nous, sur le chemin
de Rome, à Sienne. Nous parcourons maintenant
une série de villes qui nous présentent comme un
tableau en raccourci du développement de l'art.
Florence nous a montré l'effort de trois siècles.
La variété des études auxquelles elle oblige nous
a retenus plus de deux mois. Avant d'aller voir à
Rome l'épanouissement suprême de l'art italien,
reposons-nous huit jours à Sienne, qui renferme
en ses églises et dans ses palais, les séduisants
témoins d'un labeur artistique original. Elle nous
offrira une vue abrégée sur le moyen âge, le xv⁰
et le xvi⁰ siècle.

Chevauchant trois collines d'argile brune, dans
un paysage dont les lignes accidentées s'en vont
par plans étagés jusqu'aux montagnes pâles à
l'horizon, gothique dans les palais qui bordent ses
rues étroites, Sienne, isolée du monde, nous fut
un lieu de repos, une halte. Elle n'abritait point
d'étrangers alors que nous y séjournâmes, au
commencement de février. Elle n'a ni industrie
ni commerce. Les voitures y sont rares ; seuls, les
chars retentissants de la campagne troublent son
repos aux jours de marché. Les passants sont peu

nombreux ; les boutiques petites, les quartiers
neufs écartés, et l'on n'est pas obligé de les tra-
verser. Les rues dallées, sans trottoir, montent et
descendent ; ici, avec la surprise d'un escalier
menant à une place en amphithéâtre que termine
une maison de ville d'une magnifique architecture
moyen âge ; là, avec l'étonnement de deux églises
superposées et d'un degré haut, que surmonte une
large porte gothique aux encadrements sculptés :
plus loin c'est une arche sous laquelle plonge en
tournant une route qui va aux quartiers bas ; ou
bien, serrée entre les angles à bossages de deux
massifs palais aux fenêtres en ogive et dont les
fins créneaux dentellent le ciel, une échappée à travers l'ombre sur la campagne lointaine, que barre,
voisine, la silhouette brusque d'un cyprès ; puis,
se croisant et passant les unes sous les autres, un
enchevêtrement de ruelles et d'allées qu'enserre
la masse rouge des remparts.

Notre chambre à l'hôtel fut pour beaucoup dans
les impressions délicieuses que nous a laissées
Sienne. — Au second étage d'un palais, elle tourne
le dos à la rue et regarde, par sa fenêtre unique,
le couchant. Douze mètres de longueur, six de
largeur, cinq de hauteur, la font vaste ; elle a une
petite cheminée où quelques souches de vigne
brûlent en pétillant et près de laquelle nous écri-
vons. On se promène, on fume, on travaille, on se
baigne et on dort à l'aise dans cette pièce hospi-
talière. Mais elle vaut surtout par la vue qu'elle

offre. Elle domine un grouillement de petites maisons, qui devant nous descendent en pente raide vers le fond d'une vallée, où, tout de suite, ce sont des arbres, des prés, des champs. A gauche les toits se groupent, taches brunes et rouillées, pour grimper à l'assaut de la cathédrale plantée au sommet d'une colline, qu'elle couronne de ses arêtes en découpures vives entre lesquelles fuse un campanile aigu. Somptueuse dans sa robe étalée de marbre, elle règne protectrice sur les quartiers pauvres où, au soir venu, quelques cheminées à peine fument. A droite, construite à pic sur une avancée de terrain en promontoire, une massive église noie dans l'ombre sa masse inarticulée, tandis que la ligne de son toit se profile en noir sur le couchant lumineux. Entre ces deux escarpements où se dressent, face l'une à l'autre, la cathédrale et San Domenico, c'est, dans une échancrure profonde, la fuite des quartiers bas vers la campagne toute voisine dont les plans successifs s'étagent, où se distinguent encore çà et là des habitations disséminées, un bouquet d'arbres, quelques haies roussies par l'hiver, jusqu'aux collines plus élevées derrière lesquelles pointent les montagnes neigeuses de Toscane.

Et sur la ville endormie, montait à la nuit une lune gelée, ronde et hallucinante, en face de nous.

On retrouvera à Sienne, pour chaque époque déjà étudiée, des œuvres importantes. La cathédrale est architecturalement supérieure à celle de Florence, quand même on ne peut s'y habituer aux alternances de marbres noir et blanc, par couches horizontales, qui brisent le rythme vertical de l'édifice. La façade est peu plaisante, encore qu'elle ait de fortes figures de Jean de Pise. A l'intérieur il y a une chaire de Nicolas et Jean de Pise, laquelle, pleine de vie et de mouvement, est bien différente de celle du baptistère de Pise ; on y admire un beau nègre dans le cortège des rois mages. Et c'est le pavé célèbre où s'étalent des graffiti splendidement décoratifs ; c'est l'autel Piccolomini, où des *Prophètes* attribués à Michel-Ange nous laissèrent sans émotion ; et la chapelle Saint-Jean, qui héberge un bronze de Donatello, dont il est encore une plaque tombale dans le transept : des fonts baptismaux, œuvre possible de Jacopo della Quercia et de petites fresques charmantes de Pinturicchio, entre lesquelles une séduisante *Nativité* nous retint ; puis la décoration sculptée, d'une Renaissance abondante, du portail de la chapelle par Marinna. Ce sont encore les stalles en marqueterie du chœur, des œuvres décoratives en bronze de Riccio, maître en son art, le tabernacle en bronze de Vecchieta et les deux anges élégants qui le flanquent, par Francesco di Giorgio. — Vraiment la cathédrale de Sienne se présente unique par les richesses que des siècles y ont entassées.

En outre, la Libreria, qui s'ouvre dans le bas

côté de gauche, vous retiendra longuement. Car l'on y voit d'abord les fresques notables de Pinturicchio, récit facile et sans boursoufflures de la vie d'Æneas Silvius Piccolomini, pape Pie II, et ces fresques aimables peuvent être regardées sans torsion du cou, sans cassure de la nuque, sans mal de tête final ; et puis il y a, au centre de la pièce, un admirable chef-d'œuvre antique qui vous fera revivre d'un seul coup les émotions autrefois ressenties à Naples et à Rome, les *Trois Grâces*, aux lignes graciles et pleines — le jet de ces jeunes corps comme d'une plante ! — qui s'enlacent si noblement en un groupe rythmé. C'est une heure délicieuse à passer, en vagabondage de notre plan méthodique à la conquête ordonnée de l'art italien.

Les Trois Grâces furent trouvées à Rome en 1460 et envoyées par Pie II à Sienne, où Raphaël en fit de libres dessins.

Comme on le verra en courant les églises et les musées, il y a un art siennois qui ne se laisse pas réduire à son puissant rival, l'art florentin.

Il est intéressant de noter ici la part que les villes ont prise dans la culture de cette époque et l'influence que la formation politique de l'Italie du moyen âge a exercée sur le caractère des arts plastiques. Sienne, qui n'est pas séparée de Florence par plus de quatre-vingts kilomètres, fut longtemps ville indépendante et eut un art original.

Tous les manuels en donnent les caractéristiques. On aura au Musée et à l'œuvre du Dôme les peintres antérieurs à Giotto et ses contemporains. Duccio (fin xɪɪɪᵉ) est le premier ; le caractère de ses figures, une fois aperçu, ne se laisse pas oublier ; le visage est d'un ovale assez plein, le nez long et busqué ; les yeux fins, étroits, la chevelure délicieusement ondée, ramenée en arrière en boucles au-dessus d'un fil, au milieu duquel pend une pierre précieuse, telles sont les caractéristiques de Duccio, dont quelques-unes resteront pour un siècle dans l'art siennois, — la forme des yeux et la coiffure.

Au temps de Giotto, SIMONE DI MARTINO [1285 (?)-1344] fut ici son rival. Il vint en France et peignit au Palais des Papes à Avignon des fresques que l'on a saccagées pendant la Révolution ; les soldats, à l'heure actuelle, se chargent de ce qui reste. De ce Simone il est, aux Offices, une Vierge délicate et maniérée sur un fond ouvré d'or, à laquelle un Ange étincelant annonce la prochaine naissance du Christ : entre eux fleurit un surnaturel lys. A Sienne, il fit une fresque impressionnante au Palais public, *Guidoriccio* se rendant sur son cheval de guerre, de son camp représenté à droite, à une ville — Sienne — plantée sur une colline. Au même Palais, une *Madone*, entourée de plusieurs saints.

Dans le xɪvᵉ siècle, Sienne se maintint à la hauteur de sa rivale, avec les LORENZETTI, VANNI,

Taddeo di Bartolo, desquels on verra les œuvres au Musée et au Palais public.

Mais au xv⁰ siècle, elle ne se renouvelle pas : elle fait de l'archaïsme ; ses tableaux de piété sont riches et mièvres : ses Vierges d'une délicatesse excessive ; ses saints anémiés. On a toujours envie de vieillir ces œuvres de cinquante ans.

A la fin du siècle une nouvelle école fleurit avec des grands artistes étrangers. — Un Lombard, entre autres, s'y fixe, dont le nom nous attirait à Sienne, Sodoma (1477-1549), peintre fort célèbre, mais moins connu que ses illustres contemporains. Sienne et ses environs (monte Oliveto Maggiore) permettent de l'étudier.

L'*Extase de sainte Catherine* à San Domenico me paraît excellente, mais j'avouerai que, monté à tort par des louanges qui me faisaient espérer un rival de Raphaël et de Léonard, j'eus dans l'ensemble une déception. On voit dans son œuvre, sans les qualités décisives de Raphaël, les traces déjà d'une facilité un peu lâchée, une gesticulation sans raison, une tendance au doucereux et, avec de soudaines beautés de formes, un manque souvent grave d'émotion et de caractère.

A l'oratoire de Saint-Bernardin, on a, à côté des fresques de Sodoma, celles de peintres qui ont subi son influence et qui ont atteint parfois à la même hauteur. Beccafumi (1486-1551) et Girolamo del Pacchia (1477-1535) sont à noter.

Sienne eut aussi une sculpture originale. La Toscane compte plus d'un tombeau de faire siennois. Mais de Tino di Camaino, chef de l'école († 1339), il n'est point d'œuvre dans sa ville natale.

On y verra, par contre, les fragments mutilés de la fontaine Gaja, d'un des plus puissants tailleurs de pierre italiens, Jacopo della Quercia. Il est à jamais regrettable que de si nobles figures aient eu à souffrir de l'insouciance des hommes et de l'inclémence des temps. Elles gisent maintenant, plus qu'à moitié défaites, comme en un cimetière, à l'Œuvre du Dôme où leur manque même la lumière indispensable (voir p. 153).

Les maîtres du xv⁰ siècle, Federighi († 1490), Giovanni di Turino (†1454), Vecchietta (1412-1480) Francesco di Giorgio (1439-1502), Cozzarelli (†1453-1515) nous ont laissé des œuvres fines, travaillées et intéressantes. Le bronze est leur matière favorite.

L'on rendra visite à la maison de sainte Catherine, à moitié chemin dans le bas quartier occupé aujourd'hui encore par des teinturiers. Bien qu'elle ait perdu toute trace de sa forme première, que des chapelles baroques et horribles l'avilissent et qu'un seul oratoire y ait une grâce un peu fine, bien qu'elle n'ait conservé aucun souvenir de la fille de foulon que fut sainte Catherine, elle vaut de s'y rendre pour le charme de sa petite cour, de sa loggia et de son escalier en brique rouge, d'une couleur et d'un dessin exquis. C'est, je crois bien, l'œuvre architecturale la plus intime et, dans sa simplicité, la plus attirante de la Renaissance italienne. On la doit à Balthazar Peruzzi, que nous retrouverons à Rome.

Le Palais public, situé au bas d'une place en amphithéâtre qu'il ferme, est une superbe construction du moyen âge, le plus bel édifice de ce genre édifié en Italie. Les églises sont nombreuses, généralement laides, mais garnies de peintures et de tableaux; le musée est riche et plus riche la cathédrale. Les Palais montrent de pittoresques et gothiques architectures, plus rarement de lourdes façades Renaissance, avec pilastres, ordres, frontons et l'ennui d'une décoration banale. Presque tous ont des ornements magnifiques de fer forgé ou de bronze, que Sienne excella à fabriquer pendant deux siècles; des torchères, des anneaux, des lanternes, des porte-drapeaux, d'une matière forte et patinée. Il est vraiment charmant de se promener dans ces rues qui grimpent sur les trois collines rapprochées : les vues sur la campagne sont soudaines et bien encadrées. L'on restera volontiers une semaine dans cette ville archaïque, dont les habitants, au dire de Baedeker, ont des manières agréables et insinuantes.

## SAN-GIMIGNANO

De Sienne, il faut aller passer une journée à San-Gimignano, petite ville qui, dans l'isolement de la campagne toscane, a été à peine touchée par les changements modernes et mérite encore son nom, San-Gimignano aux belles tours. — On y arrive en voiture de Poggibonsi. Une route en lacets y mène et l'on ne voit la ville que lorsqu'on est près d'y entrer. Elle représente parfaitement le nid d'aigles qu'étaient les petites cités italiennes au moyen âge, alors que, dans un pays troublé et sans cesse en proie aux guerres civiles, on ne pouvait garder son indépendance que par la sûreté d'une position fortifiée, difficile d'accès.

L'aspect de San-Gimignano, au plus haut de la colline, enserrée dans les remparts que bordent des plantations d'olivier où courent des murs ruinés, est saisissant. Elle hérisse vers le ciel les tours rectangulaires des monuments publics et des anciennes demeures nobles, telles qu'on en voyait au moyen âge dans toutes les villes de la Toscane, avant qu'une démocratie jalouse ne les eût fait raser. Celles de Florence disparurent au xiii<sup>e</sup> siècle déjà. Les rues étroites et raides ne permettent guère la circulation que de chars attelés de grands bœufs magnifiques aux cornes immenses, qui donnent une des jolies notes pittoresques de ce pays.

Nous vîmes la collégiale avec des fresques du
XIVᵉ et du XVᵉ siècle; une chapelle de Ghirlandajo,
où est racontée l'histoire de sainte Fina, qui ne
tint pas les promesses que les photographies nous
avaient faites; dans le chœur, un tableau de P. del
Pollajuolo, un Gozzoli, des sculptures florentines ;
à Sant'Agostino, d'importantes fresques de Benozzo
Gozzoli, lesquelles sont animées et bien éclairées,
mais qui ne purent me passionner ; puis le
musée municipal. Ce sont les principales richesses
de San-Gimignano. Mais c'est, en somme, San-
Gimignano elle-même qui vaut d'être vue. On y
arrive à travers un pays délicieux et, entre les
murs rapprochés de ses rues, on respire comme
une bouffée d'air du moyen âge.

En quittant Sienne, nous descendons au sud
vers Rome, à travers la belle vallée de la Chiana,
que dessinent à gauche et à droite des collines et
des montagnes où nichent de lointaines villes
escarpées. On peut s'arrêter à Montepulciano,
gagner de là l'artificielle et Renaissance Pienza,
voir Chiusi, l'étrusque; mais l'étape nécessaire,
avant Rome, est Orvieto.

ORVIETO

Dans une extraordinaire contrée volcanique et
tuffeuse, s'élève Orvieto, sur un rocher énorme
surplombant le Paglia. Le progrès matériel de la
civilisation a joint la ville au chemin de fer par un

funiculaire, partiellement en tunnel. Mais, si l'on voyage pour son agrément, il est préférable de suivre la route qui monte en lacets autour du mamelon conique sur lequel s'édifie la ville. Orvieto, retenue par les assises formidables de ses murs, semble une gageure, plantée qu'elle est au point le plus inaccessible du pays. On s'arrête, en y grimpant, à des tombes étrusques bien conservées.

Il y a trois choses à voir ici, toutes trois à la cathédrale. La cathédrale, d'abord, fondée pour commémorer le miracle de la messe de Bolsène (1290), a une façade polychrome à trois pignons, richement décorée. Mais elle a été trop vantée et n'a pu modifier nos idées sur le gothique italien. Ensuite ce sont les bas-reliefs qui s'étalent sur les quatre piliers de la façade. J'aimerais assez y voir deux écoles différentes : l'une, d'expression élégante et infiniment gracieuse, aurait fait la série de la Genèse, avec le récit charmant de la *Création de l'homme* ; l'autre, plus terrible et plus agitée, le *Jugement dernier* et la mêlée tragique des démons et des damnés. La première serait florentine et influencée par Andrea Pisano ; pour la seconde, M. Reymond (voir Bibliographie) voudrait la donner aux Pisans ; mais il ressort de sa discussion même que ces sculptures sont du second quart du xiv⁰ siècle, époque à laquelle l'école originale de Pise ne compte plus un représentant connu, Andrea et Nino étant florentins, suivant la classification admise. Pour le *Cicerone*, le tout est sien-

nois ; cela est peu vraisemblable. D'où qu'ils
viennent, ces bas-reliefs sont une des créations
les plus séduisantes de la statuaire italienne du
moyen âge.

Enfin la cathédrale a une chapelle célèbre, le
Cappella Nuova, aux murs de laquelle furent
peintes, par Luca Signorelli, les dernières grandes
fresques du xvᵉ siècle. Ce LUCA SIGNORELLI (1441-
1523), Ombrien, élève de Piero della Francesca,
nous n'en avions vu jusqu'alors que des tableaux,
à Arezzo, à l'Académie de Florence et aux Offices,
d'une peinture lourde, d'aspect assez rebutant, de
personnages grossiers, de vierges populacières, qui
n'avaient pas justifié sa grande renommée. Mais
c'est ici, dans ce vaste ensemble décoratif, qu'il le
faut admirer. C'est le triomphe du nu, annoncé
au début du siècle par Masaccio. Dans la *Résurrection des morts*, dans l'*Enfer*, c'est une mêlée
de corps musclés et comme écorchés. Mais, avec
tout le progrès anatomique que l'on voudra et
que de longues études avaient préparé, je ne puis
dire qu'il y ait plastiquement une supériorité sur
l'*Adam et l'Ève* ou sur les *Néophytes attendant le
baptême* de la chapelle du Carmine. La liberté et
la puissance de la composition, la décision qui s'y
marque, font de ces fresques une des œuvres
capitales du siècle. Et puis elles échappent au
sort terrible de la plupart des peintures de ce
temps : on peut les voir, la lumière est bonne,
leur conservation excellente.

Pour ce qui est du reste de la cathédrale, on n'y prendra pas grand agrément, sauf peut-être aux stalles en marqueterie du chœur (1421). En sortant, on entre à l'Œuvre du Dôme où se voient des tableaux de Simone di Martino et de Signorelli, et quelques sculptures.

Nous sommes passés enfin à San Domenico où il y a un tombeau d'Arnolfo di Cambio, et nous sommes rendus au jardin public, dit la Forteresse. De son extrémité on a une vue plongeante admirable sur la vallée du Tibre et les lointains de l'Ombrie. Près de là on nous montra un puits fort curieux dans lequel plongent deux chemins en vis parallèles, l'un pour la descente des ânes qui vont chercher l'eau, l'autre pour leur remontée.

On passera une journée charmante à Orvieto dont on aura tout ce qu'elle peut donner en quelques heures.

La route qui mène d'Orvieto à Rome est belle. On suit la vallée du Tibre, que bordent des montagnes dentelées, les cimes du Soracte, des collines où s'échafaudent des ruines de châteaux-forts. Dans la vallée, on voit des troupeaux de bœufs, gardés par d'étranges bergers à cheval. Nous y sommes passés à la fin du jour ; la lumière était chaude et l'atmosphère sereine ; des flaques de soleil brillaient entre les joncs sauvages ; et soudain, dans le lointain, nous aperçûmes une coupole haute dans le ciel : c'était Saint-Pierre de Rome.

# ROME ET LA RENAISSANCE

Nous voici à Rome pour la seconde fois. Nous n'y chercherons maintenant que les maîtres de la Renaissance et, si nous rencontrons sur notre chemin d'anciens amis, nous passerons sans nous arrêter, car c'est de bien autre chose que de l'antique qu'il s'agit.

Plus j'y réfléchis, moins je peux croire à une action salutaire de l'antiquité sur l'art de la Renaissance. Son influence s'exerce surtout à la décadence, au xvi<sup>e</sup> siècle : en peinture, on ne lui doit guère que des sujets mythologiques, des allégories, des décorations, le style pompéien, dont nous dirons ce que l'on peut en penser, et l'apparition du poncif, des types convenus et canoniques, tout ce qui formera plus tard l'académisme ; en sculpture, à côté des imitations et pastiches nombreux, elle incite au nu, ce qui n'est pas un progrès certain. Son action se borne là, car les maîtres de la Renaissance, et quels sont-ils après Michel-Ange ? si d'intention ils s'inspirent de modèles antiques, font, malgré eux, des œuvres de leur temps, qui en ont les qualités médiocres et les défauts graves, en particulier celui de vouloir paraître autre chose que ce qu'elles sont.

Quant aux architectes, je sais bien qu'ils font revivre les pilastres, les colonnes, les frontons et entablements de l'architecture romaine, mais ils changent si complètement le sens traditionnel des mots qu'ils emploient qu'ils créent une espèce de jargon, dont les termes, empruntés aux styles anciens, sont unis par les règles nouvelles d'une syntaxe défectueuse. Ce jargon devra à sa formation artificielle, à son caractère mêlé et au fait qu'il n'appartient en propre ni à un sol ni à une race, de devenir le truchement en usage courant dans l'Europe au xvii<sup>e</sup> siècle et de rester le médiocre langage cosmopolite de l'architecture moderne.

Trois semaines suffiront pour notre tâche présente.

Cette fois-ci nous ouvrirons les yeux tout grands sur la ville moderne. Rome, dans sa forme actuelle, est du xvi<sup>e</sup>, du xvii<sup>e</sup> et du xviii<sup>e</sup> siècle, plus les quartiers et rues bâtis depuis 1870. Je ne sais pas de capitale qui compte un plus grand nombre de bâtiments publics abominables! On n'y voit que des églises baroques, avec des coupoles en champignons, des façades tourmentées, des devantures de chapelles tordues en vagues ; l'on côtoye des palais bosselés en prisons, des fontaines où s'agitent des colosses hideux, et l'on traverse des ponts bordés de statues hystériquement contournées. Je ne pense pas qu'il existe au monde une accumulation aussi considérable de choses médiocres, riches et laides et la stupéfaction ne fera que grandir à découvrir chaque jour de nouvelles horreurs architecturales, sans que jamais l'on puisse reposer ses yeux fatigués sur une œuvre tranquille et pure. Et dire que c'est à partir du xvɪᵉ siècle que Rome est devenue la capitale des arts! Et dire qu'on a voulu nous faire prendre les œuvres du xvɪᵉ et xvɪɪᵉ siècles pour des modèles, et que non content de les avoir imitées tant depuis deux cents ans, on prétend aujourd'hui encore nous les faire admirer!

Nous gardons ici la division adoptée pour Florence et sérions les sujets pour la haute Renaissance, comme pour le xvᵉ siècle.


## *LA SCULPTURE*


Rome n'est pas riche en sculpture, jusqu'au milieu du xvɪᵉ siècle. Santa Maria del Popolo est l'église la mieux fournie. On y trouve les florentins, Mino da Fiesole, Pollajuolo, Andrea Sansovino et une série de tombeaux des xvᵉ et xvɪᵉ siècles. Mais il n'y a rien là de capital et de nouveau pour nous.

A San Pietro in Vincoli est un des chefs-d'œuvre de Michel-Ange, le *Moïse* du tombeau de Jules II. Le tombeau adossé est d'architecture baroque; il n'y a du maître que le *Moïse*, *Rachel* et *Lia*, personnifiant la vie active et la vie contemplative. Voici le beau passage de Dante qui a inspiré Michel-Ange : « Que quiconque demande mon nom sache que je suis Lia, et je vais portant de tous côtés mes belles mains, pour me faire une guirlande. C'est pour me plaire à mon miroir que je me pare ; ma sœur Rachel ne se détourne jamais du sien, mais elle demeure assise devant lui tout le jour. Elle est avide de voir ses beaux yeux, comme moi de me parer avec mes mains. Son bonheur est de contempler et le mien d'agir. » (*Purg.*, ch. xxvii, v. 100.)

Rachel et Lia vivent dans les vers de Dante plus que dans l'œuvre assez froide de Michel-Ange. Le *Moïse* cornu est, au contraire, magnifique et terrible. C'est une des créations les plus impressionnantes du maître.

Le *Christ* de l'église de la Minerve, par contre, m'apparaît médiocre. Ici je ne sens aucune trace du combat intérieur, de la lutte d'où sont sorties les grandes œuvres de Michel-Ange. Comme l'on sait, le Christ est nu, debout. Je n'aime pas l'idée de représenter le Christ en « académie ». Ce n'est ni à ses muscles, ni à l'attache de ses membres que je m'intéresse, mais bien à sa personne morale. Et son corps ne requiert mon attention qu'en tant qu'il traduit un état de passion ou de souffrance intérieure, ce qui n'est pas le cas du *Christ* de la Minerve. Postérieurement, on a couvert sa nudité

d'un voile de bronze, et on a chaussé son pied
d'une sandale de même métal, de peur que les
baisers des fidèles n'usent le marbre. Habiller
après coup, le Christ, est l'idée la plus saugrenue
qui puisse germer dans la tête d'un prêtre. L'im-
bécillité artistique du clergé, sur laquelle gémit
Huysmans, n'est pas d'aujourd'hui.

Il y a plusieurs choses à regarder dans cette
médiocre église gothique, si mal restaurée. Mais
était-ce le cadre si laid ou la fatigue, nous n'avons
pu prêter qu'une médiocre attention à une œuvre
des Cosmas, à un tombeau de Mino da Fiesole, et
les monuments des Médicis ne firent aucune impression profonde sur nous. Je retins seulement
que Fra Angelico fut enterré dans une chapelle
voisine du chœur où se voit sa plaque tombale.

A défaut d'un musée de sculpture moderne que
Rome n'a pas, rendons-nous à Saint-Pierre.

La plus belle des œuvres qu'il renferme est sans
doute la *Pieta*, faite en 1500, alors que Michel-
Ange avait vingt-quatre ans. Nous eûmes une
grande joie à la trouver dans la première chapelle de droite, car c'est un groupe admirable, et
nous venions de voir tant de laideurs colossales
dans l'énorme basilique qu'elle nous apparut non
seulement belle, mais délicate et raffinée. Ces
qualités aperçues dans la *Pieta* disent l'outrance
des temps postérieurs, auprès de laquelle l'em-
portement même d'un Michel-Ange semble le
geste distingué d'un maître modéré.

A noter encore deux tombeaux de bronze des Pollajuolo, qui font apprécier dans leur richesse la sûreté d'un goût qui ne devait point survivre à ces générations; un maigre Mino da Fiesole.

Mais comment dire le reste, depuis la porte centrale de Filarete, où l'on peut admirer, à l'entrée de la basilique vaticane, de la mère des églises chrétiennes, siège du chef de la foi successeur de Pierre, dans les encadrements des polissonneries empruntées aux mythes antiques, — chose stupéfiante que d'offrir aux fidèles venus *ad limina* le spectacle préalable d'un *Ganymède* enlevé par l'aigle, d'une *Léda* en proie au cygne, d'*Europe* suspendue au taureau, tout un recueil de sujets choisis pour illustrer de scènes excitantes, la bestialité — jusqu'à, dans l'abside, l'inouïe chaire de Saint-Pierre, de Bernin, que portent les Pères de l'Eglise, semblables à d'avinés portefaix! Ce même BERNIN (1599-1680), violent bourreau de marbre, a rempli la basilique de tombeaux et de monuments abominables. Ce sont un *Saint Longin*, le tombeau de la comtesse Mathilde — que n'a-t-on laissé la paix à ses cendres, qui reposaient depuis cinq siècles à Mantoue! — celui d'Urbain VIII, le baldaquin colossal et torse sous la coupole, puis, au-dessus d'une porte, l'horreur inédite du monument d'Alexandre VII, un squelette en bronze doré, supportant un lourd rideau de marbre jaune et brun. On ne peut se faire une idée de la démence dont témoignent de telles œuvres. Et c'est le cavalier Bernin que Louis XIV faisait venir en France pour répandre le *goût* italien !

Qu'offre encore Saint-Pierre ? des œuvres de DUQUESNOY (1594-1644), ailleurs mieux inspiré, de l'ALGARDE (1598-1654), et d'autres de moindre importance. Il est vraiment difficile d'imaginer la laideur et la gesticulation de ces statues en coup de vent, dont les draperies voltigent comme soufflées par de furieuses tempêtes, où le marbre imite les fraises tuyautées, la finesse des dentelles, la lourdeur des velours, et qui représentent, en de démesurées allégories aux formes rebondies, les vertus dressées du défunt.

Ah ! certes, Saint-Pierre de Rome est le dernier endroit au monde où l'on ira chercher la statuaire chrétienne. C'est la salle à l'encan du rococo.

Le vieux *Saint Pierre* de bronze, sur sa chaise antique, a, malgré sa médiocrité, une supériorité de tenue incontestable. Il se tient très droit et un peu raide, comme pour protester contre l'avachissement des turbulents personnages qui l'entourent.

Rome, du reste, à part les quelques pièces que nous avons citées, est d'une pauvreté désespérante en sculptures de la bonne époque et d'une richesse non moins attristante en statues de la mauvaise.

C'est le Bernin et son école débraillée qui l'ont peuplée. On voit leurs œuvres dans les églises, sur les ponts, sur les fontaines compliquées — je n'en

connais qu'une vraiment élégante et d'un joli goût,
celle des Tortues, par Landini, — sur les balustrades
et les frontons. Rome en est pleine et la vulgarité de
cette parure est vraiment affligeante. On lira, dans
le *Cicerone*, les pages consacrées à cette école.
Elles sont, comme on peut s'y attendre, pénétrantes et informées. Mais, et c'est ici le côté faible
de ce livre excellent, Burckhardt parle avec une
sagacité presqu'indifférente de ces abominations
anti-artistiques. Il a une manière philosophique
d'envisager ces hommes et de les expliquer. C'est
l'avantage de la méthode critique de s'appliquer
indifféremment à l'étude de n'importe quel moment de l'histoire de la civilisation, aux œuvres
qui ont une valeur comme à celles qui n'en ont
pas. Mais, au point de vue de l'art, il y a des
époques nulles et des époques vivantes. On ne le
sent pas assez dans les pages que Burckhardt consacre à Bernin. De ce qu'il fut l'idole de son siècle,
et de ce que les papes, les rois et les grands seigneurs le comblèrent d'honneurs, il ne s'en ensuit
pas qu'il ait créé une œuvre durable et qui doive
occuper — sinon comme annexe à la tératologie —
la postérité.

C'est le moment où triomphait Bernin que l'intelligence artistique si vantée de Louis XIV choisit
pour envoyer à Rome les meilleurs d'entre les
jeunes sculpteurs français, afin qu'ils pussent, en
un séjour de quatre ans, prendre là-bas les habi-
tudes théâtrales et emphatiques, nécessaires pour

plaire au public éclairé qui recevait son mot
d'ordre de Versailles (relire, dans Nisard, les chapitres qu'il ne faut pas oublier, sur Louis XIV,
idéal des artistes de son temps).

## LA PEINTURE

Au xv<sup>e</sup> siècle, les meilleurs peintres d'Italie pas-
sèrent à Rome, depuis Masaccio et Masolino (à
Saint-Clément), jusqu'aux maîtres définitifs de la
fin du siècle. Fra Angelico y peignit, vers 1450,
la chapelle de Nicolas V au Vatican. Elle est excellente, et le vieux moine y déploya un talent toujours égal à lui-même. Mais elle est si mal placée !
On n'y peut parvenir qu'à travers les Chambres de
Raphaël. J'avoue n'avoir pu m'y intéresser comme
je l'aurais voulu. Elle est vraiment trop étrangère
ici pour nous pouvoir plaire.

### LE VATICAN

De même on ne prendra guère qu'un intérêt
rétrospectif, déjà ! aux fresques des murs latéraux
de la Sixtine qu'ont peintes Botticelli, Ghirlandajo, Luca Signorelli, Pinturicchio, Cosimo Rosselli et le Pérugin. Dans un autre cadre, loin du
voisinage écrasant du plafond de Michel-Ange,
elles se laisseraient apprécier et nous charmeraient
sans doute.

Mais c'est Michel-Ange et Raphaël que nous venons voir. A ce moment de notre voyage, c'est eux seuls qui nous attirent. On se rendra donc à la chapelle Sixtine.

## MICHEL-ANGE

Je me souviens du frémissement d'impatience que j'avais lorsque je me hâtais pour la première fois vers ce plafond célèbre dont les moindres détails nous ont été rendus familiers par la photographie. J'allais enfin voir dans leur réalité les scènes éternelles de la Création de l'homme, du Péché originel, du Déluge, j'allais méditer sous le regard des Prophètes, et les Sybilles passionnées m'ouvriraient l'avenir ; pour moi allaient revivre encore les extraordinaires figures nues, qui représentent la forme humaine dans la richesse inouïe de ses possibilités plastiques. J'attendais avec anxiété cette heure décisive.

Mais, lorsque je fus dans la Sixtine, j'éprouvai tout d'abord un grand désappointement. J'apercevais un ensemble confus où je distinguais mal quelques scènes connues, une mêlée de personnages dont je ne saisissais pas le sens. Bientôt pourtant je retrouvai un enchaînement, sinon une unité. Je repris, un à un, les sujets encadrés par des médaillons ; j'entrevis Dieu planant ; je le suivis dans la séparation de la lumière et des ténèbres ; mais, comme je me disposais à regarder enfin la Création de l'homme, une soudaine et lancinante douleur dans la nuque me força à m'arrêter et me rappela que depuis plus de cinq minutes, ma tête, renversée en arrière en angle droit avec mon corps, était dans une position impossible à soutenir.

Je m'assis; tout tournait devant moi. Il me fallut quelque temps pour recouvrer la possession de moi-même.

Puis à nouveau je braquai mes yeux sur cette foule plafonnante. Je ne pus voir cette fois-là qu'une scène, celle où un Dieu tout puissant suscite, de quel geste admirable ! Adam du limon de la terre. Mais encore je fus forcé de m'arrêter et contraint à penser à ma condition misérable d'homme, attaché au sol et mal fait pour suivre, même des yeux, l'envol des corps glorieux qui planent sur nos têtes.

J'étais désespéré. Un sacristain, ému de pitié, m'offrit un petit miroir de vingt centimètres de côtés, qui me permit de regarder lentement et un à un les sujets de la voûte. C'était donc ainsi qu'il fallait voir ce plafond, par petits morceaux dans un carreau de verre !

Du récit de ma mésaventure, je prétends tirer quelques réflexions topiques.

Le plafond de la Sixtine, comme ensemble, n'existe pas. On ne peut l'embrasser d'un coup d'œil, le lire d'affilée. Peut-être a-t-il eu une existence transcendante dans l'esprit de Michel-

Ange qui, de scènes diverses, voulait créer une unité. C'est possible, mais phénoménalement, c'est-à-dire tel qu'il apparaît, il n'est pas un ; c'est une suite de fragments que l'œil analyse.

Et ces fragments eux-mêmes ne peuvent être regardés qu'au prix d'inévitables torticolis, de maux de tête certains, par le vice essentiel de l'architecture. Les voûtes que la Renaissance a voulues, se refusent à être décorées picturalement ou, si elles le sont, elles se vengent en punissant l'audacieux qui ose lever les yeux sur elles.

Or cela est détestable. Car, enfin, il faut bien admettre que le but de l'art est de procurer une satisfaction esthétique (quelle qu'elle soit et si pure qu'on la veuille), et je demande comment on goûtera un plaisir quelconque lorsque la tête fait un angle de quarante-cinq degrés avec l'épine dorsale ! Et quelle abomination d'en être réduit au petit miroir qui détaille à vos pieds l'œuvre gigantesque de ce plafond ! La seule solution serait d'établir une série de lits de repos, sur lesquels on s'étendrait à plat pour regarder la voûte. Encore faudrait-il changer quatre ou cinq fois de lit pour en voir toutes les parties, tant le cadre se prête mal à une décoration peinte. Le seul fait d'être obligé de discuter de telles questions constitue la critique la plus sévère que l'on puisse adresser, non à la peinture de Michel-Ange, mais à la place pour laquelle elle fut faite.

Ici il faut se souvenir d'une autre chapelle.

construite au moyen âge selon les principes d'une
architecture que Michel-Ange qualifiait de « barbare et de monstrueuse », la chapelle des Espagnols à Santa Maria Novella de Florence. Elle est
de style gothique, les architectes n'ayant pas
encore renoncé au bon sens et aux qualités
logiques de construction pour aller prendre de
médiocres leçons dans une antiquité mal connue.
Grâce au système de voûtes sur arcs ogives, où
que vous soyez dans la chapelle, vous avez devant
vous un pan de mur que vous pouvez voir sans
vous casser la nuque, et sur lequel les personnages
apparaissent dans une position naturelle, qui se
rapproche de la verticale.

Faut-il compter au nombre des progrès réalisés
par la Renaissance, la substitution à la voûte
gothique de la voûte en berceau avec surface
plane au centre, impropre à la décoration peinte ?

A la Sixtine, il faut se contenter de jeter de
rapides coups d'œil sur le plafond. Cela est fort
affligeant, car ce que l'on aperçoit avec tant de
peine est admirable.

En face d'œuvres si connues, je me borne à
enregistrer telles quelles mes impressions. Je
dirai donc avec simplicité que la *Création de
l'homme* est fixée d'une façon définitive ; qu'il est
difficile de combiner un *Péché originel* plus puissant et qu'Adam et Eve sous l'arbre défendu sont
d'une beauté de formes inimaginable ; que j'ai
pris beaucoup moins de plaisir au *Déluge* que je

n'ai guère compris — à cause des difficultés matérielles expliquées ci-dessus — et que je ne me
suis pas passionné à l'*Ivresse de Noé*. J'ai joui
pleinement des figures nues assises aux angles de
chacune des scènes centrales et des Prophètes et
des Sybilles, de ceux du moins que j'ai pu voir,
car la lumière est, d'un côté, exécrable. Enfin le
pendentif à droite de l'entrée représente Judith et
Holopherne, et c'est une bien belle chose.

Il y a, en outre, dans ce plafond, une grande
partie décorative qui le surcharge, enlève de la
clarté aux scènes principales et n'ajoute rien à
l'ensemble. Ce sont les panneaux triangulaires au-
dessus des fenêtres où sont représentées, paraît-
il, les vies des ancêtres de la Vierge — mais qui a
jamais eu la patience de les déchiffrer? — des
cartouches et des petits Génies dans les pilastres,
tendant des guirlandes de fleurs. C'est d'une sura-
bondance fatigante et, étant donné l'angle sous
lequel on les voit, d'une confusion extrême. La
voûte fut peinte de 1508 à 1512.

Le *Jugement dernier*, sur le mur du fond de la
chapelle, fut exécuté plus tard, entre 1534 et 1541.
La lumière est bonne. Ah! que les scènes de la
Genèse ne sont-elles là plutôt que sur la voûte!

J'avoue, avec la même véracité, que le *Jugement dernier* ne m'a qu'à peine intéressé. Le ton
de l'ensemble est tout à fait déplaisant; il a bruni
et noirci incroyablement, et enfin je ne puis suivre
ces groupes confus d'êtres à la gesticulation exces-

sive, où presque jamais une forme plastique absolument belle — comme il y en a tant dans le plafond — n'arrête l'œil. Il faut dire tout de suite, pour la désolation des admirateurs à tout prix de Michel-Ange, qu'il ne reconnaîtrait pas son œuvre dans l'état où elle est, que les repeints sont nombreux, à l'huile et à la détrempe, que, postérieurement, l'on a ajouté des draperies à une foule de personnages dont la nudité choquait des papes trop aisément scandalisés, et qu'enfin les cierges de l'autel et les flambeaux des grandes cérémonies ont enfumé ce mur pendant des siècles.

Peut-être y a-t-il eu, à cette place, autrefois, un chef-d'œuvre? — il a disparu depuis longtemps.

On n'a pas accès facilement dans la chapelle Pauline, où Michel-Ange peignit deux fresques, qui sont dans un état pitoyable.

### LES CHAMBRES DE RAPHAEL

Après Michel-Ange, Raphaël. Ici encore c'était avec une impatience passionnée que j'attendais l'heure de voir les fresques de Raphaël.

Je n'eus point à subir les déceptions que m'avait causées l'arrangement des voûtes de la Sixtine. Les fresques sont peintes sur des murs, dans des pièces bien éclairées. On peut les examiner, debout, assis, à son aise, à condition de se servir d'un écran pour celles qui sont placées au-dessus des fenêtres. C'est de la peinture faite pour être regardée, chose plus rare qu'on ne le croirait.

D'entre les quatre chambres qui se suivent, la dernière, ou salle de Constantin, est l'œuvre d'élèves et n'apporte rien à la gloire de Raphaël. D'autre part, la chambre de l'*Incendie du Bourg*, n'est pas complètement du maître. Il n'aurait travaillé qu'au seul Incendie du Bourg et les deux autres fresques de la même salle seraient d'après ses cartons. Et encore l'Incendie du Bourg n'est-il pas certainement de sa main. En tout cas il a été restauré et modifié comme ton. C'est la plus populaire de ses fresques auprès de la plupart des artistes et de la majorité du public. Je ne puis m'y attacher. Malgré moi, j'y vois surtout un excellent « cahier d'expressions » que tout le monde a copiées et que l'on retrouve dans une foule d'œuvres ennuyeuses. Ce n'est pas ici que se montrent les grandes qualités de Raphaël. La question des dates est, sur ce point, intéressante. On sait par ailleurs la rivalité de Raphaël et de Michel-Ange. L'*Incendie du Bourg* a été peint après l'ouverture au public de la chapelle Sixtine, dont Michel-Ange avait décoré la voûte. Et l'on voit bien dans l'*Incendie* comme un désir chez Raphaël de faire autre chose que ce qu'il avait fait jusqu'alors et de lutter dans les nus avec Michel-Ange. Le *Couronnement de Charlemagne* et la *Victoire d'Ostie* sont de belles compositions exécutées par de remarquables élèves (Jules Romain, Perin del Vaga, Franc. Penni, Timoteo della Vite).

Restent la chambre de la Signature et la chambre d'Héliodore, peintes la première de 1509-1511, la seconde de 1512-1514. Elles justifient toutes deux la gloire de Raphaël. C'est vraiment le couronnement de l'art italien, l'expression la plus haute des qualités plastiques d'une race, qualités aperçues fragmentairement, au cours de ce voyage, en des hommes tels que Giotto, Masaccio, Fra Angelico, Lippi et tant d'autres, réunies ici dans une synthèse géniale. A côté de Raphaël, il y a place pour une autre façon de sentir et de s'exprimer : mais, dans la langue qui est sienne, il est allé au chef-d'œuvre.

Dans la chambre de la Signature, c'est la *Dispute du Saint-Sacrement*, merveilleuse d'unité et de coloris ; l'*École d'Athènes* dont l'ordonnance si belle, où tant de motifs divers sont reliés l'un à l'autre avec tant d'aisance, me touche cependant moins directement; et c'est le divin *Parnasse* où, en des groupes harmonieux, s'ordonnent d'inoubliables figures !

Qui ne garde précieusement en soi le souvenir de la Muse debout, vêtue d'une robe blanche, qui glisse sur le bras et laisse voir la naissance du sein? Ou qui ne revoit, même après des années, la Muse, robe jaune en tache chaude, tournant le dos au spectateur pour lui montrer une nuque admirable sous l'épaisse masse des cheveux?

Il n'y a pas pour moi de commune mesure entre la beauté sereine du *Parnasse* et l'agitation bruyante de l'*Incendie du Bourg*. Je ne me lasse pas de contempler le premier; le second tout de suite me fatigue.

En face sont les *Vertus cardinales*; mais, si l'on est particulièrement sensible à l'aspect de la peinture, que l'on regarde à droite de la fenêtre le pape *Grégoire IX*, dans sa grande robe blanche sous une chape somptueuse. C'est un étonnant morceau, qui à lui seul mettrait Raphaël au nombre des maîtres de la couleur, — ce qui tout de même est bien aussi important que de savoir composer et ordonner les lignes d'un tableau.

Cette qualité essentielle d'un peintre, la couleur, est généralement peu appréciée et par les critiques et par le public. Lisez les pages que Burckhardt consacre à ces œuvres; la composition, le choix du sujet, la façon dont le maître l'interprète, le costume, les personnages, leur groupement, voilà ce qui le préoccupe; du don premier et mystérieux de la couleur, il est à peine question. Aussi s'intéresse-t-il aux œuvres exécutées par les élèves (salle de Constantin et de l'Incendie), presqu'autant qu'à celles de la main du maître.

Mais c'est dans la chambre suivante, celle d'Héliodore, que la puissance de coloriste de Raphaël éclate dans l'œuvre, pour moi la plus parfaite : la *Messe de Bolsène*. Voyez la partie de droite, le Pape au centre, les cardinaux debout et dans le bas les gardes-suisses agenouillés. C'est un ensemble d'une étourdissante et magistrale harmonie où les rouges chantent et dominent. Pouvoir peindre un pan de mur ainsi me paraît bien autre chose que d'exprimer clairement un sujet donné et d'en tirer toute la signification.

On a dit ici l'influence d'un Vénitien, Seb. del Piombo, qui a vécu près de Raphaël dans les années où furent faites ces fresques. A tous ceux qui aiment l'art vénitien, il sera agréable de penser que l'action excellente de la peinture la plus savoureuse de l'Italie s'est exercée au moment propice sur l'auteur des Chambres.

L'*Héliodore chassé du temple* n'atteint pas à une semblable perfection : cependant il a des beautés très fortes, tout comme *Attila et Léon le Grand* qui lui font face, mais qui ne m'émeuvent pas au même degré. Le *Saint Pierre délivré* m'étonne et me ravit, sans me prendre tout entier.

Le plafond de la chambre de la Signature, peint par Raphaël, est d'un grand effet. J'y aime surtout la *Poésie* et une *Ère* délicieuse.

Telles sont les fresques vraiment supérieures où s'affirme le génie de Raphaël. J'arrivai défiant; toute une partie de l'œuvre de Raphaël m'échappe et me paraît médiocre ! — Est-ce encore ici un coup monté, me disais-je, et je m'attendais au pire. —Mais les deux Chambres maîtresses s'emparèrent, dès l'abord, de moi.

Nous passons vite dans la salle de Constantin,
ouvrage excellent d'élèves, qui serait digne de
nous retenir: mais on n'y pénètre qu'après avoir
vu l'Héliodore. la Messe. le Parnasse et la Dispute ;
il est impossible de s'y arrêter longtemps.

LES LOGES

Viennent les Loges. — Je n'y ai goûté qu'un
mince plaisir. D'abord elles sont en mauvais état
et parfois tout à fait abîmées. Ensuite elles ne
sont pas de la main de Raphaël. Enfin je n'en
aime pas le parti pris décoratif.

Sur ce point, il faut dire que l'école allemande
veut voir dans les Loges « un des premiers chefs-
d'œuvre de la décoration moderne », sans doute
parce que c'est une des premières œuvres peintes
à l'imitation du style décoratif antique. C'est ce
que l'on appela depuis des grotesques, ou style
pompéien: arabesques, treillis, masques, hippo-
campes, centaures, harpies, tritons, guirlandes,
cartouches, coquilles, etc., le tout d'une grande
finesse et d'une grâce certaine, mais d'un effet
décoratif beaucoup moins sûr.

On sait le succès qu'eurent ces imitations depuis
la Renaissance italienne. Quelle maison riche n'a
pas eu sa salle de style pompéien, généralement
d'une médiocrité désolante ? Aux Loges de Raphaël,
cette partie décorative fut traitée par ses collabo-

rateurs avec une grande maëstria ; mais c'est le principe qui me paraît défectueux.

Quant aux sujets tirés de la Genèse, ils sont plus ou moins heureux. Le Dieu séparant la lumière des ténèbres s'agite sans puissance et sans beauté. L'Eve du péché originel dresse par contre une juvénile et libre stature sous l'arbre du mal. Mais je n'ai pu me passionner à la suite de ce récit sans ampleur. Le souvenir des Loges ne me suivra pas.

### LE MUSÉE DU VATICAN

Des Loges on passe au musée. Il est à la fois peu nombreux et riche. A l'entrée un étrange *Saint Jérôme*, de Léonard de Vinci, avec un lion dont la queue décrit un paraphe d'une courbe nette et superbe ; une *Annonciation* de Raphaël et trois figures en camaïeu. De Raphaël encore, dans la salle voisine, des œuvres célèbres, la *Madone de Foligno*, type du tableau qui plaît à la foule, car il n'est, en effet, pas absolument nécessaire d'aimer la peinture pour le goûter, et la dernière de ses grandes toiles, la *Transfiguration*, pour laquelle je ne partage pas l'enthousiasme général. Il manque d'unité et, dans la partie inférieure, apparaît déjà cette insupportable gesticulation sans cause qui envahira l'art à la suite de Raphaël et nous fera regretter l'immobilité conventionnelle des mosaïques byzantines. Ajoutons

qu'ici Raphaël est sévèrement blâmé par les spé-
cialistes pour avoir représenté de chic l'Enfant
possédé. « Il n'a aucun des caractères précis ni de
l'épilepsie, ni de l'hystérie..., ne répond à aucune
autre maladie connue[1]. » Avec un *Couronnement
de la Vierge* se termine la série des Raphaël du
Vatican.

Il y aurait mille choses à en dire; mais elles
l'ont été si bien et par tant de critiques documentés! La seule position à prendre est de tâcher de
voir avec des yeux neufs et, s'il y a lieu, de dire
son impression personnelle. Le *je* est encore ce
qu'il y a de plus modeste devant les grandes
œuvres. C'est aussi ce qu'il y a de plus difficile. Il
est bien plus aisé de sentir par procuration.

Nous avons beaucoup regardé un tableau du
Dominiquin dans la même galerie, pour tâcher d'y
trouver ce qui séduisit notre Poussin, mais sans y
réussir complètement. Et ce sont encore des Titien
fort beaux, une fresque importante d'un bon
peintre du xv⁰ siècle, MELOZZO DA FORLI. dont les
œuvres sont rares (fragments aussi dans la sacristie de Saint-Pierre), un grand Poussin et plusieurs
tableaux de l'école bolonaise.

Si l'on voulait terminer avec Raphaël, il faudrait aller voir les fameuses *Sybilles* (encore à la
suite de Michel-Ange) de Santa Maria della Pace,

[1] Charcot et Richer, *Les Démoniaques dans l'art*.

qui n'ont pas répondu à mon attente, les mosaïques de la chapelle Chigi à Santa Maria del Popolo et enfin, à la Farnésine. la délicieuse *Galatée*.

Au Vatican, il reste à visiter les appartements Borgia, où nous retrouvons un peintre vu à Sienne, PINTURICCHIO (1455-1513). Ce sont de grandes et riches décorations murales tout à fait dans le goût de la Renaissance à l'avènement de laquelle le Pinturicchio a fortement travaillé. Ces fresques sont charmantes. et l'ensemble de l'appartement à lui seul vaudrait une visite. Et l'on y voit aussi le portrait d'un Pape notable. Alexandre VI Borgia. Malgré tout, je préfère la Libreria à la cathédrale de Sienne.

On ira à la Galerie du Capitole. qui ne renferme rien d'important pour nous. Mais, par contre. il y a quelques œuvres de premier ordre dans les collections privées.

Il faut signaler ici que « l'amateur d'art » est né à ce moment. Les galeries de tableaux datent de la Renaissance et viennent de Rome.

Jusqu'alors le peintre avait travaillé. soit pour l'Eglise, soit pour les communautés religieuses, soit pour l'Etat. soit pour les corporations. Qu'un riche marchand ou qu'un grand seigneur fit faire son portrait, c'était le plus souvent un tableau de donateur où il était représenté en adoration d'une Vierge centrale, entouré de sa famille et flanqué de ses saints patrons. L'artiste faisait des œuvres qui devaient être vues par tous, exposées publiquement et contribuer à la décoration soit d'une maison de ville, soit d'une église, soit d'une chapelle. Que cela eût une influence sur la conception de l'œuvre d'art, il n'est pas permis d'en douter.

Avec la Renaissance, les conditions sociales changent. A Rome vit une aristocratie riche et paresseuse, jouissant des grasses sinécures de la cour papale. Elle se compose de l'ancienne aristocratie romaine à laquelle s'ajoutent diverses nobles familles italiennes, qui ont fourni des Papes à la chrétienté et espèrent lui en donner encore.

C'est dans ce milieu-là que vivent les artistes; c'est pour lui qu'ils sont appelés à travailler. Leurs œuvres sont de moins en moins faites pour une place, pour un cadre fixés à l'avance. Elles entrent dans la galerie d'un grand seigneur où elles se trouvent entourées de tableaux de toutes provenances étrangères et italiennes. Elles ne sont point là à demeure, mais peuvent changer de domicile d'un jour à l'autre. En outre, elles ne sont regardées que par des gens d'une certaine position sociale.

Autrefois c'étaient les grandes idées directrices communes à la masse cultivée et au peuple, qui formaient le fonds solide sur lequel l'artiste travaillait. Maintenant c'est la culture, les idées et

le goût d'une classe très restreinte qui s'impose
à sa réflexion préalable ; c'est à un public limité
et spécial, plus apte que tout autre à se laisser
entraîner par la mode, à s'engouer, qu'il faut
plaire ; c'est lui qui non seulement achète, mais
qui est en possession de faire la renommée d'un
peintre.

On entrevoit les conséquences de ce nouvel état
de choses, et l'on comprend que la formation des
premières galeries de tableaux soit une date importante dans l'histoire de l'art. Les limites de mon
cadre m'obligent à abréger. Je laisse le lecteur
avancer seul sur la piste que je lui ouvre.

C'est ainsi que l'on trouvera à Rome, riches
encore, malgré qu'elles aient perdu un grand
nombre de toiles, les galeries Corsini (maintenant
à l'Etat), Sciarra, Borghèse, Colonna, Doria, Barberini, Rospigliosi et autres, qui furent fondées
pour la plupart aux xvi° et xvii° siècles. On s'en
aperçoit de reste ; pour quelques tableaux de grande
valeur, elles ont une foule d'œuvres médiocres
que la mode éleva dans leur temps au rang de
chefs-d'œuvre, des Carlo Dolci, des Maratta, des
Baroche, des Bolonais trop nombreux.

La meilleure des Galeries est encore, malgré
tant de ventes, celle de la villa Borghèse, où nous
avons admiré longuement et souvent un Titien
émotionnant de beauté, l'*Amour sacré et l'Amour
profane*, un des Corrège les plus séduisants, la

*Danaé*, une *Mise au tombeau* de Raphaël qui n'est pas de premier ordre, une bien amusante *Vénus* de Cranach, un fier portrait de Pontormo et, au milieu de beaucoup de redites, quelques toiles de valeur.

Au palais Doria abondent les Garofalo ; mais il y a un Velasquez étonnant, le *Pape Innocent X* rouge sur rouge, à faire pâlir toute la peinture italienne, deux Claude Lorrain, un Poussin, copie des Noces aldobrandines, — il est vrai que tout cela n'est guère italien — une *Salomé* de Titien et beaucoup d'autres choses que l'on regarde non sans plaisir.

La galerie Sciarra est dépouillée de ses chefs-d'œuvre. Il faut regretter que, comme quelques toiles de la collection Borghèse, ils aient quitté l'Italie pour entrer dans les triples forteresses que sont à Paris les hôtels des Rothschild. La bien-veillance des vieux nobles italiens ruinés et la libéralité de leurs traditions seigneuriales lais-saient aux touristes un libre entretien avec ces tableaux célèbres et servaient mieux la cause de l'art que la défiance craintive et arrogante de trop riches financiers contemporains.

Au palais Colonna, c'est de second ordre. Il faut cependant y aller, ne serait-ce que pour voir ce qu'était un luxueux palais romain au siècle der-nier. Et dans la galerie, il y a des choses notables.

C'est encore la galerie Barberini, si pauvrement installée dans les communs de ce vaste palais.

Mais, dans ces chambres misérables, il est quelques toiles importantes, la *Fornarina* de Raphaël, un petit Poussin, un petit Claude Lorrain, un grand Dominiquin, un Durer improvisé, sans parler du médiocre portrait de Guido Reni, qui ne représente pas *Béatrix Cenci* ; c'est lui qui amène les étrangers.

Enfin on se rendra au casino Rospigliosi, où l'*Aurore* du Guide attire les touristes des deux continents et qui est l'œuvre la meilleure de l'école bolonaise. Stendhal disait que la figure de l'Aurore le faisait penser à l'art grec; elle évoque surtout en moi le souvenir d'Ingres, dont la parenté avec le Guide s'atteste ici certaine. Il y a en outre quelques toiles recommandables de divers peintres.

Si l'on a poussé ses études sur l'histoire de la peinture assez loin, on prendra un vif intérêt à ces visites dans les collections romaines, qui comptent un nombre considérable de bonnes œuvres de second ordre dont la classification n'est pas encore définitive. Si l'on n'a, ce qui est l'hypothèse où se place *le Voyage idéal*, que sept à huit mois à donner à l'Italie, on va aux pièces maîtresses. Plus tard, avec un hiver en Toscane ou à Rome, un printemps à Venise ou en Ombrie, on aura le loisir de fouiller une époque et une école.

## LES JARDINS DE LA RENAISSANCE

Avant l'architecture à laquelle ils nous mèneront,
voyons les jardins de la Renaissance. Ils sont un
des charmes de Rome.

Disposez des terrasses, des balustrades, un parterre ; au centre, une fontaine ; des eaux qui
tombent étagées ; des allées qui s'en vont en ligne
droite entre des buis taillés et que termine un
bassin où s'égrène un fil d'eau silencieux ; puis des
chênes verts, des pins sombres aux troncs roses,
des bancs de marbre, des statues anciennes ; ajoutez
des perspectives sur des architectures lointaines
dans une campagne qu'habite l'homme ; mettez
une villa dont les lignes s'harmonisent avec celles
du parterre et des terrasses ; baignez le paysage
dans une lumière dorée : voilà ce que sont les jardins de la Renaissance, à Rome.

*Description en grisaille du jardin de la Villa
Médicis.* — Le jardin de la Villa Médicis est un
endroit d'une beauté impérieuse, qui ne vous
laisse point libre de suivre vos pensées, mais qui
leur impose son caractère et commande leur cours.

Il s'étend derrière la villa jusqu'aux murs
cyclopéens qui la séparent du parc Borghèse en
contre-bas. Le parterre central, bordé de buis

énormes, est dominé à droite par une terrasse. Derrière cette terrasse ensoleillée, c'est l'ombre épaisse d'un bois centenaire de chênes-verts dont deux hermès dégradés gardent l'entrée. Les troncs évidés montrent le cœur de l'arbre; ils se tordent pour jeter encore leur frondaison qui ne périt jamais. Entre eux une allée s'en va vers un escalier aux pierres moussues et hésitantes que l'on devine à peine dans l'obscurité des feuillages. Un belvédère, construit au sommet de l'escalier, jaillit d'une mer de verdure dans l'éclat du plein soleil. La vue est immense sur Rome. Mais nous n'avons pas voulu nous y attarder, car le choc est trop brusque entre la réalité de la vie que ce spectacle évoque et le rêve de solitude qui flotte sous les chênes séculaires.

Nous sommes redescendus à la terrasse, puis au parterre; nous avons longé les buis taillés et sommes pénétrés dans la partie gauche du jardin. Les allées vont entre des laurelles, des ifs, des arbres verts et sont terminées à chaque fois au mur extérieur par une fontaine adossée, où un masque antique souffle dans un bassin un mince filet d'eau qui pleure. Des bancs de marbre aux carrefours, quelques hermès mutilés, complètent ce décor de lignes droites, d'arbres taillés, d'eau comme endormie et de pierres qui semblent vieillies

Telle est la calme disposition de ces lieux, qui inclinent à la méditation intérieure, qui vous

ramènent à vous-même au lieu de vous en distraire, qui vous font penser à l'homme plus
qu'à la nature, à votre destinée plus qu'à la vie
universelle, cadre de mélancolie sereine où nul
avenir n'apparaît, mais où le passé s'évoque et
chuchote à l'oreille des mots à peine reconnus et
qui s'évanouissent, dès que précisés, dans l'ombre
élyséenne des bosquets.

Un Allemand dirait avec justesse que les jardins
de la Renaissance sont faits d'un point de vue
subjectif, tandis que les parcs anglais sont plantés
objectivement. Mais les créateurs de ces terrasses
n'auraient point aimé ces termes barbares.

Ces jardins furent adoptés par nos ancêtres du
xvii⁰ siècle, avec l'esprit desquels ils sont dans
un accord parfait. Comme toute l'œuvre de nos
classiques, ils parlent en effet de l'homme à
l'homme : la nature elle-même se prête à ses des-
seins et sert ses vues intimes.

Lorsque les siècles ont détruit ce qu'il pouvait
y avoir d'un peu raide dans ces arrangements,
terni l'éclat des marbres et courbé les troncs trop
droits : lorsque la mousse a envahi les pierres et
tapissé les fontaines : lorsque le temps a fait son
œuvre et que l'on sent sur les buis des parterres
et sur les arbres des bosquets le poids des âges
disparus, les jardins de la Renaissance arrivent à
une beauté d'une harmonie grave qui me touche
profondément.

On verra à ce moment les villas de Rome et des environs. Le parc Borghèse est un lieu d'une classique beauté ; on ne se lasse pas d'y rêver. La villa Doria-Pamphili a un jardin célèbre. Hors de Rome aura-t-on le temps de se rendre à la villa Lante, près de Viterbe ? Je n'en ai vu que des plans et des photographies ; c'est un modèle du genre. Mais on ira sans faute à la villa d'Este, à Tivoli ; l'arrangement des eaux et des allées sur un plan très incliné, les arbres vénérables sur a terrasse inférieure et la vue plongeante sur la campagne et sur Rome, la rendront toujours digne d'admiration.

## *L'ARCHITECTURE*

Nous reprenons ici le développement de l'architecture de la Renaissance. Rome donne les maîtres de la haute Renaissance, Bramante, Raphaël. et l'école baroque.

Allons voir d'abord les pièces du procès. Nous ratiocinerons ensuite à loisir.

### SAINT-PIERRE

Courons à Saint-Pierre. — Si vous vous attendez à voir la plus belle église du monde, vous serez désillusionné. Saint-Pierre n'en est que la plus grande.

Ce malheureux Saint-Pierre a passé par les formes les plus diverses avant d'arriver à ce qu'il est. Les « Renaissants » vous disent : Ah ! si le plan de Bramante avait été exécuté ! si l'on avait écouté un tel et fermé l'oreille à tel autre ! Ah ! si Rossellino ! Raphaël ! Michel-Ange ! si Maderna ! si Bernini !...

On ne bâtit pas avec des si. Nous ne pouvons juger que ce qui est. Saint-Pierre devait être de Bramante et en croix grecque ; il n'y a à peu près rien de Bramante, et il est sur croix latine.

*L'extérieur.* — La coupole est de Michel-Ange (1546-1564) et non de Giac. della Porta, comme on le dit souvent. La courbe en est vraiment très belle et vaut sa réputation ; mais il faut blâmer l'ornementation qui y est appliquée, ces petites lucarnes écourtées avec frontons ridicules? On ne peut voir la coupole en son entier qu'à distance, de la villa Médicis ou du casino des Chevaliers de Malte, car, par une étrange maladresse, la façade en détruit l'élan et la grandeur. Cette façade, œuvre de Maderna (1606), d'ordre colossal naturellement, n'a aucun rapport, aucune liaison avec l'église qu'elle dissimule. Elle est énorme, lourde et sans raison. Le pire est qu'elle masque le tambour et la naissance de la coupole, seules choses vraiment belles de Saint-Pierre. Les bas-côtés, l'abside, les bras du transept se perdent dans une enveloppe bizarre où l'œil ne peut trouver aucune forme expressive et organique. On longe cette

partie de Saint-Pierre en se rendant au musée
d'antiques. Qui a jamais songé à s'y arrêter ?

*L'intérieur.* — C'est très vaste, c'est très laid.
L'ornementation, le détail surabondant et grossier,
choquent à première vue. On se sent dépaysé, sans
que cependant l'immensité réelle fasse impression ;
on ne s'en rend pas un compte net. Comme l'a dit
très bien M. Choisy, ce n'est que par un travail de
l'esprit qu'on y arrive. La faute est ici à Michel-
Ange qui a omis toute division, tout point de repère
permettant à l'œil de saisir, grâce à une échelle
donnée, la grandeur de l'œuvre. Si, par un travail
assez difficile, on dépouille les murs et les piliers
de la décoration baroque qui les recouvre, la nef,
avec ses médiocres bas-côtés, ses formes dont on
ne peut deviner la raison, et le rapprochement de
ses piliers colossaux, n'apparaîtra pas satisfaisante.
Le meilleur point de vue est d'une des chapelles
de côté près du centre, lorsqu'on regarde en biais
l'abside, les piliers de la coupole, les bras de la
croix, — encore faut-il faire abstraction du taber-
nable ridicule qui en occupe le centre. Il y a là dans
les arcades, dans les piliers énormes, dans la cour-
bure des voûtes, dans le rapport entre les masses
et les vides, quelque chose de puissant et de fort.

Il est vrai que ces formes architecturales, que
l'on a de la peine à saisir dans leur pureté, s'appli-
queraient à n'importe quel monument mieux qu'à
une église. Et la façon dont l'édifice est envahi par
la lumière ne contribue pas à créer une impression

religieuse. L'éclairage serait excellent pour une bibliothèque.

Tel qu'il est, Saint-Pierre remanié par dix architectes, ne saurait être considéré comme le modèle achevé d'une conception architecturale donnée. Nous avons critiqué déjà pour une église la forme centrale à coupole, poursuivie avec rage par toute la Renaissance. On la peut juger ici encore.

Mais il est inutile d'insister. Qui voit actuellement dans Saint-Pierre le type architectural par excellence de l'église chrétienne ? Les érudits vous disent que les hommes les plus distingués de la Renaissance ont voulu à tout prix la croix grecque et la coupole. Nous le savons de reste : mais qu'ils se soient trompés, nous n'en doutons pas non plus.

### LA CHANCELLERIE

De BRAMANTE (1444-1514) il est une autre œuvre importante, le palais de la Chancellerie : le portail central baroque fut ajouté par D. Fontana, sans doute pour qu'il n'y ait pas un seul monument de la haute Renaissance intact et pur. Allez à la Chancellerie, grand palais de deux étages sur rez-de-chaussée élevé. Les fenêtres du premier étage, dans un encadrement rectangulaire, sont d'un dessin très élégant : au second, elles sont plus étroites et sans chambranle : au dessus se trouvent les lucarnes qu'ont tous les palais romains et auxquelles je ne puis m'habituer. Deux ordres de pilastres, séparés par un stylobate, ornent la façade. Ils sont groupés deux par deux entre chaque fenêtre. Tous les détails, moulures, corniches, chapiteaux, composition des fenêtres, sont d'une sobriété précise et constituent de bons modèles d'école. Mais trouverez-vous cette façade animée d'une vie supérieure? Sentirez-vous la force de la « travée rythmique » dont on fait honneur à Bramante? Il faut vraiment une faculté exceptionnelle d'enthousiasme pour s'échauffer devant cette œuvre propre et grise. Comme la plupart des façades de ce temps, elle manque de relief, d'accentuation : les fenêtres, la corniche, le stylobate, les pilastres, tout est plat et sans saillie. C'est une œuvre qui rend honneur à la clarté d'esprit, à la sobriété de celui qui l'a construite; mais ce n'est pas un monument qui fasse époque et excite l'admiration universelle. Dans sa tenue correcte, dans son absence de défauts, dans le choix de ses qualités réservées, discrètes et classiques, il éveille inévitablement en vous le souvenir du discours français idéal que les maîtres de rhétorique vous font entrevoir. Et vraiment c'est bien le modèle du discours d'architecture de la Renaissance.

Le malheur est que les discours ne sont jamais arrivés à la grande vie de l'art, qui est quelque chose d'autre que ce que l'on enseigne dans les écoles.

La cour. avec ses deux étages de portiques. est
gracieuse. L'on passe de là dans l'église Saint-Laurent in Damaso, qui n'éveille aucune pensée en
moi.

### SAINT-PIERRE IN MONTORIO

Pour continuer avec Bramante. il faut monter
à Saint-Pierre in Montorio. d'où l'on a une vue
fort belle sur Rome. Dans la cour du couvent, on
trouvera un petit temple circulaire, à l'imitation
évidente de l'antique. Mais les anciens refuseraient
la paternité de ce monument. Il est lourd, empâté,
surmonté d'une coupole mesquine. muni d'une
terrasse circulaire et d'une balustrade, on ne sait
pourquoi, et entouré de niches alternativement
rondes et carrées ; est-il une forme décorative plus
insipide ? Il faut reconnaître que le tempietto de
Bramante ne peut se comparer à un monument
antique. Mettez l'une à côté de l'autre la photographie du temple de Vesta à Tivoli (ou de celui de
la Pace. à Rome) et celle du temple de Bramante.
Le premier est ravissant par l'élancement de ses
colonnes cannelées, par la légèreté de sa frise, et
l'accentuation de sa corniche : voilà une œuvre qui
a de l'unité. du rythme et de la grâce. Il est incon-
cevable que, connaissant ces modèles, Bramante
ait réalisé ce médiocre monument.

Si l'on donne un regard au palais Giraud, en se
rendant à Saint-Pierre, et au cloître de Santa

Maria della Pace, où les fervents de la Renaissance admirent même les colonnes de l'étage supérieur tombant sur le milieu de l'arc entre pilastres : si l'on examine la cour de Saint-Damase au Vatican. et la grande cour avec niche terminale que coupent (encore une addition postérieure) le Braccio Nuovo et la Bibliothèque ; si l'on passe devant la Casa di Bramante — est-ce bien nécessaire ? — via del Governo Vecchio. on en aura fini avec l'œuvre de l'immortel Bramante.

### RAPHAËL

Après Bramante, les histoires citent au premier rang Raphaël. Qu'existe-t-il de lui? Il fut architecte de Saint-Pierre, de 1514 à sa mort: mais on ne peut rien porter à son crédit pour ce compte-là. On visitera une petite église San Egidio degli Orefici, sans en tirer grand renseignement sur la propre valeur d'architecte de Raphaël. La Farnésine. que d'autres donnent à Peruzzi, lui revient. Elle fut construite pour le banquier siennois, Aug. Chigi, un des plus riches hommes de son siècle. C'est le type élégant d'une luxueuse villa romaine, et la galerie en fut décorée par les élèves du maître d'après ses cartons. La disposition des appartements est ingénieuse ; — mais il n'y a pas là de grand effort architectural. de problème difficile résolu avec maîtrise. — La villa Madama. qui aurait été considérable, est en ruines. Il y a eu vraiment un

mauvais sort sur les œuvres de ce temps. Combien
de monuments de la Renaissance ont-ils été terminés par leur auteur ?

Près de Bramante, l'on dit BALTHAZAR PERUZZI
(1481-1537), dont on a vu à Sienne une œuvre si
touchante, la cour intérieure de la maison de
sainte Catherine. Il y a de lui, à Rome, un palais
dont le *Cicerone* dit qu'il est « un des premiers
monuments de l'Italie ». Peruzzi avait à vaincre
certaines difficultés matérielles provenant de l'emplacement : mais, que le palais Massimi soit une
œuvre architecturale excellente, je le nie. Cette
façade à trois étages, dont deux en ridicules lucarnes
d'une forme tout arbitraire, est très peu intéressante.
Il faut une forte dose de crédulité pour accepter
les éloges démesurés qu'on en fait.

Si l'on visite enfin le palais Farnèse où loge
l'ambassadeur de France et qu'édifia A. DI SANGALLO
(✝ 1546) et que termina Michel-Ange, belle construction dont la corniche est célèbre et l'escalier,
grand mérite, doux à monter ; si l'on cherche
enfin quelle fut dans Saint-Pierre, en outre de la
coupole, la part de Michel-Ange : si l'on passe
devant la Porte Pia, qui n'est pas heureuse : si l'on
entre à Santa Maria degli Angeli, où il ne reste
pas grand chose du plan primitif, et au Capitole,
également transformé, on en aura fini avec la
haute Renaissance à Rome, c'est-à-dire avec les
hommes qui meurent vers le milieu du xvi<sup>e</sup> siècle.

C'est ici le moment de nous arrêter et, après avoir vu ces œuvres principales, de poursuivre le cours de nos réflexions de Florence sur l'ensemble de l'école.

On a voulu faire, de la proportion plus exacte entre les vides et les pleins, la qualité essentielle de la Renaissance. Je vois bien qu'elle a été cherchée souvent et trouvée dans quelques monuments, mais pas dans tous. Elle est en somme très exceptionnelle. Si je l'accorde pour la Chancellerie, pour la Farnésine, je la refuse à la plupart des œuvres de cette époque. Que l'on feuillette, par exemple, une série de photographies d'extérieurs d'églises des deux Renaissances, on sera forcé de convenir que la proportion des vides et des pleins est, le plus souvent, défectueuse. Voyez à Cortone Santa Maria Nuova et la Madonna del Calcinajo, celle de San Biagio à Montepulciano, la Badia de Fiesole, la Madonna delle Carceri, à Prato, celle de l'Umiltà, à Pistoie, le chœur et l'abside de Santa Maria delle Grazie, à Milan (de Bramante, je vous prie !) : voyez la Steccata de Parme, le Dôme de Pienza et San Paolino de Lucques ; toutes églises de marque et des meilleurs maîtres de ce temps. La plupart d'entre elles présentent à l'extérieur des grands pans de mur percés de minuscules fenêtres, et il n'y a aucune harmonie des masses et des vides.

Il n'y a pas ici des qualités d'école et de style, comme on voudrait l'établir, mais seulement parfois d'heureuses réussites individuelles.

Jusqu'à cette époque (milieu du xvi° siècle), la Renaissance montre de la sobriété dans l'ornement et dans l'emploi des membres de la construction. Cela est visible chez Bramante et Raphaël, comme chez Brunellesco et Alberti. Les pilastres, les frontons, les corniches gardent une certaine réserve, se tiennent à leur place. On ne pense pas encore qu'il soit nécessaire de multiplier les membres de la construction pour donner de la richesse aux façades. Il y a dans ce style quelque chose d'un peu sec qui n'est point déplaisant. Les profils sont beaux et ont de la pureté aux mains des maîtres.

Mais cette sobriété, qui n'est souvent qu'absence de défauts, entraîne avec elle une grande terreur du relief. Chez Bramante, comme nous l'avons vu, les façades sont plates ; les pilastres s'enfoncent dans les murs ; les cadres des fenêtres en sortent à peine. Cela est infiniment distingué, mais n'est guère vivant. Les Grecs, dans l'antiquité, et les Français, au xiii° siècle, ont eu un autre sens du relief profond et vigoureux, de la lutte magnifique sur les façades, de l'ombre et de la lumière.

## LA DÉCORATION

De même l'ornement, d'une élégance si fine parfois, sort à peine de la plaque de marbre. Les monuments romains auraient pourtant pu apprendre à la Renaissance ce qu'est le haut relief de la décoration. Les modèles ne manquaient pas à ces hommes qui, en composant, avaient toujours un œil fixé sur les œuvres antiques ; mais ils n'ont pas su en tirer la moelle substantielle. Leur interprétation de l'antique est pâle, effacée. Lorsqu'il y a un motif plus vigoureux, il est purement et simplement copié (corniche célèbre du palais Strozzi).

Puisque nous en sommes à la décoration, épuisons le sujet, qui touche du reste aux principes mêmes de l'architecture.

Nous avons dit la sobriété de la première et de haute Renaissance au point de vue décoratif. Cela n'est pas absolu ; dans bien des monuments, même de Bramante, la décoration est riche, trop riche.

Mais, qu'elle soit sobre, qu'elle soit abondante, elle a un caractère, celui d'être sans raison, de ne pas faire corps avec l'édifice.

Illustrons cette thèse avec le chœur de Santa-Maria delle Grazie de Bramante, à Milan. Sur les faces extérieures du transept et du chœur, ce sont, en terre cuite, des médaillons, des rinceaux, des pilastres ornés, des guirlandes. En soi, chacun de ces motifs est gracieux et d'une élégance achevée. Mais pourquoi sont-ils réunis ici ? Suivant quelle loi se groupent-ils, quelle est leur raison d'être architectonique ? Il est impossible de le dire. Il pourrait y avoir plus d'ornements ; il pourrait y en avoir moins, car ils ne sont pas commandés nécessairement par la structure intime de l'édifice. Devant ces grandes masses de murs pleins, il était urgent d'amuser l'œil, de le distraire : les formes architecturales n'étaient pas d'une beauté telle qu'elles pussent se suffire à elles-mêmes. Aussi la Renaissance comprit la nécessité de cacher l'organisme sous des ornements variés. Ce sont les niches et les médaillons, les pilastres et les cartouches ; si l'un ne suffit pas, on en mettra deux et trois. Nous avons ainsi le type de la décoration appliquée sur l'architecture, arbitraire, sans rime et sans raison, qui va devenir bientôt surabondante, car on est obligé de multiplier les motifs pour faire croire à la richesse ; c'est le système décoratif de la Renaissance, qui deviendra par une suite logique, celui de l'école baroque, puis le nôtre.

Si les premiers maîtres gardent encore une mesure, si, jusqu'à Bramante et Raphaël, la décoration se tient dans des limites acceptables, l'honneur en revient au goût individuel et non au système, qui est mauvais et ne pouvait conduire qu'au pire.

Analysez la façade de la Chancellerie. Cherchez le rôle que jouent dans l'édifice les pilastres. Ce membre fut inventé pour une fonction précise. Où la colonne n'était pas de mise, le pilastre au droit d'un mur la remplaçait, portait une charge, et jouait dans l'organisme de la construction le rôle nécessaire qui lui était dévolu de par sa nature. Ici, au contraire, les pilastres ne portent manifestement rien. Ils vont, de stylobate à corniche, ne recevant aucune charge spéciale. Supprimez-les; la façade tiendra sans eux, comme avec eux. Ils y sont ajoutés; leur fonction n'est plus architectonique, elle n'est que décorative. On voit combien ils ont dévié de leur destination première.

Cela posé, allons plus loin. Bramante a mis deux pilastres de relief faible entre chaque fenêtre. Il aurait pu en mettre trois ou n'en mettre qu'un. Ce sont des raisons de goût et non des nécessités de construction qui ont déterminé son choix. Nous lui savons gré de sa discrétion. C'était un homme d'un sentiment très raffiné. Mais qu'arrivera-t-il avec ses successeurs, et ne voit-on pas le danger qu'il y a à pervertir le caractère essentiel des membres architecturaux ? Du moment que ces formes, dont le rôle était si précisément défini, perdent leur ancienne raison d'être et que, d'organiques, elles deviennent décoratives, qui fixera la règle nouvelle de leur maniement ? Personne, car il n'y a plus de loi, laquelle ressortait de la nature de ces membres et de leur fonction dans l'édifice. Seul, le goût individuel décidera, et l'on verra bientôt les membres se multiplier, colonnes et pilastres se dresser à l'aventure pour soutenir rien, s'enfler, comme s'ils avaient vraiment quelque chose à faire, comme s'ils travaillaient réellement. On pourrait faire la même analyse sur d'autres éléments de construction, sur le fronton, par exemple, nécessaire à la façade d'un temple grec en coupe de la toiture dont il donne l'angle, tandis qu'il devient un motif purement ornemental sur les façades de la Renaissance, où il n'a rien à exprimer. Aussi est-il indifféremment droit ou arrondi, et bientôt on arrivera à ce contre-sens entré dans la langue courante, le fronton brisé. L'effort sans raison, l'emploi arbitraire des formes plastiques, voilà le grand mal dont souffre l'architecture moderne ; nous le devons à la Renaissance.

Réfléchissez à l'histoire des formes architectoniques depuis ce temps, à travers l'école baroque et le rococo jusqu'à nous, et jugez.

Songez en comparaison à ce que furent les styles grec et gothique. Admirez chez eux, pourtant si différents, la logique absolue de leur développement. Voyez la décoration exprimer en beauté les nécessités organiques de la construction, au point qu'il est impossible de l'isoler de l'architecture. Pinacles, gables, dais, arcs et encadrements, meneaux des fenêtres, profils des bases et des corniches, tout a une forme nécessaire fixée par sa destination dans l'édifice gothique. De même, le diamètre de la colonne, son renflement, ses cannelures, la tension du chapiteau, la largeur de l'abaque, la composition de l'entablement, architrave, frise et corniche, l'angle du fronton enfin, sont donnés par le rôle que ces éléments architecturaux jouent dans l'économie du monument grec.

Il faut reconnaître ici le vice constitutionnel de l'architecture de la Renaissance, laquelle n'a pu éviter les défauts inhérents aux styles dérivés.

Dans les styles secondaires même, elle ne tient pas une place de premier rang, et les Romains ont atteint à des réalisations infiniment supérieures à celles de la Renaissance, qui n'a rien à opposer ni au Panthéon, ni aux fragments du Forum, ni au Colisée.

### LES TOITS PLATS

Parmi les principes que la Renaissance fait triompher, il en est un sur lequel il faut attirer l'attention. Elle ramène dans l'architecture la ligne horizontale; cela l'entraîne à abaisser les toits, qui bientôt deviennent invisibles derrière la corniche ou la balustrade surmontant la façade. Léonard de Vinci a écrit quelque part: « Il ne faut pas que l'on puisse voir les toits. »

J'admets le toit plat, si le climat le permet. En Italie, ou du moins en certaines parties de l'Italie, le froid n'est pas intense, et il pleut relativement peu.

Mais cette disposition nouvelle parut la seule noble, la seule bonne en soi. Avec les architectes du xvii<sup>e</sup> siècle, dont on peut dire beaucoup de bien, mais qui n'étaient doués à aucun degré du sens historique et croyaient à l'unité de l'esthétique comme à un dogme, les toits plats furent adoptés en France. Ce qui était une forme à la rigueur possible en Italie, ne l'était plus dans un climat septentrional où il faut faire du feu en hiver dans les appartements, par conséquent avoir des cheminées, et où il pleut assez fréquemment pour que l'on soit obligé de protéger l'édifice contre la pluie. Or les toits plats n'admettent pas les cheminées et ne défendent pas de la pluie. Les maîtres gothiques, qui tenaient compte des exigences du climat, l'avaient bien compris. Ils avaient élevé leurs charpentes assez pour que la pente raide empêchât l'eau de séjourner sur les combles, et ces toitures aigües s'ornaient de cheminées monumentales dont la verticalité ajoutait à l'élan de l'édifice; ainsi ont-ils fait sortir de formes nécessaires, une nouvelle beauté architectonique.

Au xvi° siècle encore, les châteaux Renaissance, en Normandie et sur les bords de la Loire, dessinent dans les brumes légères du ciel français, la fierté élancée de leurs combles.

Avec les néo-classiques du xvii° siècle, on en vint aux terrasses à balustrades; mais l'on ne changea pas le climat, qui resta ce qu'il était, malgré le progrès des lumières et les découvertes des humanistes. L'on arriva à cette absurdité : il pleut et, sous un toit plat, nous sommes à la merci d'un engorgement des tuyaux par lesquels la pluie doit s'écouler. Que des feuilles en recouvrent l'orifice supérieur, le dessus de nos palais se transforme en lac ; avec quelles menaces d'infiltration, de dégâts pour tout l'édifice, il est facile de le prévoir ! La partie est du Louvre est ainsi arrangée, pour la gloire de la colonnade et d'une balustrade, de telle manière qu'un rien suffirait pour transformer cette énorme surface en vaste étang. Et parfois en hiver l'on y pourrait patiner !

En outre, il continue, malgré la Renaissance, à faire froid quatre ou cinq mois par an. Du feu est nécessaire dans les appartements, donc, des cheminées. On n'avait pas songé à cela. On sent bien que l'on ne peut construire une grande cheminée verticale sur un toit à terrasse, dont l'horizontalité serait ainsi rompue. Alors que faire ? Il faut avoir des cheminées, et l'on voit d'hésitants tuyaux de poêle crever les nobles combles de nos palais et mettre la note ridicule de leurs maigres chapeaux de fer-blanc dans l'harmonie imposante des architectures classiques. On l'admire sur la place de la Concorde, où les palais de Mansard, supérieurs du reste à la plupart des œuvres italiennes, montrent, au-dessus de leur balustrade, une inattendue végétation de cheminées en tôle, formant le couronnement le plus bizarre aux lignes si élégantes de l'entablement et du portique.

## *La course aux chefs-d'œuvre*

Un voyageur éclairé et bénévole, élevé comme nous dans l'admiration de la Renaissance, arrive en Italie et veut trouver les un, deux ou trois monuments types et chefs-d'œuvre de cette époque. Il a de la lecture, du respect et du goût. Il a entendu des hommes éminents et grands érudits parler « des chefs-d'œuvre impérissables de la Renaissance ». Il a lu des passages enthousiastes comme celui-ci : « Les monuments qui, de 1500 à 1520, devaient s'élever à Rome sous la direction de Bramante et de Raphaël, sont d'une grandeur et d'une perfection dont il serait difficile de se faire une idée. Le critique capable de reconnaître dans les monuments de la Grèce et du moyen âge l'organisme qui leur est propre, avouera que l'idéal poursuivi par ces maîtres, par un Fra Giocondo et par un Léonard de Vinci, est tout aussi légitime (*Cicerone*, éd. franç., p. 83). »

Notre voyageur, qui a de la méthode, se reporte aux tables du même livre et à la notice consacrée à Fra Giocondo, dont le nom lui est moins familier. Quelle n'est pas sa surprise de trouver que Fra Giocondo s'est borné, à Rome, à consolider les parties de Saint-Pierre élevées par Bramante et qu'en Italie il n'y a de lui que le seul Palais del Consiglio, à Vérone. Le reste de son œuvre est à l'étranger, c'est-à-dire en France. Avec ténacité, il suit son homme en France et découvre qu'on n'a pas de preuves de sa coopération au château de Gaillon, qui lui était attribué, et que, du même coup, on lui refuse la paternité du Palais del Consiglio, à Vérone. Sans aller plus loin, notre voyageur pense qu'il aura de la peine à juger de l'idéal de ce maître en Italie.

Mis en goût, il passe à Léonard de Vinci. Sa stupeur arrive à son comble ; non seulement Léonard n'a rien construit à Rome, mais encore il est impossible de trouver dans le *Cicerone*, qui le met si haut comme architecte, la moindre notice sur ses travaux. Quoi! ni à Milan, ni à Florence, ni ailleurs? — Nulle part. — Peut-être la fortune lui a-t-elle été contraire et a-t-elle ruiné des œuvres jadis glorieuses qui justifieraient sa renommée d'architecte ? — Non, rien n'a été détruit ni par le temps, ni par les hommes, qui ait été édifié par Léonard.

Dans une bibliothèque, notre touriste cherche l'apaisement de son âme, et finalement il découvre que le maître n'a pas été architecte, qu'il n'a jamais donné le plan détaillé d'un monument qu'un autre aurait élevé sous ses ordres, qu'il s'est borné à crayonner des édifices, à dessiner des moulures et des colonnes, des coupoles et d'extraordinaires projets de villes sur deux niveaux, toute une partie des rues passant à six mètres au-dessous de l'autre, une suite de fantaisies ingénieuses, à moitié réelles, à moitié fantastiques, comme il en

est éclos tant dans l'imagination géniale de Vinci,
sans qu'elles puissent se prêter à une réalisation.
— Voilà qui complique ma besogne, pense notre
chercheur. Et il se relance sur les autres maîtres.

Il a vu, dans un ouvrage fort estimé, que « les
quatre plus grands architectes que l'art connaisse
sont (*en capitales*) : Bramante, Léonard de Vinci,
Raphaël, Michel-Ange [1] ». Léonard est supprimé
pour carence d'œuvres.

Il fait le bilan de Raphaël. A Florence, un palais,
agréable, sans plus; à Rome, la petite église San
Egidio degli Orefici, coupole hémisphérique, surmontée d'une lanterne et portée sur un plan
carré par quatre arcs qui ouvrent sur les bras de la
croix; il n'y a pas là de quoi lever le nez; puis la
chapelle Chigi, à Santa Maria del Popolo, riche
et indifférente; la Farnésine élégante, mais qu'on
ne saurait enfler au chef-d'œuvre. A Saint-Pierre,
la collaboration de Raphaël est réduite à quelques
travaux secondaires, une arcade de la voûte du
transept sud, deux piliers de la nef élevés à douze
mètres et la consolidation de l'œuvre commen-
cée par Bramante. Reste la villa Madame, qui n'a
jamais été construite telle que l'avait projetée
Raphaël, et il découvre qu'elle n'existe vraiment
que sur plans.

C'est curieux, se dit notre touriste, toutes les
fois que je suis près de saisir l'œuvre décisive,

---

[1] H. de Geymuller. *Raffaello architetto.*

elle m'échappe. Les chefs-d'œuvre de cette architecture ne sont donc que sur le papier.

De Michel-Ange, il a vu sans joie la chapelle des Médicis et, toujours sur plans, il a compris que le maître avait gâté profondément le Saint-Pierre de Bramante ; en outre la coupole s'orne de lucarnes ridicules ; il examine la porte Pia, déjà baroque, et le palais Farnèse qui ne donne pas cette note suprême qu'il attend.

Alors Bramante ! Voici venir les chefs-d'œuvre certains ! — mais ce n'est pas Saint-Pierre, où il n'y a presque rien de ce grand homme. Faut-il aller voir les plans ! — Ce sont des pierres dressées qu'il demande, non des dessins et des coupes. Ce n'est pas non plus Saint-Pierre in Montorio, ce petit temple sans ampleur ; ce n'est pas Saint-Laurent in Damaso, ni le Palazzo di Bramante, oh ! non ! ni le palais Giraud, ni Santa Maria delle Grazie à Milan, ni le cloître de Santa Maria della Pace à Rome. ni Notre-Dame-de-Lorette ? Serait-ce enfin la Chancellerie ? En serait-il réduit à ce seul édifice ? S'échauffera-t-il devant cette façade correcte ? Quoi, on lui répète qu'il est à l'âge d'or de l'architecture, que les œuvres de ce temps sont dignes de servir d'exemple aux siècles à venir ; — en effet, elles ont été imitées à l'envi, — et lorsqu'il en arrive au fait. il s'acharne en vain à poursuivre d'insaisissables chefs-d'œuvre.

Chemin faisant, dans cette course éperdue à la

beauté, il songe que dans les grands styles antérieurs on n'a pas cette difficulté inouïe à trouver
les œuvres types, que, si l'on parle architecture
grecque, on dit le Parthénon, l'Erechthéion,
Olympie, Paestum, ou style gothique, Paris,
Chartres, Amiens, Reims, Bourges, Beauvais et
que, dans l'un et l'autre cas, on indique sans peine
les chefs-d'œuvre certains sur lesquels se fonde
notre admiration.

Mais ici, quels sont les monuments que la Renaissance opposera à cette liste glorieuse? où sont ses
titres de gloire, en pierre ou en marbre?

Le voyageur bénévole finira par conclure,
comme nous, que quelques édifices sont intéressants et parfois gracieux, mais ne justifient pas
les panégyriques enthousiastes qu'il a lus, et que
finalement on ne saurait donner une liste des
chefs-d'œuvre de l'architecture de ce temps, pour
la bonne raison qu'il n'y a pas de chefs-d'œuvre
de la Renaissance.

### L'ÉCOLE BAROQUE

Finissons-en avec les écoles baroques qui, plus
encore que celles de la première et de la haute
Renaissance, dont elles sont la suite logique et
nécessaire, ont contribué à faire l'architecture
moderne ce qu'elle est. Bornons-nous à indiquer
les Pères du Baroque.

Voici VIGNOLE (1507-1573), auteur toujours lu du

*Traité des cinq Ordres*, car il y en a cinq. Il eut une influence énorme, et par son livre, manuel des architectes jusqu'à nos jours — combien en voit-on d'éditions récentes sur les quais de Paris? — et par son œuvre principale, je néglige le détail, l'église du Gesu à Rome. Arrêtons-nous ici. Dans l'église faite pour les Jésuites, dans cette vaste et haute nef avec un rang de chapelles latérales, dans l'éclat des marbres jaunes qui la revêtent, dans l'or qui recouvre les moindres ornements, les directeurs de la foi chrétienne reconnurent le style religieux par excellence. Les jésuites le transportèrent en Italie, en France, en Allemagne, dans les Flandres et les Pays-Bas, en Espagne et au Portugal, lui firent franchir le détroit pour l'implanter en Angleterre, l'exportèrent avec leurs missions au-delà des mers sur toute la surface du globe terrestre, au Cathay et au Paraguay, au Japon et dans les îles de l'Océanie, dans les deux Amériques, au Canada et en Patagonie, à Buenos-Ayres et à la Nouvelle-Orléans. L'église-boudoir, l'église-salon, l'église pour les gens de qualité était trouvée. Elle remplaça le vieil et populaire édifice gothique, qui avait la prétention imbécile d'être ouvert à tous, d'accueillir les simples d'esprit et les pauvres de bourse. Allez par reconnaissance voir le Gesu de Rome. C'est lui qui nous a débarrassés des contacts malpropres des loqueteux et a donné à la religion des gens du monde son cadre nécessaire. Visitez la somptueuse église. Vous la reconnaîtrez, car, où que vous soyez né, dans quelque hémisphère du monde que l'on vous ait baptisé, vous avez déjà pénétré dans une église jésuite, petite-fille du Gesù de Rome.

PALLADIO (1508-1580), qui fut probablement le meilleur architecte de ce temps, inventeur, après Alberti, de l'ordre colossal, qu'il mania avec sûreté, devint plus tard un modèle de sobriété, alors que l'architecture s'égarait dans les pires folies. Il n'y a rien de lui à Rome : nous le verrons à Venise et à Vicence.

SCAMOZZI (1552-1616) est un écrivain comme SERLIO (1475-1552), car ils sont tous historiens, théoriciens et archéologues. Les maîtres grecs et gothiques ont fait de belles œuvres au lieu d'écrire de médiocres livres.

Puis c'est la bande des Giacomo de la Porta (÷ 1604), Fontana (÷ 1607), Maderna (1556-1639), l'Algarde (1602-1654), Borromini (1599-1667) dont le nom ressemble à ses œuvres, le Bernin (1599-1680) et une série de gâcheurs d'ouvrages, Guarini (1624-1683), les Bibbiena (xviiie siècle) Juvara, Vanvitelli, du même temps. Je résume sur eux la critique qu'en fait Burckhardt (lorsqu'il arrive aux œuvres, il se laisse trop souvent attendrir).

Les ordres sont employés avec moins d'intelligence encore que par les maîtres de la Renaissance. Comme il le dit très bien, « c'est un fortissimo constant ».

On double et triple les membres séparés des

façades; les reliefs deviennent énormes; les frontons se brisent et oscillent; les colonnes torses fleurissent.

« Il est rare que l'on songe à s'exprimer sérieusement les fonctions. Tout au contraire les formes isolées ont une vie indépendante de l'organisme, qui plus tard devient maladive...; ce sont les fantaisies de la fièvre et du délire. »

Les façades ne sont que des pièces de parade. Les recherches de perspective et de recul sont à l'ordre du jour. On en arrive à des façades gonflées et tordues (San Carlo alle Quattre Fontane). Les coupoles sont médiocres. A l'intérieur, les églises sont généralement à une seule nef avec chapelles latérales; les colonnes disparaissent; la voûte s'élève et, dans la décoration, le hideux trompe-l'œil est promu à la dignité de principe architectural.

Vous n'aurez pas besoin de chercher à Rome les œuvres de ces architectes : elles sont partout. Où que vous alliez, vous resterez dans le baroque et à chaque pas verrez des lignes qui dansent, des colonnes qui se tordent, des corniches qui se brisent et des frontons interrompus. A Saint-Pierre, presque tout est baroque, le Gesu, San Carlo, Santa Francesca Romana, Sant' Andrea della Valle, San Vincenzio et Anastaso, San Carlo alle Quattre Fontane, Santa Agnese, Sant' Andrea delle Fratte, les chapelles de Santa Maria Maggiore, la décoration de Saint-Jean de Latran : il est impos-

sible de tout citer. Les monuments de la première et
de la haute Renaissance sont en comparaison de ceux
de l'école baroque dans la proportion de un à cent.

Cette école déplorable, c'est la nôtre encore.
Nous ne faisons guère que de la Renaissance ;
mais ce n'est pas la première que nous imitons :
le style baroque règne en maître dans nos écoles.
A mon retour d'Italie, je suis entré au hasard à
l'Ecole des Beaux-Arts, où l'on exposait les
épreuves d'un concours. J'ai vu dans cent cinquante projets les façades d'ordre colossal, les
colonnes engagées, les membres multipliés de
l'organisme, les corniches à ressauts, les ailerons,
qui nous viennent d'Alberti ; ce n'étaient que
pilastres inutiles, cartouches, caissons, frontons
courbes et brisés, enfin, combinés dans une formule au goût du jour, tous les éléments chers aux
Italiens du xvii⁰ siècle.

Je ne pense pas que les jeunes gens trouvent
du plaisir à exécuter ces étranges variations sur
un thème si vulgaire ; mais quoi ! thème et variations sont les seuls que connaissent les professeurs de notre enseignement national. Ils les
tiennent d'une tradition trois fois séculaire.

Pendant longtemps on crut de bonne foi que ces
jeux de mauvais goût étaient gréco-romains ; de
là leur fortune et le sérieux avec lequel on les
propagea. Mais voilà deux ou trois générations
que l'on est fixé sur leur état civil. Ils se réclament

de l'antiquité, et l'antiquité que nous connaissons
les renie. Antiques les Vignole, Bernin. Maderna,
Guarini et Bibbiena ! il faudrait rire d'une prétention pareille, si le sujet n'avait pas une réalité
actuelle. — Nous savons tout cela et qu'ils furent
d'impudents gâcheurs de mortier. A l'heure présente, on ne trouvera pas un critique pour pro-
noncer un panégyrique de l'école baroque et une
défense de ses principes. Pourtant l'enseignement,
la tradition orale, lui restent fidèles. L'Ecole des
Beaux-Arts ne connaît point d'autres dieux, et les
deux mondes, dans la construction de luxe, suivent encore le mot d'ordre donné à Paris. S'il est
un projet couronné en Amérique ou en Europe
pour un vaste monument d'utilité publique : Uni-
versité, Bibliothèque, Bourse ou Opéra, l'enseignement des Beaux-Arts triomphe, sinon par ses
élèves directs, du moins par des architectes à la
suite.

Il ne faut plus croire à la valeur absolue de
la Renaissance. Si elle n'avait pas été vantée à
l'excès, nous ne serions pas obligés de nous élever
contre elle avec tant d'ardeur.

L'école de critique allemande nous a fait le
plus grand mal à cet égard. De par l'autorité
de ses écrivains, du reste si intelligents, si
documentés, elle nous a engagés à persévérer
dans la voie de l'imitation italienne où le néo-
classicisme entraîna la France. On s'est efforcé

ici de remettre les maîtres de la Renaissance à
leur place, qui est bonne, sans être excellente.
Burckhardt a écrit : « Il n'est pas douteux que
les Grecs n'eussent cherché des formes nouvelles
pour des besoins nouveaux. » — Je l'approuve. C'est
ce qu'ont fait les Français du xii⁰ siècle, lesquels,
pour des besoins nouveaux, ont trouvé des formes
nouvelles, créant du même coup le seul style
organique que l'on puisse citer avec le grec. Les
architectes de la Renaissance au contraire, pour
des besoins nouveaux ont emprunté les membres
anciens du style gréco-romain et ont jugé légitime d'en faire un libre emploi. Mais ces membres
étaient partie intégrante d'un tout : leur forme
n'était pas arbitraire et ne se prêtait pas au jeu
de la fantaisie. Qui ne voit la condamnation de
la Renaissance et la justification du gothique
sortir de la formule même de Burckhardt ?

**

Nous voici arrivés au terme de la course que
nous avons entreprise de l'antiquité à la Renaissance. Nous avons accompli du temple de Poseidòn
à Paestum à celui de Saint-Pierre à Rome le
voyage idéal du touriste d'art en Italie et esquissé,
suivant notre programme, un itinéraire raisonné,
facile à suivre en somme, par lequel « les transitions sont ménagées et un enchaînement établi
entre les grandes époques d'art ». — Nous avons

cherché à voir bien plutôt qu'à tout voir. Ce voyage accompli, on aura une idée assez nette des richesses d'art de l'Italie et de la suite chronologique de leur développement.

Il reste encore une infinité de choses belles et intéressantes à chercher. C'est une des caractéristiques de la civilisation italienne de s'être formée dans un grand nombre de centres locaux et de n'avoir pas, comme la nôtre, toujours tendu à l'unité. Qu'on aille maintenant à l'aventure. Partout on pourra situer les monuments nouveaux que l'on rencontrera, c'est-à-dire les rattacher à une série connue. Il reste à visiter la ville la plus passionnante de l'Italie, Venise, qui n'a été à aucune des étapes de ce voyage; car, à elle seule, elle constitue un tout qui ne se laisse point entamer. L'art vénitien va du moyen âge au siècle dernier, fleurissant encore alors que l'Italie entière est comme un arbre desséché.

Gagnons, à travers les « *Villes isolées* », Venise, but dernier de nos pérégrinations d'art.

# VILLES ISOLÉES



Trois ou quatre journées à Naples suffisent pour voir le musée, qui contient de fort belles toiles de la dernière époque que nous avons étudiée, et pour visiter la cathédrale et les principales églises, où différents tombeaux et peintures des xiv⁰ et xv⁰ siècles solliciteront votre attention. S. Chiara, en particulier, est intéressante par ses monuments funéraires, qui montrent les influences florentine et française au xiv⁰ siècle. Quant à la peinture, elle fut surtout d'importation, avec les Donzelli au xv⁰ siècle, M.-A. da Caravagio au xvi⁰ siècle, et l'espagnol G. Ribera au xvii⁰. Luca Giordano (1632-1705) est le dernier nom à citer.

Puis nous remontons vers le nord. Comme il n'y a plus de nécessité dans l'itinéraire à suivre, chacun gagnera Venise à son gré, suivant le temps et les moyens de transport dont il dispose.

Nous donnons ici de brèves notices sur les plus importantes des petites villes où l'on peut s'arrêter.

En allant de Rome à Pérouse, les amateurs de

l'architecture Renaissance verront Todi, dont la Consolazione (1508), est un des « chefs-d'œuvre » du style que nous venons d'analyser. Puis on remonte la vallée du Tibre jusqu'à Pérouse.

## PÉROUSE

Pérouse vaut avant tout par la vue qu'elle offre sur le pays d'Ombrie.

L'art est secondaire. D'entre ses premiers peintres seul GENTILE DA FABRIANO (1370-1450), est remarquable. De l'école du xvᵉ siècle, de BONFIGLI, de FIORENZO DI LORENZO, la valeur est mince. Il faut arriver au PÉRUGIN (1446-1524), pour enregistrer un grand nom. Mais on a vu, en Italie et ailleurs, tant et tant de tableaux de lui que l'on est blasé sur les effets d'expression d'un peintre qui, plus qu'aucun autre en son temps, fit du métier. L'atelier de cet athée notoire fut une boutique achalandée de tableaux religieux. On se lasse vite de sa manière. Les célèbres fresques du Cambio, gloire de Pérouse, nous laissèrent indifférents. C'est joli, ce n'est que cela. On cherchera la première fresque de Raphaël à Saint-Sévère. On parcourra Saint-Dominique, et l'on trouvera, à la cathédrale, un Signorelli.

Pour la sculpture, Pérouse a la fontaine de N. et G. Pisano, bien détériorée et, à la cathédrale, deux œuvres d'un ravissant maniériste, AGOSTINO DI DUCCIO (1418-1481), que nous retrouverons à

Rimini. D'Agostino, il est ici une gracieuse façade d'église Renaissance, l'Oratoire de Saint-Bernardin, qui est, dans sa polychromie délicate, une des plus jolies choses de ce temps.

Le musée étrusque est riche, et Pérouse s'enorgueillit d'une antique porte romaine. Mais ce qu'il y a de charmant à Pérouse, c'est Pérouse elle-même, ses palais moyen âge et Renaissance, le pittoresque de ses rues et de ses escaliers, l'inattendu de ses rampes et de ses escarpements; c'est surtout la beauté de sa position. Il faut se loger dans l'excellent Grand-Hôtel, en face du panorama attendu. De ses fenêtres, on domine la route aux amples courbes, qui monte de la gare, et la délicieuse Ombrie, vallonnée et montueuse.

De Pérouse on peut visiter Cortone, Gubbio, Citta di Castello, Borgo-San-Sepolcro, toutes petites villes qui présentent, avec quelques œuvres d'art de choix, le charme de ravissants paysages. Par Urbin, on gagnera Rimini, qui vaut une journée.

## RIMINI

En quelques heures, on verra la Porte et le Pont romains, qui, aujourd'hui comme au temps d'Auguste, commandent les deux extrémités de la rue principale; le musée de peintures, avec un Giovanni Bellini, beau de lignes et de couleur, et un Tintoretto; l'assez médiocre musée archéologique. Mais il faut visiter, avant toutes choses,

l'extraordinaire Temple des Malatesta, que l'on
appelle Saint-François bien à tort, car rien n'y
parle de ce saint, mais tout y célèbre Sigismond
Malatesta, qui l'éleva pour sa gloire et pour celle
de sa maîtresse, Isotta di Rimini. Ce fut une des
entreprises les plus étonnantes du xv° siècle, une
de celles qui jettent le jour le plus surprenant sur
l'état d'esprit des tyrans italiens, que l'édification
de ce monument, église si peu, où partout sur les
frises et sur les barrières des chapelles, l'S de
Sigismond enlace l'I d'Isotta, où des petits Génies
portent leurs armes accouplées, dont les éléphants
et la rose forment le thème décoratif. Le Dieu
qu'on célèbre en cette cathédrale n'a qu'une lointaine ressemblance avec celui qu'adora saint François. — Artistiquement, c'est une des œuvres d'ensemble les plus réussies de ce temps. Agostino di
Duccio en est l'auteur principal. Il y triomphe
dans le bas-relief, où son style ondoyant et ara-
besqué atteint une grâce spéciale. On trouvera
deux médaillons de Sigismond et une belle fresque
gris clair de Piero della Francesca, où il est représenté agenouillé devant son patron. Extérieurement la façade est de Léon-Battista Alberti : c'est
un des meilleurs motifs architecturaux de la Renaissance.

## BOLOGNE

Bologne est plus intéressante par l'unité d'aspect

que lui font ses rues uniformément bordées
d'arcades. que par la valeur intrinsèque de ses monuments. Sa principale église, S. Petronio, qui riva-
lise de grandeur avec le dôme de Milan, fut com-
mencée à la fin du xıvᵉ siècle. Ici, comme à Milan,
les dissensions des architectes, les rivalités dans
les conseils de la ville. firent traîner la construction interminablement. Ces grandes entreprises
furent trop tardives et d'une époque où il n'y avait
plus l'élan d'enthousiasme, qui, en des temps plus
ardents, avait mené à fin les nobles cathédrales de
France.

Et puis l'esprit de l'époque était tourné vers
d'autres dieux; on retrouvait l'antiquité. Déjà
de nombreux palais, portes, petites églises s'édi-
fiaient dans le style nouveau; on croyait alors
que la destinée de l'Italie était de faire revivre la
beauté antique. S. Petronio. inachevé, ne nous
présente qu'un soubassement de marbre et au-
dessus un appareil grossier de briques qui se continue sur les bas-côtés et sur le mur qui ferme,
en guise de chœur, l'église. — Du moyen âge, on
verra un groupe d'églises romanes, avec fragments
pré-romans, réunies au nombre de sept, sous le
vocable de S. Stefano. Une citadelle, comme le
palais Pepoli, n'est pas sans grandeur, et la Loggia
dei Mercanti est charmante.

La Renaissance eut ici un caractère spécial. La
formule bolonaise des palais sur arcades a de la
richesse et de la grâce.

Pour la sculpture, l'Arca de Saint-Dominique (à Saint-Dominique), est de l'école pisane du xive siècle, avec des adjonctions au xve siècle, par Niccolo dell'Arca et Michel-Ange, lesquels y sculptèrent chacun un ange agenouillé, celui-ci plus décidé et volontaire, celui-là d'une légèreté élégante et fine. Mais Bologne nous montre surtout l'œuvre de Jacopo della Quercia (voir p. 153), qui orna de bas-reliefs excellents le portail de S. Petronio ; au tympan, il mit une Vierge puissante et deux saints : à S. Giacomo Maggiore, un tombeau de professeur, genre très bolonais. Une Vierge de Niccolo dell'Arca, encastrée au mur du palais communal, témoigne de l'influence de Quercia. La Fontaine de Jean Bologne rentre dans une série de nous connue. On verra aussi différents groupes de personnages en argile traités d'une façon naturaliste (Lombardi à S. Pietro, à Santa Maria della Vita) et d'un art médiocre.

L'école de peinture est intéressante. On aura, à la Pinacothèque, les représentants du xive siècle, ceux du xve, dont le meilleur est Francia (1450-1517) : il y a de lui toute une salle de belles figures à l'expression assez pure, mais froide ; l'œuvre la plus parfaite m'a paru être une fresque à Santa Cecilia ; près de lui, il faut dire le Ferrarais Lorenzo Costa (1460-1535). Puis vient la grande école bolonaise, qui est suffisamment connue, car elle fut à la mode pendant plus de deux siècles et, jusqu'à nous, forma des disciples et des imitateurs. Au musée, on compte une salle toute de GUIDO RENI (1574-1642), des DOMINIQUIN (1582-1641) à n'en plus finir, des CARRACHE, les fondateurs de l'école (1555-1619), des ALBANE (1578-1660). Historiquement on en peut dire qu'ils ont fait une Renaissance alors que la peinture était tombée au plus bas et qu'ils se sont efforcés de ramener l'art aux traditions des maîtres, à la discipline ancienne. Absolument, il faut constater qu'ils voulurent émouvoir et qu'ils n'agissent pas sur notre sensibilité ; l'exagération extérieure de leur douleur nous laisse indifférents : nous ne la sentons pas; nous n'en voyons que l'outrance. Enfin ils ont parfois de nobles arrangements, de belles compositions, qui se tiennent bien. Le Guide paraît être le meilleur peintre de la bande. LE GUERCHIN (1591-1666), après le Caravage, intéresse par la couleur.

Il y a en outre, au musée, un Raphaël célèbre, *Sainte-Cécile*, qui malgré l'enthousiasme général, ne m'a point paru de premier ordre.

Au musée civique, sculptures, objets d'art et antiquités, on passera deux heures agréables. Avant de quitter Bologne, on se fera mener à S. Michele in Bosco, non pour l'assez médiocre église Renaissance, mais pour la vue sur la ville et sur la plaine aux riches cultures; la tour des Asinelli monte très haut dans le ciel en barre inclinée, et près d'elle, intentionnellement déviée, est la Garisenda, trapue et inachevée.

## FERRARE

Un château pittoresque avec des souvenirs de
la famille d'Este ; au palais Schifanoja des fresques
de Cosimo Tura et de Francesco Cossa qui, dans
leur délabrement, donnent une note aiguë du
xv° siècle ; une cathédrale romane, gothique et
baroque, avec des sculptures au portail et une
Vierge de della Quercia à l'intérieur ; des palais
Renaissance grandement vantés et qui sont fort
peu intéressants, car une porte décorée, bas-reliefs
et Génies, avec colonnes supportant un balcon,
ne font pas d'une médiocre maison un palais ; un
musée de peinture où il y a quelques bonnes
toiles et. d'un nommé Giuseppe Zola (milieu du
xviii° siècle), quelques paysages académiques et
languissants où il serait difficile au plus clair-
voyant des chercheurs de découvrir un air de
famille, si lointain soit-il, avec les vigoureuses
pages brossées par Émile Zola ; enfin, le charme
de vastes rues désertes d'où la vie se retire ; —
voilà Ferrare.

## PADOUE

Plus riche, très riche, où l'on stationnera deux
jours, si Venise, voisine, vous en laisse la patience.
Elle a des œuvres capitales de trois siècles. Tout
d'abord le chef-d'œuvre de Giotto, la chapelle de

l'Arena, décorée tout entière par le maître de fresques à peine restaurées, qui sont restées d'une délicieuse fraîcheur de ton. Ce sont ses pages les plus célèbres, l'*Apparition du Christ à la Madeleine* la *Lamentation sur le corps du Christ*, enfin la série de sujets la plus complète de ce temps sur la vie de la Vierge et sur celle du Christ. Ici l'on jugera, mieux qu'à Florence, la puissance expressive du premier des grands peintres, la beauté des attitudes, l'émouvante signification des gestes. On sortira de l'Arena, rafraîchi par ce voyage aux sources si pures de l'art italien. On se rendra aussi un compte plus net des limites de la peinture décorative, telle que l'ont comprise les maîtres de ce temps. En somme c'est ceci : étant donné un mur plan sans divisions, le fractionner en un grand nombre de parties, recevant chacune une scène différente, sans autre unité que celle, abstraite, du sujet. Cela se feuillette, cela ne se lit pas d'un coup d'œil. Une statue d'Enrico Scrovegno, fondateur de la chapelle, par Giovanni Pisano, et un tombeau de son école complètent la décoration.

Aux Eremitani, sont les fresques de MANTEGNA (1430-1506), le maître de l'école padouane. Pour la première fois, on se trouvera devant une grande page de ce peintre, qui s'égale aux meilleurs de son temps. Il a, en propre, une fermeté d'accent, une précision de lignes quasi sculpturales, un sens dramatique profond et une façon à lui de draper les étoffes à petits plis parallèles. Malgré son goût vif pour l'ornement et le décor antiques, son œuvre montre la forte personnalité d'un Italien du xv° siècle.

Puis toujours à la hâte, car Venise est là, là-bas où le ciel s'adoucit et se fond en brumes claires, courez au Santo. Le Santo, c'est saint Antoine, un saint qui ne chôme pas. Saluez au passage *Gatta-melata* sur le lourd cheval de guerre où Donatello l'érigea, Gattamelata, un des bons condottieres de Venise, et entrez au Santo, byzantino-gothique, dômes et ogives, bâtard en somme et, malgré sa grande taille, mal venu. Ici vous verrez des bas-reliefs de Donatello et quelques statues, des œuvres décoratives en bronze d'une riche Renaissance, par Ruzzo, et la chapelle du saint où la foule se presse et vient toucher une pierre du tombeau, laquelle dispense de spéciales vertus; autour de la cha-pelle une série de bas-reliefs vous feront connaître quelques maîtres de l'école vénitienne du xvi° siècle. Voyez aussi d'excellentes fresques d'ALTICHIERO DA ZEVIO et de JACOPO D'AVANZO, qui montrent la per-sonnalité des écoles du nord dans la formule giot-tesque. On retrouve les mêmes maîtres dans la chapelle Saint-Georges devant l'église; ce sont des œuvres pleines de charme, de couleur, de vie, d'entre les meilleures du xiv° siècle. Dans la Scuola del Santo voisine, parmi d'autres, trois fresques de Titien. « Le clair obscur dans les chairs y est d'une délicieuse volupté, dit Burck-hardt. » Nous sommes entrés ensuite au Musée,

où il y a quelques toiles importantes, SQUARCIONE,
maître de Mantegna, les Vivarini, Romanino, que
nous retrouverons à Crémone et à Brescia.

Si tant de peinture vous fatigue, allez vous
délasser au Jardin botanique, où de très vieux
arbres vous diront, par le moyen de petits écri-
teaux, que la Sérénissime république de Venise
les planta il y a plus de trois siècles. Vous son-
gerez aussi que Gœthe médita ici sur les méta-
morphoses des plantes. Entrez au café Pedrocchi,
où Stendhal passa de longues heures, « à Padoue,
ville heureuse où, comme à Venise, le plaisir est
la grande affaire ». C'est là qu'il prit l'idée de
*la Chartreuse de Parme*.

Il resterait à voir Sainte-Justine, de dimensions
colossales, qui possède un glorieux Véronèse et des
stalles de chœur en bois, sculptées dans le goût
vénitien du xvi⁰ siècle ; sur la Piazza dell'Erbe,
la Ragione, palais de justice avec quelques curio-
sités ; non loin, la Loggia del Consiglio.

Nous évoquâmes, en bon élève de rhétorique, la
Patavinité de Tive-Live ; nous vîmes le tombeau
d'Anténor le Troyen ; nous cherchâmes la maison
de Dante, que visita Giotto en 1306, et nous allions
nous mettre en quête de la demeure du fameux
D^r Bellarius d'où un nouveau Daniel vint au
jugement de Shylock devant le duc de Venise ;
mais nous n'eûmes pas le temps de faire les
recherches nécessaires, car l'heure de l'express
qui devait nous emmener, sonnait.

## VENISE

Qui n'a vécu à Venise? En espérance, en souvenir, réellement? Qui n'a enfermé, ne fut-ce qu'une heure du rêve de sa vie, entre les frêles parois d'une gondole? Qui n'a habité cette cité vide des bruits et des laideurs indissolublement associés pour nous au nom de ville? un calme inouï, une paix inconnue y règnent que ne troublent aucune voiture, aucun char sonore roulant sur le pavé; l'atmosphère elle-même est spéciale; le vent ne charrie ni sables ni charbons, mais soulève des brumes éthéréennes qui sont, comme volatilisées et plus subtiles, les poussières de l'eau. Les architectures se reflètent dans les miroirs aux mille facettes des flots, tandis que dans le ciel d'une douceur de caresse, des nuages tendent sur le bleu de l'azur de larges pans de pourpre arrachés on ne sait où. Qui n'a longé, dans le lit presque cercueil que sont les gondoles, les canaux étroits où plongent des murs de brique qui renvoient sur le silence des eaux les brefs appels des gondoliers? Qui n'a oublié ici la médiocrité de son sort et, la tête pleine de littérature et d'art, n'a évoqué les heures, plus belles parce que lointaines, d'autrefois? Aux murailles hautes du Ghetto, nous avons aperçu l'ombre souple de

Jessica glisser hors de la maison du riche Shylock
pour s'enfuir, par une nuit belle comme celle-ci,
as far as Belmont; pour nous, les Magnifiques,
descendus des cadres où les fixa le génie des Titien,
des Tintoret, se sont réunis dans la salle du grand
Conseil où les attendaient de fâcheuses nouvelles
de l'île de Chypre que menace le Turc; et, sur
des terrasses aux balustrades découpées, sont
apparues de grasses courtisanes aux cheveux teints
d'un blond ardent.

A la fraîcheur du matin, nous avons vu Santa
Maria della Salute déchirer les molles brumes
argentées qui la couvrent comme d'un long vêtement et lever dans le soleil la tête fière de ses
dômes. Là-bas, près du quai des Esclavons, les
bateaux de pêche tendent leurs voiles brunes ou
rouges, en ailes de papillons couvertes d'étranges
ornements ; elles battent un instant, frissonnantes
à la surface des eaux, et s'envolent vers le Lido,
traînant au ras d'une mer verte et bleue leurs
taches vives. Qui n'est revenu de Torcello ou de
Chioggia, entre les files mélancoliques des pilotis,
quand le soleil disparaît et n'éclaire plus que les
blanches cimes lointaines des Alpes du Frioul et
de floconneux nuages qui font vibrer encore de la
lumière dans le ciel ? A cette heure crépusculaire
qui a vu sans émotion surgir des eaux calmes des
lagunes, Venise, reine épuisée, que berce la lente
respiration des flots qui ne se lassent pas de baiser
ses murailles rongées ? Et, lorsque la nuit est

descendue, qui ne s'est laissé prendre au charme de ces sérénades, dont la banalité est transformée par la magie d'un décor baigné de lune en quelque chose d'exquis et de rare : musiques sur l'eau !

Qui n'a recommencé ces journées toujours les mêmes et délicieuses, où l'on se satisfait à contempler sans cesse les changeants aspects de la lumière et des architectures? Qui n'a vécu à Venise ! En souvenir, en espérance, réellement?

.·.

Nous avons à dire ici pourquoi Venise ne s'est trouvée à aucune des étapes du *Voyage idéal* et à montrer comment elle eut un développement original d'une prodigieuse richesse qui, sept siècles durant, lui fit une étincelante parure d'art.

Porte de l'Orient et voisine de la Lombardie, Venise fut d'abord byzantino-lombarde. On trouvera en cent endroits divers des traces de la décoration que nous connaissons depuis Ravenne, plaques, chancels, margelles de puits. Si l'on veut voir l'épanouissement suprême de ce style, qu'on se rende à Torcello, dont la cathédrale garde une superbe clôture aux entrelacs et paons byzantins. Ce qui reste de Torcello est la forme dernière de la civilisation byzantino-lombarde et qu'il est mélancolique de penser qu'autrefois cette cathédrale dominait une ville nombreuse et que la vie d'une cité battait au pied de ces murs maintenant abandonnés !

L'état roman de Venise est donné avec éclat par Saint-Marc (x° et xi° siècles). par ses coupoles byzantines, l'éblouissante *Pala d'oro*, et par la décoration en mosaïque qui revêt d'un somptueux vêtement d'or la vieille basilique. La couleur et la patine de l'église, plus que son architecture, en font une chose rare et comme un objet précieux. Pour l'extérieur, il faut le voir du fond des Procuraties lorsque, entre deux averses, le soleil couchant vient laver la façade. jouer sur les marbres et les mosaïques et animer ses formes lourdes.

Puis c'est l'époque gothique d'une délicieuse et infiniment variée richesse. Ah! la souplesse de cet art qui s'adapte si bien à un climat et à des besoins nouveaux! Il prend racine au terroir vénitien fortement imprégné d'orientalisme, et pousse sous ce ciel méridional une fleur délicate et magnifique, quelque chose comme une orchidée dans les jardins de l'architecture. Les palais gothiques de Venise, avec l'asymétrie de leurs façades. les à-jour de leurs arcades trilobées. de leurs balustrades percées de trèfles à quatre feuilles, avec leurs balcons ornés et leurs fenêtres en arc outrepassé. dans l'éclat de leurs marbres et la couleur de leurs briques, sont. au bord des canaux où ils se mirent, un perpétuel enchantement.

Vient enfin la Renaissance à qui ne survivent as ces délices. Des œuvres froides, compassées,

régulières et monotones s'élèvent. Pour la richesse
fouillée d'une bibliothèque que de formules insi-
gnifiantes et creuses, que d'églises baroques et
vilaines ! Mais Venise intervient ici. Par la magie
de son ciel et de ses eaux changeantes comme le
ciel lui-même, elle anime ces vaines rhétoriques
et, par quelques touches de couleur, par l'enveloppe de son atmosphère baignée de vapeurs, elle
donne du charme et de l'intérêt aux plus médiocres
architectures.

Je n'énumérerai pas. Je signale seulement les
œuvres de Palladio, le Redentore, S. Giorgio
Maggiore, S. Francesco della Vigna, l'église du
couvent delle Zitelle, un des côtés de la cour de
l'Académie, cher à Gœthe. Palladio fut, malgré
l'ordre colossal, un des meilleurs maîtres de la
Renaissance : au milieu des baroques de son
temps, il se dresse presque classique.

## SCULPTURE

L'époque gothique fut riche et se prolongea
dans le xv° siècle. De la fin du xiv° siècle, on
verra les statues à la clôture du chœur de Saint-
Marc, le tombeau du doge Venier à Saint-Jean et
Saint-Paul, dans cette noble église où tant
d'illustres Vénitiens reposent, — aux Frari, des
figures dans la chapelle baptismale, le tombeau
de S. Dandolo; ces œuvres sont des MASSÈGNE.
Dans la première moitié du xv° siècle, furent sculp-

tés, aux angles du Palais ducal, le *Jugement de Salomon*, la *Honte de Noé*, le *Péché originel*; la charmante porte de la Carta est de B. Buon ; ANTONIO RIZZO fit l'*Adam et l'Ève* à l'intérieur de cette porte et des bustes au musée Correr. Puis les LOMBARDI, Pietro, Antonio et Tullio et ALESSANDRO LEOPARDI enjambent le XVIᵉ siècle, JACOPO SANSOVINO, florentin, GIROLAMO CAMPAGNA, dans la seconde moitié du même siècle, marquent la fin de la statuaire à Venise. On verra, pour les premiers maîtres, le naturalisme et le sentiment plastique qu'ils révèlent, la franchise et la spontanéité de leur art ; pour les derniers, la façon libre et personnelle dont ils usent de l'antique, la santé relative qu'ils conservent, alors que l'art italien s'en allait lamentable et vieillot. Il faut courir les églises, surtout les Frari et Saint-Jean et Saint-Paul. Il y a une foule de choses intéressantes et belles que l'on ne connaît pas assez, éclipsées qu'elles sont par la peinture vénitienne. Le Baedeker en mains, on cherchera ces œuvres si diverses et l'on sera vite payé de ses peines.

Enfin, près de Saint-Pierre et de Saint-Paul, se dresse le plus certain des chefs-d'œuvre du XVᵉ siècle florentin, le *Bartolommeo Colleoni* sur son cheval de guerre, d'Andrea Verrocchio. Jamais plus ferme silhouette de cavalier ne se dessina sur le ciel.

## PEINTURE

Ici, pour peu que l'on soit sensible à la couleur, qui est bien quelque chose en peinture, il n'y a qu'à se laisser séduire, à ne pas se défendre. Il n'est pas besoin d'efforts pour comprendre, pour juger les motifs. L'aspect nous conquiert à première vue. Les chefs-d'œuvre de la peinture vénitienne sont chers à tous. Nous ne les commenterons pas l'un après l'autre, mais nous bornerons à quelques vues sur la chronologie de l'école.

Venise vint tard à la peinture. La mosaïque lui suffit pendant des siècles. Après quelques médiocres au xiv<sup>e</sup> siècle, elle ne débute vraiment que dans la seconde moitié du xv<sup>e</sup> et tout de suite par des tableaux ; il y avait cent cinquante ans que la Toscane couvrait les murs de ses églises et de ses cloîtres de fresques. Il est curieux de voir que la fresque n'a aucun succès à Venise et que, du commencement à la fin de son école, elle préfère les tableaux. Ce sont d'abord les maîtres de Murano, les Vivarini jusqu'à la fin du xv<sup>e</sup> siècle, Crivelli. Ils sont d'un réalisme calme et ordonné, mais déjà d'une couleur belle et profonde qui joue sur les ors du fond. Venise se détache comme avec peine de la tradition gothique. Elle n'a pas la fièvre de changement que l'on voit en Toscane. Son développement est lent, tardif, mais naturel et fécond. On verra cette première

école à Saint-Zaccharie, aux Frari, à Saint-Jean et
Saint-Paul, à Santa Maria Formosa, à l'Académie.
Tous les manuels signalent ici l'importance exceptionnelle du séjour à Venise, vers 1473, d'Antonello de Messine qui, revenant d'un voyage aux
Pays-Bas, enseigna aux maîtres vénitiens l'usage
de l'huile et des vernis.

Ce sont alors les premiers grands peintres, les
BELLINI, qui furent trois Gentile et Giovanni, fils
de Jacopo et beaux-frères du grand Mantegna de
Padoue. GENTILE (1427-1507) a trois vastes tableaux
à l'huile, la charmante *Histoire de la Sainte-Croix*,
à l'Académie. Ce sont des récits délicieux et naïfs
où se voient déjà les incomparables qualités de
couleur des Vénitiens, auprès de qui les autres
peintres italiens paraissent essoufflés et secs. GIO-
VANNI (1428-1516) dépasse son frère. Ses toiles
sont fortes et concentrées: il fit des *Pieta* d'une
beauté de couleur et d'une puissance dramatique
surprenantes. On se souvient de celle de Rimini:
on verra plus tard celle du Brera à Milan, le chef-
d'œuvre. A Venise il y a, aux Frari, un tableau
célèbre et, à l'Académie, pour ne citer que les
meilleurs, un tableau d'autel et la délicieuse *Vierge
entre Sainte-Catherine et la Madeleine*. Ces demi-
figures sont d'une exquise beauté calme et pénétrante. Leur contemporain, fort à la mode de nos
jours, VITTORE CARPACCIO († 1519) fut leur élève. Il
se rapproche plus de Gentile que de Giovanni et
me paraît inférieur à ce dernier. Celui-là, il faut

vraiment aller à Venise pour le connaître. Son *Histoire de sainte Ursule* à l'Académie, celles de *Saint Georges* et de *Saint Jérôme*, à Saint-Georges des Esclavons, sont d'une liberté fraîche d'allures, d'une naïveté raffinée et luxueuse de composition, qui charmeront toujours. De ce maître, si à l'aise dans le récit et l'épisode, il est une page sobre, d'une rare puissance expressive; c'est le petit tableau du musée Correr, *Deux Courtisanes*. Elles sont assises sur une terrasse, vêtues d'amples robes décolletées, bouffies et gorgiasses, le bas de la figure épaissi, les traits marqués et empâtés, comme le sont à l'ordinaire ceux des filles vieillies dans la noce; leur regard est stupide, leurs cheveux teints et frisés; elles s'amusent avec des chiens et des oiseaux apprivoisés. Ici Carpaccio dépasse l'anecdote et crée un type.

Dans le même temps vécurent CIMA DA CONEGLIANO († 1508) et MARCO BASAITI († 1521). On verra un assez grand nombre d'œuvres aimables du premier, avec des fonds de paysage, où apparaissent les montagnes du Frioul, et, du second, le tableau le plus important, la *Vocation des Fils de Zébédée*, à l'Académie.

L'on arrive à la grande époque de la peinture vénitienne qui, pendant plus de cent ans, va produire des chefs-d'œuvre. C'est d'abord un maître sur lequel presque tout est à chercher encore, GIORGIONE († 1511). A Venise, il ne reste qu'un seul tableau authentique, chez le prince Giovanelli: à Florence, au Pitti, c'est le *Concert ;* enfin le chef-d'œuvre, est, sans conteste, le *Concert champêtre*, au Louvre.

Puis voici Palma le Vieux (1480-1528) avec un beau tableau à S. Maria Formosa et un à l'Académie ; puis Titien (1477-1576), une des plus pures gloires du royaume de l'art. Je ne puis oublier ici les lignes suivantes de Théophile Gautier: « Titien est le seul artiste entièrement sain qui ait paru depuis l'antiquité. Il a la sérénité puissante et forte de Phidias. Chez lui rien de fiévreux, rien de tourmenté, rien d'inquiet. La maladie moderne ne l'a pas touché. Il est beau, robuste et tranquille, comme un artiste païen du meilleur temps. Sa superbe nature s'épanouit à l'aise dans un tiède azur, sous un chaud soleil, et son coloris fait penser à ces beaux marbres antiques dorés par la blonde lumière de la Grèce ; nul tâtonnement, nul effort, nulle violence. Il atteint l'idéal du premier coup, sans y songer. Une joie calme et vivace éclaire son œuvre immense. Seul, il semble ne pas se douter de la mort, sauf peut-être dans son dernier tableau. Sans ardeur sensuelle, sans enivrement voluptueux, il étale aux regards, dans la pourpre et dans l'or, la beauté, la jeunesse, toutes les amoureuses poésies du corps féminin avec l'impassibilité de Dieu montrant Eve nue à Adam. Il sanctifie la nudité par cette expression de repos suprême, de beauté à jamais fixée, d'absolu réalisé qui fait la chasteté

des œuvres antiques les plus libres. Lui seul a
fait une femme qui pourrait, sans paraître mièvre
et chétive, s'allonger à côté de la femme couchée
du Parthénon. »

Venise n'apprendra rien de nouveau sur Titien
à ceux qui connaissent les grandes galeries d'Italie
et d'Europe. A l'Académie, l'*Assomption* n'a pas
produit en moi l'enthousiasme qu'elle excite chez
tous. Venise a bien des toiles qui, à mon goût,
passent avant elle. A la Salute, à la Scuola di San
Rocco, aux Frari, aux Jésuites, à l'Académie, au
Palais ducal, on trouvera les toiles maîtresses de
Titien. L'Académie a sa dernière œuvre inachevée,
une *Déposition du Christ*, émouvante comme un
Delacroix. Entre les autres, je noterai seulement
la belle *Vierge de Pesaro*, les portraits à l'Académie, — Titien fut-il jamais dépassé comme portraitiste ? — un tableau du Palais ducal.

De SEBASTIANO DEL PIOMBO († 1547), l'ami de
Raphaël, de Michel-Ange, dont nous avons admiré
la « *Fornarina* », à Florence, il n'est aucune œuvre
à Venise.

LORENZO LOTTO († 1554), montre au Carmine, à
Saint-Jean et à Saint-Paul, ses grandes qualités
de coloriste : mais c'est à Bergame qu'on jugera le
mieux de son talent. Puis c'est PORDENONE († 1539),
qu'il faudrait aller chercher à Pordenone. A Venise,
il voulut lutter avec Titien. Un tableau de lui à
l'Académie, deux personnages à Saint-Roch, une

toile à S. Giovanni Elemosinario, montreront,
avec ses mérites, l'excès de ses prétentions.

Dirons-nous les Boniface à l'Académie ? Sur ces
peintres secondaires, je tire une juste remarque
de Burckhardt, dont chacun peut vérifier l'exactitude. « Ces maîtres, dit-il, montrent d'une façon
éclatante pourquoi et comment les artistes de
deuxième ou troisième ordre l'emportent sur les
Florentins et les Romains d'un degré correspondant. » Il est certain qu'ici, à côté de géants comme
Titien, Véronèse, Tintoret, vivent d'honnêtes
peintres qui ne se laissent pas troubler par ce
dangereux voisinage et font en conscience, avec
leurs qualités à eux, de l'excellente peinture. Il y
a des toiles charmantes et personnelles de tous ces
maîtres. Nulle part il n'est, aux chefs-d'œuvre,
une telle escorte de bons tableaux.

Du même temps, on verra, à l'Académie, un
superbe Paris Bordone (÷ 1570), l'*Anneau de Saint-
Marc*.

Ce sont enfin deux peintres admirables qui
meurent à la fin du siècle, Tintoret (1512-1594) et
Paul Véronèse (1528-1588). Jamais homme ne fut
plus emporté par la furie de peindre que Tintoret ;
créer était pour lui une fonction vitale. Venise a
conservé le plus grande partie de son œuvre : des
portraits d'abord et de premier ordre, à l'Académie, au Palais des Doges ; des tableaux d'église,
à l'Académie, le superbe *Miracle de saint Marc ;*
à la Scuola di San Rocco, cinquante-six vastes

toiles, à Santa Maria dell'Orto d'immenses tableaux et une saisissante *Présentation au Temple*, à San Trovaso une *Cène*; à l'Académie et au palais des Doges, de belles figures nues, *Adam et Ève* sur un fond roussi de feuilles, *Mercure et les Grâces*, et d'autres; au même palais enfin, des plafonds, de grands tableaux votifs et le colossal *Paradis*. Certes, il fut un puissant improvisateur : la peinture coulait de ses doigts; son œuvre dit la joie inouïe qu'il eut à peindre. En somme, il est relativement peu de tableaux lâchés; il en est d'excellents, et de supérieurs. Pour connaître Tintoret, Venise est indispensable.

Paul Véronèse se tient avec Titien sur les plus hauts sommets où soit parvenue l'école. Quelle que soit la valeur de ses œuvres à l'étranger, au Louvre surtout, il faut encore venir ici pour le voir tout entier. J'ai eu un plaisir indicible au Palais des Doges. *Venise trônant sur le monde* et le *Triomphe de Venise* — ah ! si seulement on le pouvait voir mieux ! — sont inséparables pour moi du souvenir de Venise elle-même; c'est son opulente beauté, la magie de sa couleur, le calme heureux et souriant de sa vie. Nous nous sommes assis longuement devant le *Festin chez Lévi* à l'Académie; nous avons visité toutes les églises qui contiennent ses œuvres, San Sebastiano, en premier lieu. C'est une fête d'art magnifique à laquelle il nous convie; la richesse des costumes, l'éclat des nuques blanches et des gorges amples des Vénitiennes, leurs bras nus, forment, dans la lumière ambrée qui les baigne, un inoubliable spectacle. On peut, en certaines pages, les *Deux Amours*, la *Vénus* de Florence, préférer Titien : mais personne ne donnera une idée plus complète et plus belle des dons admirables de la peinture vénitienne que Paul Véronèse.

Trouvera-t-on un plaisir, même médiocre, à ces animaliers de BASSAN, père et fils? Ils ne m'en ont donné aucun. Il nous faut franchir plus d'un siècle pour arriver au dernier grand maître vénitien. Mais la lueur que jette Venise avant de mourir est encore vive. TIEPOLO (1693-1770) a l'aisance, la clarté, la fécondité vraiment vénitienne de ses plus illustres prédécesseurs. Comme eux, il a cette qualité, si rare ailleurs, si commune ici, d'être de son temps et d'ignorer le pastiche. Il donne le dernier état verveux et carnavalesque de cette Venise du XVIIIe siècle, auberge de plaisir de l'Europe. On cherchera ses œuvres dans différentes églises, à l'Académie et surtout au palais Labbia. CANALETTO, GUARDI sont, encore au XVIIIe siècle, de bons peintres, dont les tableaux sont justement appréciés à l'étranger. PIETRO LONGHI n'est plus qu'anecdotique.

C'est la fin. Venise, après dix siècles d'indépendance, allait se trouver sur le chemin de celui qui disposait à son gré des trônes et des républiques. D'un trait de plume, en 1797, Bonaparte donna Venise à l'Autriche. La longue décadence de la

Sérénissime république fut ainsi brusquement terminée. Ce qui restait de vie artistique disparut dans la tourmente.

Je sens la sécheresse de ces notes. Mais comment parler de Venise? Lorsqu'on l'aime, il y a dans les joies qu'elle vous donne quelque chose d'intime, de personnel, que l'on ne peut pas, que l'on ne voudrait pas traduire, de peur que cette nuance d'émotion ne s'évaporât au contact brutal des mots et ne perdît son charme secret.

De Venise il faudrait aller à Vicence, patrie de Palladio, qui nous fit l'ordre colossal. On y voit le Théâtre, d'après l'antique, la Ragione ou Basilique de Vicence, de nombreux palais et, près de la ville, la Rotonda, villa qui montre à quel point l'idée de l'édifice à salle centrale circulaire troubla les meilleurs cerveaux de ce temps. A côté de l'œuvre de Palladio, Vicence n'aura guère à vous offrir que quelques bons tableaux de MONTAGNA (1450-1523), chef de l'école locale.

## VÉRONE

Vérone, sur l'Adige torrentueuse, est dans une position admirable au pied des Alpes devant la plaine immense de la Vénétie. C'est une vue qu'il faut aller chercher à la terrasse du célèbre jardin

Giusti, dont des cyprès six et sept fois centenaires
font la gloire. Et tous les touristes veulent voir
aussi la maison de Juliette, voisine de la charmante Piazza dell'Erbe, et son tombeau, près
duquel les bourgeois de Vérone jouent aux boules.
L'antiquité a laissé ici des Arènes fort belles, sur
lesquelles il y a une page de H. Heine à lire
(*Reisebilder*); au musée lapidaire, est une collection de marbres antiques que l'on visitera. Le
moyen âge fit le dôme dont les sculptures romanes
sont connues et assez médiocres : Saint-Zénon une
des grandes églises romanes de l'Italie ; les très
remarquables tombeaux gothiques des Scaliger, ce
qu'il y a de mieux dans le genre au xiv<sup>e</sup> siècle.
Ils furent de lettrés tyrans et de puissants hommes
de guerre. Au-dessus de la porte de la chapelle,
sur un cheval couvert d'un manteau qui flotte,
Can grande della Scala se dresse et, le cimier ren-
versé en arrière, montre, entre le casque et le hausse
col, une large face rasée qui rit superbement.

A Sainte-Anastasie, des fresques diverses, une,
entre autres, de VITTORE PISANO (1380-1456), qui
nous laissa en de précises médailles les portraits
des plus illustres princes de son temps.

Le xvi<sup>e</sup> siècle enfin fit une œuvre considérable.
Les portes sont remarquables de SAN MI-
CHELI (1484-1559) et nous avons, avec le Palazzo
del Consiglio, qu'il soit ou non de Fra Giocondo,
un des plus élégants édifices de la Renaissance.
Vérone compte plusieurs palais de la haute Renais-

sance, Palais Bevilacqua, Canossa, Pompéi et
d'autres. C'est l'intérêt de ces villes secondaires
d'offrir une belle collection de monuments de
toutes les époques, qui complètent les séries que
nous avons étudiées à loisir dans le *Voyage idéal*.

Au musée de peinture, les écoles vénitiennes
sont particulièrement bien représentées, et des
églises comme S. Giorgio in Braida ont des toiles
remarquables des meilleurs peintres. Enfin on ne
négligera pas de visiter S. Maria in Organo qui a,
dans les stalles du chœur, les chefs-d'œuvre de
marqueterie de bois et de sculpture de FRA GIOVANNI
DA VÉRONE (1469-1537).

## MANTOUE

Nous sommes venus chercher ici les églises de
Léon Battista Alberti (voir p. 200) et les fresques
de Mantegna. Mantegna ne nous a point déçus.

Le palais des Gonzague, marquis, puis ducs de
Mantoue et de Guastalla, ne témoigne que du mauvais goût du XVI$^e$ et du XVII$^e$ siècle. Les décorations
de Jules Romain et de ses élèves remplissent le
palais restauré. Ces maîtres, connaissant leur
valeur, en ont été réduits, pour solliciter la curiosité de la postérité, à inventer des trucs illusion-
nistes, à faire tourner sur lui-même, par exemple,
aux voûtes qu'ils décoraient, le quadrige du soleil
avec le spectateur qui se déplace. Cela les juge.
Les beaux cartons de Mantegna ont été trans-

portés à Hampton Court et ont subi, au siècle dernier, d'abominables restaurations. Ils sont du reste
exposés dans une étroite galerie où il est impossible, grâce aux verres miroitants qui les recouvrent,
de les voir.

Dans une salle abandonnée du vieux château,
une chambre reste entièrement décorée par Mantegna qui y peignit la rencontre de Louis, troisième
marquis de Gonzague avec son fils, le cardinal François, âgé de douze ans : une scène de chasse ; au-
dessus de la cheminée, les Gonzague et leur cour ; au
plafond enfin, sur le bord d'une balustrade des
femmes en toilette et des enfants nus, suivant une
formule qui allait devenir chère à l'école vénitienne. Malgré la dégradation d'une partie de ces
fresques, malgré les repeints, elles font encore
une grande impression et montrent dans sa plénitude le noble talent d'Andrea Mantegna.

Du palais, on a une vue étendue sur les lacs qui
entourent la ville et l'ont faite la place forte qu'elle
a été, lacs fiévreux, marécages plutôt, qu'envahissent les roseaux et où, à mi-jambe dans l'eau,
se dressent d'immobiles pêcheurs ; puis c'est la
plaine, verte et plate, que ferment à l'horizon les
Alpes.

On passera une excellente demi-heure dans la
collection d'antiques du Musée civique, où il y a
quelques pièces de choix, et d'autres qui sont historiquement intéressantes, comme ayant appartenu
à Mantegna. Aux portes de la ville, nous sommes

allés voir, et pour son architecture et pour sa
décoration, le palais du Té. Jules Romain en fut
l'architecte et le décorateur. C'est lourd et plus
semblable à une caserne qu'à une maison d'été.
Jules Romain et ses élèves l'ont remplie de peintures grotesques dont on vante l'ingéniosité, qui
m'échappe.

## MODÈNE

Une grande petite ville. Le Dôme a de beaux
lions lombards et des sculptures de l'époque
romane ; des bas-reliefs d'Agostino di Duccio.
On verra, ici et en différentes églises, des groupes
de personnages en argile, propres à la statuaire de
Modène. Mazzoni († 1518) Begarelli († 1565), s'y
distinguèrent. Oserai-je avouer que je les retrouve
laids et peu artistiques ? Au musée, quelques primitifs, un Velasquez, quelques Bolonais et beaucoup de médiocres.

Il faut aller voir S. Agostino, église rococo du
pire modèle xviiiᵉ siècle par Bibbiena. C'est une
grande salle en carré long qu'on jurerait être
une salle de bal ; au plafond, une bande d'Amours
et de Génies en stuc menacent de vous fracasser la
tête. Burckhardt ne blâme pas ce dévergondage.

## PARME

Parme a les meilleures sculptures romanes de
l'Italie à la porte du Baptistère, et une *Crucifixion*

à la cathédrale. Trait bien italien, elles sont signées, Benedetto Antelami (fin xii°) ; en France, l'œuvre admirable de nos cathédrales est anonyme. Il faudrait mettre en comparaison des statues contemporaines françaises, celles de Corbeil, par exemple, avec ces bas-reliefs intéressants, mais à quelle distance de notre statuaire !

La grande attraction est, à la cathédrale, la coupole du Corrège (1494-1534). Le biographe de Corrège a écrit : « Les anges semblent s'élever d'un vol rapide et sûr, et le monde chrétien paraît entraîné à leur suite dans un élan extatique (!). » Le malheur est qu'on n'en voit rien et qu'on ne distingue qu'un fouillis de jambes nues, d'Amours, de Génies. Quant à représenter le monde chrétien, cette grande fresque de lumière, de chair et de joie, n'y saurait prétendre. Personne n'est moins religieux que Corrège. Il est fâcheux qu'il ait été contraint à des sujets de piété, qui étaient tout à fait antipathiques à sa nature voluptueuse.

A Saint-Jean-Evangéliste, il peignit aussi la coupole ; elle est très noire, et le Christ y présente ses pieds au spectateur. Sur la porte de la sacristie, un *Saint Jean* que l'on voit bien. Il faut aller au Musée riche de ses œuvres. La *Madone della Scodella*, vierge et bambin ont des têtes délicieuses ; le saint Joseph me gêne. La *Madone de saint Jérôme* avec des parties exquises, Vierge, enfants et Madeleine : au premier plan, à droite, un grand diable de saint Jérôme fait des effets de jambes agaçants.

La *Madone della Scala* (fresque) me plaît infiniment : c'est peut-être ce qu'il y a de plus parfait. Les *Martyres de saint Placide et de sainte Fulvie* m'attirent beaucoup moins ; je n'en aime ni l'ordonnance, ni le sentiment. La *Descente de Croix* est inférieure. Ces deux derniers tableaux montrent qu'il ne faut pas à Corrège des sujets tragiques. A la Bibliothèque, il y a une belle demi-coupole. — Au couvent de Saint-Paul on verra (mal) toute une voûte. C'est, dans des panneaux foncés, une série de médaillons avec des amours, joufflus et de derrières capitonnés, qui s'amusent. Cet étalage de petits génies, polissons et polissonnant, ornait ce qui fut la salle de l'abbesse Jeanne de Plaisance ; ils étaient faits évidemment pour ne pas effaroucher les vocations indécises. La Renaissance italienne a incroyablement abusé des *Putti*.

Au musée, l'on trouvera encore quelques bonnes toiles et des statuettes antiques, entre lesquelles un excellent *Hercule irre*. Il y a dans le Palais, énorme et du reste médiocre, un théâtre célèbre à l'imitation de l'antique, fantaisie baroque d'un des Farnèse. On inondait — à un premier étage ! — pour les Naumachies.

Nous allâmes, en voiture, à la citadelle où fut enfermé Fabrice del Dongo ; nous entrâmes à la Steccata, où il prêcha et où Clelia vint l'entendre.

Ces souvenirs emplissaient Parme.

## CRÉMONE

En plein centre de la plaine lombarde, —qu'elle
est riche et monotone! Les noms les plus fameux
n'arrivent pas à la rendre intéressante. Marignan,
Lodi, sonnent en vain à vos oreilles. Que cette
plaine est donc plaine! — Les rues perpétuent à
Crémone la gloire des luthiers. Nous avons vu le
Dôme et le Baptistère, de style roman, avec de
beaux lions-griffons lombards, porteurs de colonnes.
A l'intérieur du Dôme, des fresques riches du
Vénitien Pordenone, du Brescian Romanino et du
Crémonais Boccaccino († 1518); au musée, les
œuvres des Campi (fin xv⁵, xvi⁶ siècle). Campi aîné
est encore assez probe.

Pour la sculpture, Crémone possède d'excellents
spécimens de la technique lombarde ; au Dôme,
les bas-reliefs énergiques des deux chaires par
Amadeo (1447-1522), avec la longueur et la mai-
greur des personnages, le quelque chose de sec,
de cassé, d'anguleux, dans les draperies très fouillées, qui est propre à l'école de ce temps. On verra
aussi l'Arca de S. Marcellino, de Benedetto Briosco
dans la crypte ; c'est une œuvre harmonieuse et
composée, dont on se souviendra devant la porte
centrale de la Chartreuse de Pavie. — Puis il y a
des palais Renaissance ornés ; la plus belle porte,
celle du palais Stanga, est aujourd'hui au Louvre.

Le souvenir de Crémone est celui d'une toute

petite ville, calme et bourgeoise, propre et peu
pittoresque, avec une place d'une belle couleur où
sont réunis le Dôme, le Baptistère et le Palais
municipal : le tout en briques rouges.

## BRESCIA

On y passera une pleine journée excellente. Les
villes du nord de l'Italie sont tout à fait agréables ;
aucun touriste ne devrait négliger de s'y arrêter. En outre du charme d'une position ravissante au pied des Alpes, de l'agrément de promenades sur les remparts qui dominent la campagne,
en outre du pittoresque de ses places et de ses
rues, de monuments comme l'ancienne cathédrale,
le Broletto, le Palais communal, Brescia offre
artistiquement un grand intérêt. De l'antiquité,
elle a des ruines et un chef-d'œuvre, la *Victoire*
en bronze. Le musée du moyen âge, bien installé,
a des pièces remarquables. Enfin la Renaissance y
compta des peintres excellents. Comme Vérone,
comme Bergame, Brescia était rattachée à la République de Venise au plus grand moment de son
art (xvi⁰ siècle). Les peintres de ces écoles terriennes
se rapprochent des maîtres vénitiens, mais savent
garder leur dialecte propre. Savoldo († 1548) est
le premier des notables brescians; puis vient
G. Romanino (1485-1566), dont nous avons déjà vu
maintes œuvres (Padoue, Crémone); c'est enfin le
meilleur maître de l'école, Moretto (1498-1555).

dont le coloris gris et la pâte solide sont aisément
reconnaissables, et que Brescia, dans ses églises et
dans ses deux galeries, Martinengo et Tosi, permet d'étudier à fond. Un de ses élèves, Moroni
(† 1578), fut un grand portraitiste. Aux Offices.
nous en avions noté un portrait; à Milan, il a un chef-
d'œuvre, et à la National Gallery à Londres, d'excellentes toiles. En somme, Brescia, pour le milieu du
xvi⁰ siècle, est bien supérieure à Florence.

## BERGAME

Entre Brescia et le lac de Côme, pittoresque
exquisement, elle se compose de deux villes séparées : la moderne, commerçante et animée, s'étend
dans la plaine, tandis que l'ancienne ville occupe
une colline élevée où l'on parvient aujourd'hui
par un funiculaire. Les remparts ont été trans-
formés en promenade avec, comme toile de fond,
le paysage charmant des Alpes bergamasques.
Bergame est riche d'art (je ne parle pas des deux
monuments élevés à la gloire de l'aborigène Doni-
zetti). A la cathédrale, je ne vois guère qu'un
Giovanni Bellini; à Santa Maria Maggiore, romane,
il y a de belles tapisseries, des stalles de chœur
en marqueterie célèbres, et, au portail, des lions
lombards. Mais toute voisine est la chapelle Colleoni, fondée par le grand condottiere, Bart. Colleoni
qui sut non seulement gagner des batailles, mais
rendre son nom immortel en l'associant à de

durables œuvres d'art. Ici nous avons une des entreprises capitales de la statuaire lombarde. Amadeo en est l'auteur (voir Crémone). L'ensemble décoratif, riche et gracieux, est complété par des fresques de Tiepolo au plafond. Rien n'est plus facile à suivre que l'école lombarde de statuaire avec ses caractéristiques si nettes.

Pour la peinture, l'Académie Carrara est un musée dont s'enorgueillirait plus d'une grande ville. Elle se compose de trois collections différentes, dont la plus récente, celle du critique Morelli, excitera l'intérêt de tous ceux qui ont suivi les vives polémiques que cet écrivain mordant a excitées. Quelle que soit l'opinion que l'on ait sur ses livres, on ne pourra nier qu'il n'ait eu la main heureuse et qu'il n'ait réuni des œuvres excellentes. Dans l'ensemble du musée, on fera connaissance avec le Bergamasque Previtali (✝ 1515); on reverra des portraits de Moroni, plusieurs tableaux de l'école lombarde, des Vénitiens, deux Mantegna, un Botticelli, quelques étrangers, des toiles de L. Lotto, natif de Bergame, une série de pièces de choix qui valent d'être étudiées et qui rendent une visite à Bergame, indispensable à tout amateur de la peinture italienne. Dans le bas de la ville, nous avons visité S. Spirito avec peu de tableaux, mais de bons. Il y aurait aussi à voir S. Bernardino in Pignolo et S. Bartolommeo, pour compléter l'œuvre importante de Lorenzo Lotto.

## MILAN

Moderne et sans pittoresque. Milan est d'aspect peu italien. En certaines de ses rues, elle fait penser à New-York. Comme dans Broadway, les tramways se succèdent à se toucher, filent silencieusement et s'arrètent net. Aux rues voisines du Dôme et de la Galerie, l'animation est grande. Il y a plus de flâneurs que chez nous. A Paris, à Londres, on ne s'arrête que pour dire un mot à un ami rencontré. Ici, admirable perpétuité du sentiment de l'ordonnance et de la composition, on se groupe ; même les gens isolés, sans cet air ennuyé ou distrait qu'ils ont au Nord, prennent une pose et, drapés dans leur ample manteau, stationnent et regardent.

Milan, dans ses églises et musées, doit retenir le touriste une semaine au moins. On ne s'y arrête pas assez, et pourtant elle a une infinité de choses à montrer. J'énumérerai les monuments indispensables que, pour chaque époque, il faut avoir vus.

S. Lorenzo, église paléo-chrétienne, a un portique antique. Le plan de l'édifice circulaire préoccupa Bramante et Vinci, qui le jugeaient admirable. On visitera S. Babila, S. Celso, S. Eufemia et surtout S. Ambroise, pour l'époque romane. La portique en atrium de S. Ambroise est du IX⁰ siècle, l'église du XII⁰. La sculpture décorative y est très intéressante. Le revêtement du maître-autel, œuvre remarquable d'orfèvrerie du ixe siècle, ne se voit que difficilement.

A l'époque gothique. l'architecture est assez pauvre. Je sais bien qu'il y a le Dôme, clamé par les Milanais la huitième merveille du monde : mais c'est une œuvre bâtarde où les contre-sens abondent, dont la décoration est désolante et la façade baroque. Il ne faut le regarder qu'à la pâle lumière d'un clair de lune voilé de légers brouillards; alors seulement, comme on n'en distingue ni les formes exactes, ni le détail, apparaît-il irréel et séduisant. A l'intérieur, il est un chef-d'œuvre indiscutable, l'*Arbre de la Vierge*, en bronze. du xiiie siècle. Au pourtour du chœur, des tombeaux de Bambaja et de L. Leoni, médiocres ; dans la sacristie, des statues d'argent « espovantables ». De la fin de cette époque, la riche et belle façade de l'Hôpital (fin xve), d'un gothique tardif où déjà la Renaissance se mêle. La statuaire compte des monuments importants du xive siècle : l'*Arca de S. Pietro martyr*, à S. Eustorgio, œuvre de Balduccio, dans le style pisan ; quelques-unes des figures en sont belles, et la patine du marbre est admirable; au musée archéologique, des tombeaux du même temps; celui de Bernardo Visconti est impressionnant.

Arrive la Renaissance. De la première, je ne dirai que la porte de la banque Médicis au Musée, par Michelozzo Michelozzi, et du même la Chapelle

Portinari à S. Eustorgio. de décoration polychrome
gracieuse. Puis c'est Bramante (1444-1514). Nous
avons analysé déjà S. Marie des Grâces. pourtour
chœur et coupole (p. 269). On verra S. Maria
Presso S. Satiro. dont la sacristie, avec frises
de Caradosso. est ce qu'il y a de plus séduisant :
puis une cour à l'Hôpital majeur. Après lui.
viennent les inévitables baroques. sans importance.

Au xv⁰ siècle. la sculpture prend un développement original. Les MANTEGAZZA (3ᵉ quart xvᵉ) forment AMADEO, vu à Crémone, à Bergame; BRIOSCO.
T. DE COZZANIGO, CRISTOFORO SOLARI. LE BAMBAJA.
FUSINA, continuent l'école et occupent la première
moitié du xviᵉ siècle. Leurs œuvres se voient à
S. Eustorgio, à Sᵗᵃ Maria della Passione, au musée
archéologique et surtout à la Chartreuse de Pavie.
Cette école a un sentiment à elle et des caractéristiques techniques que nous avons indiqués
déjà.

Milan compte enfin des peintres illustres. Ses
églises et ses beaux musées offrent une abondance
de documents sur les xvᵉ et xviᵉ siècles. Elle vint
tard à la peinture : il faut attendre VINCENZO
FOPPA († 1492) pour trouver un maître qui vaille
d'être étudié. Ses contemporains, BUTTINONE, ZE-
NALE, BRAMANTINO, dans des tableaux d'ordonnance calme et grave, n'atteignent pas à l'expression que cette première forme de l'art lombard
allait revêtir dans les œuvres de BORGOGNONE

(✝ 1523). Du même âge que L. de Vinci, il montre une personnalité rare dans un développement plutôt lent. A côté du maître florentin toujours en quête de nouveauté, il continue à peindre des toiles et des fresques où, en des arrangements conventionnels, d'immobiles personnages entourent le trône de la Vierge. Mais le sérieux qu'il y apporte, et le sentiment aussi, la grâce des figures et la fraîcheur du coloris perpétueront ses œuvres.

Léonard de Vinci fut le maître décisif à ce moment de l'histoire de la peinture lombarde. Il vint à Milan en 1483 et y séjourna jusqu'en 1500. Il ne reste à Milan que la *Cène* de Sainte-Marie-des-Grâces, le portrait d'Isabelle d'Aragon, des dessins à l'Ambroisienne, et, au Brera, la tête si belle du Christ. La Cène est la plus populaire des œuvres de l'art italien. On sait les vicissitudes qu'elle eut à subir. Non seulement les moines et les soldats lui furent hostiles, mais Léonard lui-même contribua à sa ruine prématurée en employant pour une peinture murale de l'huile au lieu du procédé dit à fresque. Qu'allions-nous voir de la Cène? — Nous craignions une déception. Mais non, il n'est pas de copie, si bonne soit-elle, il n'est pas de photographie, si parfaite qu'on en ait, qui rende le charme mystérieux de l'œuvre de Léonard. La Cène est encore une source d'émotion et de beauté ; les personnages, sous les balafres qui les rayent, sous les écailles qui tombent, tressaillent encore de la vie supérieure que leur in-

suffla le peintre. Il y a, malgré le noircissement de
l'œuvre, malgré le changement des tons, des parties restées admirables, et saint Jean sourit dou-
loureusement, alors que le Maître prononce les
terribles paroles.

Après Vinci, c'est une éclosion de talents charmants dans l'école lombarde. Que ceux qui nient
l'action d'un homme viennent ici et regardent !
Qu'ils voient BERNARDINO LUINI, MATTEO DE PRE-
TIS, MARCO D'OGGIONO, CESARE DA SESTO, SALAINO,
SOLARIO, BOLTRAFFIO, PEDRINI, GAUDENZIO FERRARI,
— tous peignent à la fin du xv° et dans la première moitié du xvi° — qu'ils les voient exprimer
chacun leur tempérament propre dans une formule
léonardesque qui les réunit. Il y a de ces maîtres
des fresques dans presque toutes les églises de
Milan (ne pas oublier Saint-Maurice pour B. Luini), et le Brera offre, dans ses premières salles, les
toiles les plus caractéristiques de l'école. On passera des matinées excellentes dans ce beau Musée
si bien aménagé. En outre des peintres lombards,
il a des œuvres importantes de toutes les écoles
italiennes, un Tintoret, frémissant et passionné,
une *Pieta* de Giovanni Bellini, un Sodoma, un séduisant Raphaël première manière, de beaux portraits de L. Lotto, un grand Gentile Bellini, et bien
d'autres ; c'est une des collections, sinon les plus
nombreuses, du moins les mieux choisies d'Italie.

A l'Ambroisienne, il est quelques tableaux

célèbres, le portrait d'Isabelle d'Aragon, de Léonard, le carton de l'*École d'Athènes* et de bonnes toiles de l'école lombarde. Au musée Poldi-Pezzoli, un portrait de femme attribué à Piero della Francesca et un petit nombre de toiles intéressantes solliciteront votre attention. Comme nous-même, vous admirerez sans doute les grands tapis persans anciens, et vous vous étonnerez de l'abominable laideur de la riche décoration de ce palais. La collection Borromée est aussi à visiter.

Avec ces différents musées, galeries et églises, on se fera une juste idée de la fécondité des peintres lombards, qui se plurent en des œuvres infiniment gracieuses et souriantes. C'est une des particularités intéressantes de l'histoire de la peinture que la soudaine éclosion de l'école lombarde, son extrême richesse et sa brièveté. Avant 1486, à peine quelques toiles ; Borgognone commence alors à produire, puis c'est Léonard de Vinci, dont la présence à Milan suscite littéralement des peintres. Vers 1510, l'activité est grande, mais, chose très curieuse, le mouvement ne s'étend pas sur plus d'une génération. Solario et Salaino meurent en 1515, Boltraffio l'année suivante. Cesare da Sesto et Pedrini en 1523, B. Luini en 1529, Marco d'Oggiono en 1530, Gaudenzio Ferrari en 1549. Après eux, l'histoire de l'art n'a plus rien à enregistrer en Lombardie ; seuls les érudits connaissent les noms de Lanini. Lagaia. Figino, Lomazzo. lamentables maniéristes. L'école de peinture lombarde est une fleur magnifique, tôt fanée.

### PAVIE ET LA CHARTREUSE

De Milan, on ira voir la Chartreuse de Pavie, qui, dans la seconde moitié du xv^e siècle, fut le grand atelier d'art de la Lombardie. C'est un monument dont la prodigieuse richesse décorative n'exclut ni le goût, ni la grâce, ni la fraicheur. Architecturalement il est assez pauvre, et la façade, bien que témoignant d'un effort original, est le type de la façade plaquée, sans rapport avec l'édifice qu'elle commande ; vu des cloîtres, il est pittoresque à souhait et d'une délicieuse couleur. Pour la peinture et la sculpture, il est tout à fait important. C'est par lui que l'on devrait commencer ses études sur l'art lombard, car les Mantegazza et Amadeo travaillèrent à la façade et dans la sacristie ; C. Solari sculpta les belles figures tombales de Ludovic le More et de Béatrix d'Este, les portes des sacristies si fines avec leurs medaillons ; Crist. Romano et Briosco élevèrent le tombeau de Galeas Visconti, qui fut comme le modèle de nos grands tombeaux de Saint-Denis au xvi^e siècle ; Briosco fit la porte principale ; Borgognone a des tableaux d'autel et les imposantes fresques des absides du transept ; tous les grands noms de l'art lombard de ce temps y figurent. La Chartreuse que voulurent les Visconti n'était pas un endroit où l'on

pouvait oublier le monde et, dans l'austérité,
gagner le ciel; par l'artifice de ses peintures, par
la splendeur de sa décoration. elle offrait aux
princes de ce temps le charme d'un séjour calme
dans un cadre d'art raffiné.

A Pavie même, il n'y a guère que Saint-Michel
qui soit intéressant. On y voit ce qu'ont produit
dans le style roman-lombard les influences byzantines que nous avons analysées à Ravenne. J'aime
encore à Pavie le vieux pont en bois sur le Tessin.
Le touriste consciencieux visitera la cathédrale
Renaissance où repose, dans un grand tombeau
du xive siècle. le corps de saint Augustin. Au
Musée municipal, un petit Corrège et un Antonello
de Messine le retiendront un instant. Trois heures
suffisent pour épuiser les richesses d'art de Pavie.

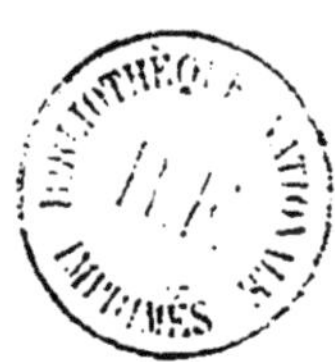

FIN

# MEMENTO BIBLIOGRAPHIQUE [1]

## *ANTIQUITÉ*

| | |
|---|---|
| A. Choisy. | *Histoire de l'architecture.* 2 vol. gr. in-8°. 1899. (Nécessaire pour toutes questions d'architecture ancienne et moderne.) |
| J. Burckhardt. | *Le Cicerone.* In-18, trad. franç., 1894. I<sup>re</sup> partie. Antiquité. (Ouvrage excellent, facile à manier.) |
| Max Collignon. | *La Sculpture grecque.* 2 vol. in-4° 1892. (Ce qu'il y a de mieux en français sur le sujet.) |
| | *Mythologie figurée de la Grèce.* In-8°. |
| S. Reinach. | *Répertoire de la statuaire grecque et romaine.* 2 vol. in-8° 1898-99. (Véritable dictionn. graphique; très utile.) |
| Sybel, | *Weltgeschichte der Kunst bis zur Erbauung der Sophien Kirche.* 1888. gr. in-8°. |
| Winckelmann, | *Histoire de l'art chez les anciens.* 3 vol. in-8° 1798-1803. (Représente par excellence l'état d'esprit académique.) |
| Perrot et Chipiez. | *Histoire de l'art dans l'antiquité.* 6 vol. gr. in 8°. |
| G. Boissier. | *Promenades archéologiques. Rome et Pompéi.* |
| Fustel de Coulanges, | *La Cité antique.* In-16. (Indispensable bien que systématique.) |
| P. Girard. | *L'Education athénienne.* In-8° 1889. |

[1] Nous indiquons ici non pas tous les livres importants parus sur l'art et la civilisation en Italie. mais seulement, sur chaque question générale, les ouvrages les meilleurs, les plus récents, ceux que l'on peut consulter sans peine.

## *LES PREMIERS TEMPS CHRÉTIENS*


| | |
|---|---|
| E. Renan, | *Les Origines du Christianisme.* 7 vol in-8°. |
| De Rossi, | *Roma sotterranea.* 3 vol. in-fol.. 1864-1877. (Ouvrage classique.) |
| Spencer Northcote and Brownlow, | *Roma sotterranea.* Trad. franç. par Allard. (Catholique.) |
| Schultze. | *Die Catakomben.* 1882. |
| — | *Archäologie der altchristlichen Kunst.* 1895. (Critique.) |
| Gerspach, | *La Mosaïque.* In-8°. |
| J. Burckhardt. | *Le Cicerone.* Trad. fr.. 1892. (Partie moderne.) |


## L'ART BYZANTIN


| | |
|---|---|
| Bayet. | *L'Art byzantin,* In-8°. |
| Cᵗᵉ Melchior de Vogüé. | *Les Eglises de la Syrie centrale.* In-fol. |
| | *Le Temple de Jérusalem.* In-fol. |
| R. Cattaneo, | *L'Architecture en Italie du VIᵉ au XIᵉ siècle.* Trad. franç.. gr. in-8°. (Important.) |
| A. Choisy. | *Ouvrage cité.* |
| Kraus. | *Geschichte der christlichen Kunst.* 2 vol. in-8°. 1897. |
| A. Marignan. | *Un Historien de l'art français. Louis Courajod. Les Temps francs.* In-8°. 1899. (Sur la diffusion des influences byzantines.) |


## MOYEN AGE ET RENAISSANCE

### GÉNÉRALITÉS


| | |
|---|---|
| Jacques de Voragine, | *La Légende dorée.* |
| R. Bonghi, | *Francesco d'Assisi.* 1884. |

SABATIER,          *S. François d'Assise.* In-8°.

THODE,             *Franz von Assisi und die Anfänge der
                   Kunst der Renaissance.* In-8°, 1885.

MARIGNANO,         *Francesco d'Assisi.* 1893 (Excellente cri-
                   tique des précédents.)

GEBHART,           *L'Italie mystique.* In-18.

J. BURCKHARDT,     *La Civilisation en Italie au temps de la
                   Renaissance.* Trad. franç., 2 vol. in-8°.
                   (Très important.)

SYMONDS,           *Renaissance in Italy.* 5 vol. in-8°, 1881.

E. MÜNTZ,          *Histoire de l'art pendant la Renaissance.*
                   3 vol. in-4°. (Considérable par l'abon-
                   dance des faits contrôlés et vérifiés.)

RUSKIN,            *Passim. — Stones of Venice. Mornings in
                   Florence,* etc. (Avec infiniment de pré-
                   caution.)

SISMONDI,          *Histoire des républiques italiennes.* 16 vol.
                   in-8, 1826. (Encore excellent à lire.)

PERRENS,           *Histoire de Florence.* 4 vol. in-8, 1879.

RANKE,             *Les Papes.* Trad. franç. (Œuvre clas-
                   sique.)

STENDHAL,          *Rome, Naples et Florence.* In-16.

   —               *Promenades dans Rome.* 2 vol. in-16.
                   (Pour la psychologie de l'Italien.)

GAUTIER,           *Voyage en Italie.* In-16. (Très fragmen-
                   taire.)

TAINE,             *Voyage en Italie.* 2 vol. in-16. (Insuffisant
                   pour l'art, du reste remarquable.)


## L'ART


                   J. BURCKHARDT. — Aug. CHOISY. — Eug.
                   MÜNTZ. — *Ouvrages cités.*

G. VASARI,         *Les Vies des plus excellents peintres,
                   sculpteurs et architectes.* Ed. italienne.
                   Gaet. Milanesi. 8 vol. in-8, 1882. (Détes-
                   table traduction française de Leclanché,
                   1839.)

## Architecture

MOYEN-AGE

C. ENLART.  
*Origines françaises de l'architecture gothique en Italie.* In-8°. 1894.

GONSE.  
*L'art gothique.* In-fol. 1890.

GOODYEAR.  
*A discovery of the entasis in mediæval italian architecture. — Architectural Record.* 1897-1898.)

RENAISSANCE

GEYMULLER et WIDMANN.  
*Die Architektur der Renaissance in Toscane.* 5 vol. in-fol. (Planches superbes.)

GEYMULLER (H. DE).  
*Raffaello architetto.* 1884.

—  
*Cento disegni di architettura, d'ornato e di figure di fra Giocondo.* 1882.

RICHTER.  
*Literary works of Leonardo de Vinci.* (Avec un chapitre sur ses dessins d'architecture.) 2 vol. in-8°. 1883.

PALUSTRE.  
*L'Architecture de la Renaissance.* In-8°. 1892.

—  
*La Renaissance en France.* 3 vol. in-fol. 1879-89.

VIGNOLE.  
*Traité des cinq ordres de Vitruve.* (Nombreuses éditions modernes.)

DU CERCEAU.  
*Les plus excellens bastimens de France.* 1576.

—  
*Recueil de monuments antiques de Rome.*

C. GURLITT.  
*Geschichte des Barockstyles.* 2 vol. in-8°. (Le plus complet sur le baroque.)

## Sculpture

BODE.  
*Die Italienische Plastik.* 1893. in-16.

—  
*Denkmäler der Renaissance Sculptur Toscanas.* 5 vol. in-fol. (Très belles planches.)

M. Reymond,        *La Sculpture florentine.* 2 vol. in-fol.,
                   1897-1898.(Avec de bonnes tables syn-
                   chroniques.)

L. Courajod,       *Les Origines de la Renaissance en France.*
                   1888.

—                  *La part de la France du Nord dans
                   l'œuvre de la Renaissance.* 1890.

—                  *Les origines de l'art moderne.* 1894.

—                  *L'Imitation et la contrefaçon des objets
                   d'art antiques aux XV<sup>e</sup> et XVI<sup>e</sup> siècles.*
                   1881.

—                  *Documents sur les arts et les artistes à
                   Crémone aux XV<sup>e</sup> et XVI<sup>e</sup> siècles.* 1885.

Cicognara,         *Storia della Scultura.* 3 vol. in-fol., 1813.
                   Venise. (La première grande histoire de
                   la sculpture.)

Perkins,           *Les Sculpteurs italiens.* Trad. franç., 2 vol.
                   gr. in-8°.


## Peinture


Rio,               *L'Art chrétien.* 4 vol. in-8°, 1861. (Avec
                   quelque précaution.)

Crowe and          *Storia della Pittura in Italia.* 8 vol.
  Cavalcaselle,     in-8°, 1898. (Fait autorité.)

Woltmann           *Geschichte der Malerei.* In-8°. Stuttgart,
  et Woermann,      (Considérable.)

Lafenestre,        *La peinture italienne.* In-8°.

# INDEX ALPHABÉTIQUE

## DES NOMS D'ARTISTES CITÉS DANS CE VOLUME

A. Architecte. — P. Peintre. — S. Sculpteur. — L'indication qui suit
est celle de l'École.

# TABLE DES MATIÈRES

## *LA TOSCANE AU MOYEN AGE*



## *LA TOSCANE AUX XV· ET XVI· SIÈCLES*